EL COLAPSO DEL PROCEDIMIENTO SANCIONADOR

L. ALFREDO DE DIEGO DÍEZ
Magistrado - Doctor en Derecho
Profesor de Derecho Procesal
(Universidad Pablo de Olavide-Sevilla)

EL COLAPSO DEL PROCEDIMIENTO SANCIONADOR

Los fatales plazos de caducidad

1.ª edición

COLEX 2021

© Editorial Colex, S.L.
Calle Costa Rica, número 5, 3º B (local comercial)
A Coruña, C.P. 15004
info@colex.es
www.colex.es

I.S.B.N.: 978-84-1359-135-3
Depósito legal: C 1663-2020

A mi hijo Álvaro, todavía un ángel que derrocha cariño (dedicatoria, 1998).
Y el ángel creció y demostró su extraordinaria valía.

«Álvaro de Diego Camarena ha sido distinguido por la Sociedad Española de Excelencia Académica (SEDEA), en su *ranking* nacional de 2020, como el mejor expediente académico en la disciplina de Ingeniería Mecánica de entre los egresados de las universidades españolas».

Gracias Álvaro, por este inestimable regalo. Todo un orgullo.

Mi especial agradecimiento a la magistrada
Rosa Esperanza Sánchez Ruiz-Tello.

Ha tenido la paciencia de leer este trabajo
y la amabilidad de enviarme sus observaciones.

Gracias, amiga.

¿Qué es el tiempo?

Si nadie me lo pregunta, lo sé; si quiero explicarlo al que me pregunta, no lo sé. Pero sin vacilación afirmo saber que, si nada pasase, no habría tiempo pasado; si nada hubiera de venir, no habría tiempo futuro; y si nada existiese, no habría tiempo presente.

¿Cómo son, pues, aquellos dos tiempos, el pretérito y el futuro, si el pretérito ya no es, y el futuro todavía no es? Y en cuanto al presente, si fuera siempre presente, y no pasase a pretérito, ya no sería tiempo, sino eternidad.

Si, pues, lo que hace que el presente sea tiempo es que pasa a ser pretérito, ¿cómo decimos que existe una cosa, cuya causa o razón de ser está en dejar de ser, de tal modo que no podemos decir con verdad que existe el tiempo sino en cuanto tiende a no ser?

San Agustín de Hipona (354-430)
Confesiones, libro XI, capítulo XIV.

ÍNDICE

Abreviaturas

ad.	adicional.
art(s).	artículo(s).
art. cit.	artículo citado.
AATC	Autos del Tribunal Constitucional.
BOCG	*Boletín Oficial de las Cortes Generales.*
cf.	*confer* (latín: «compara»; equivale a «compárese»).
CE	Constitución Española.
dir(s).	director(es).
disp.	disposición.
ed.	edición.
Excmo. Sr.	Excelentísimo señor.
fj	fundamento jurídico.
Ilmo. Sr.	Ilustrísimo señor.
JT	Jurisprudencia tributaria (Aranzadi).
JUR	Jurisprudencia disponible en www.westlaw.es (Aranzadi).
LEC	Ley de Enjuiciamiento Civil (Ley 1/2000, de 7 de enero).
LGT	Ley General Tributaria (Ley 58/2003, de 17 de diciembre).
LISOS	Ley sobre infracciones y sanciones en el orden social (RDLeg. 5/2000, de 4 de agosto).
LJCA	Ley de la Jurisdicción Contencioso-Administrativa (Ley 29/1998, de 13 de julio).
LOPD	Ley Orgánica de protección de datos de carácter personal (Ley Orgánica 15/1999, de 13 de diciembre).

LOPJ	Ley Orgánica del Poder Judicial (Ley Orgánica 6/1985, de 1 de julio).
LPA	Ley de Procedimiento Administrativo, de 17 de julio de 1958.
LPAC	Ley del Procedimiento Administrativo Común de las Administraciones Públicas (Ley 39/2015, de 1 de octubre).
LRJPAC	Ley de Régimen Jurídico de las Administraciones Públicas y del Procedimiento Administrativo Común (Ley 30/1992, de 26 de noviembre).
LRJSP	Ley de Régimen Jurídico del Sector Público (Ley 40/2015, de 1 de octubre).
núm.	número.
ob. cit.	obra citada.
pág(s).	página(s).
RD	Real Decreto.
RDLeg.	Real Decreto Legislativo.
rec.	recurso.
RJ	Repertorio de jurisprudencia (Aranzadi).
RJCA	Repertorio de jurisprudencia contencioso-administrativa (Aranzadi).
RPS	Reglamento del procedimiento para el ejercicio de la potestad sancionadora (RD 1398/1993, de 4 de agosto).
(S)SAN	Sentencia(s) de la Audiencia Nacional.
STC	Sentencia del Tribunal Constitucional.
(S)STS	Sentencia(s) del Tribunal Supremo.
STSJ	Sentencia del Tribunal Superior de Justicia.
TSJ	Tribunal Superior de Justicia.
vol.	volumen.

Advertencia. Todas las sentencias del Tribunal Supremo, Audiencia Nacional y Tribunales Superiores de Justicia citadas en esta monografía pertenecen a las salas del orden jurisdiccional contencioso-administrativo, salvo que expresamente se diga otra cosa.

CAPÍTULO I

EL LABERINTO TEMPORAL

El poder represivo de la Administración está sometido a límites temporales no siempre bien definidos. Prescripción y caducidad se entremezclan, a veces confusamente, a la hora de condicionar temporalmente el *ius puniendi* de la Administración.

Por lo pronto, la prescripción opera en dos momentos, según se trate de perseguir la infracción o de ejecutar la sanción. Mientras, la perención tiene su ámbito de aplicación una vez iniciado el procedimiento[1]. Pero la realidad normativa no es tan simple[2].

Con el nombre de caducidad, el legislador ha bautizado instituciones de diferente ropaje. Así, puede caducar la acción sancionadora (caducidad-carga) y también el procedimiento sancionador (perención). Además, esta última caducidad-perención puede producirse por exceder no solo el plazo máximo de resolución, sino también los plazos internos de tramitación[3].

---

1. Véase L. Alfredo DE DIEGO DÍEZ, *Prescripción y caducidad en el Derecho administrativo sancionador*, 2.ª ed., Bosch, Barcelona, 2009, pág. 240 a 249; y «Plazos de caducidad en el ejercicio de la potestad sancionadora y disciplinaria», en *Revista del Poder Judicial*, núm. 81, 2006, págs. 155-162.

2. Rafael CABALLERO SÁNCHEZ, *Prescripción y caducidad en el ordenamiento administrativo*, McGraw-Hill, Madrid, 1999, pág. 445, habla de «una compleja maraña» de condiciones temporales que se entrecruzan en el vigente sistema sancionador.

3. Un buen ejemplo de esta variopinta gama de figuras es el artículo 18 del RD 1945/1983, de 22 de junio (régimen sancionador en materia

Para complicarlo aún más, el legislador recoge «otras» caducidades: caducan las actuaciones previas en materia de protección de datos (art. 122.4 del RD 1720/2007); decae la posibilidad de extender acta de infracción en materia de inspección laboral (art. 8.2 del RD 928/1998). Y, a veces, como sucede en el artículo 211, apartados 2 y 4 de la LGT[4], coinciden en una misma norma la caducidad (perención) del procedimiento con la caducidad del ejercicio de la potestad sancionadora.

1. CADUCIDAD DE LA ACCIÓN SANCIONADORA

La «caducidad de la acción»[5], también denominada por algunos «caducidad-carga»[6] y por otros «decadencia de derechos temporales»[7], es una de las manifestaciones de

---

de defensa del consumidor y producción agroalimentaria), en cuanto diferencia hasta cuatro figuras: prescripción de las infracciones (numeral 1), caducidad de la acción sancionadora (numeral 2), caducidad-perención intraprocedimental (numeral 3) y prescripción de las sanciones (numeral 4). También puede servir de ejemplo el artículo 24 de la Ley 28/2015, de 30 de julio, para la defensa de la calidad alimentaria, donde encontramos la prescripción de infracciones y sanciones (numerales 1 y 2), la caducidad del expediente (numerales 3 y 4) y la caducidad de la acción (numeral 5).

4. Aunque la LPAC es supletoria en materia tributaria, «las actuaciones y procedimientos de aplicación de los tributos en materia tributaria y aduanera, así como su revisión en vía administrativa» se regirán por su normativa específica [disposición adicional 1.ª, numeral 1, letra *a)* de la Ley 39/2015].

5. Vicenç AGUADO I CUDOLÀ, *Prescripción y caducidad en el ejercicio de potestades administrativas*, Marcial Pons, Madrid, 1999, págs. 152-153, considera desacertada esta denominación, por cuanto el ejercicio de la potestad sancionadora responde a plazos de prescripción y no de caducidad. La dicotomía entre prescripción y caducidad ha de plantearse en el campo de las *sanciones administrativas* desde la siguiente perspectiva: la prescripción en relación con el ejercicio de la potestad sancionadora y la caducidad respecto del procedimiento en que aquella se formaliza. De ahí que se haya visto en esta figura un supuesto de prescripción especial en el cual se fija un plazo, más corto, contado a partir del conocimiento de los hechos ilícitos por la Administración en vez de computarse desde su comisión.

6. Rafael CABALLERO SÁNCHEZ, *Prescripción y caducidad...*, ob. cit., págs. 96-97, considera que esta es la «auténtica caducidad», pues coincide en sus contornos con la noción proveniente del derecho privado: plazo fatal de ejercicio de un derecho.

7. Jorge MARTÍN LÓPEZ, «La sedicente caducidad del procedimiento sancionador tributario», en *Revista Española de Derecho Financiero*, Civitas, núm. 145, 2010, pág. 101.

caducidad manejadas por el ordenamiento jurídico administrativo. El sujeto, en este caso la Administración, tiene la carga de reaccionar iniciando el procedimiento en un plazo determinado legalmente. Si no lo hace, caduca la acción sancionadora y se extingue la posibilidad de perseguir la eventual responsabilidad administrativa[8].

Lo que el legislador establece en tales casos es un plazo preclusivo para iniciar el expediente sancionador[9]. Una vez transcurrido ese plazo le está prohibido a la Administración incoar procedimiento sancionador alguno por tales hechos, perdiendo definitivamente la oportunidad de perseguir y castigar el ilícito que pudiera haberse cometido; circunstancia que no es predicable de la caducidad del procedimiento o perención. Se frustra en estos casos la posibilidad de iniciar el procedimiento sancionador y, con ello, se frustra también la posibilidad de ejercitar la potestad sancionadora en el caso concreto[10]. Es verdad que las potestades administrativas no se extinguen; pero nada impide

8. Un ejemplo de esta modalidad de «caducidad» lo encontramos en el artículo 18.2 del RD 1945/1983 (procedimiento sancionador en materia de defensa del consumidor): «Caducará la acción para perseguir las infracciones cuando conocida por la Administración la existencia de una infracción y finalizadas las diligencias dirigidas al esclarecimiento de los hechos, hubieran transcurrido seis meses sin que la autoridad competente hubiera ordenado incoar el oportuno procedimiento».

9. De ahí que Marcos Gómez Puente asocie el término preclusión con la caducidad de derechos (o acciones) de contenido reaccional o formal, señalando expresamente que «preclusivo es también el plazo de caducidad a que está sometido en ocasiones el *ius puniendi* de la Administración [por] no incoarse oportunamente el procedimiento sancionador una vez conocidos los hechos eventualmente constitutivos de la infracción». Véase su trabajo «Prescripción, caducidad y perención administrativas», en *Justicia Administrativa*, núm. 4, julio de 1999, págs. 26-28.

10. A la «caducidad del ejercicio de la potestad sancionadora de la Administración» se refieren, por ejemplo, las SSTS (Sala 3.ª, sección 2.ª) de 25 de marzo de 2013 (rec. 2885/2012) (RJ 2013\3546) y 21 de septiembre de 2015 (rec. 655/2014) (RJ 2015\4351); y la SAN (sección 4.ª) de 20 de marzo de 2013 (rec. 1157/2012) (JUR 2013\105601). De «plazos legalmente previstos para el ejercicio de la potestad punitiva por parte de la Administración» habla la STS (Sala 3.ª, sección 2.ª) de 23 de mayo de 2013 (rec. 6285/2011) (RJ 2013\4483). Y a la «caducidad o la preclusión del plazo para su inicio» alude la SAN (sección 2.ª) de 21 de noviembre de 2013 (rec. 401/2010) (JUR 2013\358808).

que su singular ejercicio en cada caso pueda estar sometido *ex lege* a plazos perentorios de caducidad. Lo que decae no es el poder o la potestad, sino la posibilidad de ejercitarlo ilimitadamente en el caso de que se trate[11].

• Tribunal Superior de Justicia de Castilla-La Mancha (sección 2.ª)
Sentencia núm. 55/2014, de 17 de febrero[12]:

Tercero. [La caducidad de la acción] acontece en el ámbito de la composición interna del expediente, que sanciona, como garantía procesal y por razones de seguridad jurídica, la escasa premiosidad de la Administración en poner en marcha el procedimiento sancionador cuando conoce los hechos y sin embargo no actúa o adopta alguna diligencia en orden a su esclarecimiento.

• Audiencia Nacional (sección 7.ª)
Sentencia de 15 de junio de 2009[13]:

Quinto. [...] La caducidad de la potestad sancionadora es una institución que tiene su razón de ser en la previa fijación por la ley de un plazo al que queda supeditada la actuación a que el mismo se refiere —plazo en el que el inicio y finalización de la actuación aparecen fatalmente unidos—, y provoca, caso de inactividad durante el mismo, el decaimiento del derecho no accionado.

La caducidad de la acción sancionadora se asemeja a la prescripción por cuanto ambas figuras presentan un carácter sustantivo: una y otra producen efectos extintivos de la responsabilidad sancionadora del presunto infractor[14]. Por

11. Escribe Santi ROMANO que «los poderes son imprescriptibles. El no ejercicio de ellos durante un cierto tiempo podrá tener otras consecuencias y dar lugar a figuras distintas a aquella de la pérdida del poder, que debe excluirse siempre. Una de tales figuras es la de la decadencia, que determina la imposibilidad de ejercitar un poder en casos singulares, cuando se han dejado transcurrir los términos prefijados para su ejercicio, pero el poder continúa siempre íntegro y podrá siempre ejercitarse en todos los demás casos. [...] la decadencia atañe a los poderes y no a su pérdida, sino a su ejercicio». *Fragmentos de un diccionario jurídico*, traducción de Santiago Sentís Melendo y Marino Ayerra Redín, Ediciones Jurídicas Europa-América, Buenos Aires, 1964, págs. 343-344.

12. Ponente: Ilmo. Sr. Narváez Bermejo. Recurso 170/2012 (JUR 2014\72436).

13. Ponente: Excmo. Sr. Arozamena Laso. Recurso 496/2007 (JT 2009\1353).

14. *Cf.* Marcos GÓMEZ PUENTE, *La inactividad de la Administración*, 4.ª ed., Aranzadi-Thomson Reuters, Cizur Menor (Navarra), 2011, pág. 700. Para este autor, desde el punto de vista práctico, «son instituciones muy

ello, la Administración no podrá iniciar otro procedimiento sancionador sobre los mismos hechos. La semejanza entre ambas instituciones ha llevado a sostener que esta modalidad de caducidad es una especie de «prescripción de plazos cortos» no susceptibles de interrupción[15].

Pero se diferencian en que los plazos de prescripción pueden interrumpirse mientras que los de la caducidad no. Por lo demás, aunque el *dies ad quem* coincide en la caducidad de la acción y en la prescripción (la iniciación del procedimiento sancionador contra el presunto responsable), el *dies a quo* es diferente: en la prescripción, a partir de la comisión de la infracción; en la caducidad de la acción, desde que la Administración tuvo conocimiento de la infracción y pudo efectivamente ejercer la acción sancionadora[16].

De utilidad para diferenciar ambos institutos (prescripción de la infracción y caducidad de la acción) es la STS (Sala 3.ª, sección 2.ª) de 16 de octubre de 2008[17] (fj 7):

a) *La prescripción* «encuentra su justificación constitucional en el principio de seguridad jurídica consagrado en el artículo 9.3 de la Constitución» y «supone una autolimitación o renuncia del Estado al ejercicio del *ius puniendi*»; renuncia que, en el ámbito que examinamos, «se entiende producida cuando la Administración tributaria no realiza las actuaciones de comprobación e

próximas». Ambas «se traducen en la pérdida de efectividad o extinción del derecho, en la modificación de una situación jurídica sustantiva. Y éste es, precisamente, el dato que permite distinguirlas de la perención, la cual opera en el plano meramente formal o procedimental». También Antonio Bueno Armijo, «La caducidad del procedimiento administrativo sancionador», en la obra colectiva *Derecho administrativo sancionador*, con Manuel Rebollo Puig y otros, Lex Nova, Valladolid, 2010, pág. 802, considera que la caducidad de la acción se «aproxima notablemente a la institución de la prescripción de las infracciones».

15. Rafael Caballero Sánchez, *Prescripción y caducidad...*, ob. cit., pág. 97, nota 17.

16. *Cf.* Rafael Caballero Sánchez, *ibidem*, pág. 446.

17. Ponente: Excmo. Sr. Aguallo Avilés. Recurso 8525/2004 (RJ 2008\5837). El Tribunal Supremo se detiene en explicar la caducidad de la acción, regulada en el artículo 49.2.*j)* del Reglamento General de Inspección Tributaria, y la prescripción de las infracciones.

investigación dirigidas a la averiguación y sanción de la infracción tributaria durante el período de cuatro años establecido en la ley».

b) La caducidad de la acción, aun «estando también indudablemente al servicio de la seguridad jurídica de los obligados tributarios», sin embargo, «presupone la existencia de previas actuaciones inquisitivas —inspectoras— de la Administración, y persigue que, una vez que la inspección tributaria ha concluido la comprobación e investigación de la situación tributaria del contribuyente, reflejando el resultado en el acta, y, por tanto, tiene ya —o debiera tener— elementos de juicio suficientes para decidir si resulta procedente o no la apertura de un procedimiento sancionador, no dilate indebidamente la situación que supone para el administrado la virtual amenaza de una sanción administrativa».

Los ejemplos en la legislación sectorial sobre caducidad del ejercicio de la acción sancionadora son variados. Veremos seguidamente algunos de ellos en materia de tributos, defensa de los consumidores y farmacia.

A) Tributos

El artículo 209.2 de la LGT, relativo a la iniciación del procedimiento sancionador tributario[18], regula así la caducidad de la acción:

> Los procedimientos sancionadores que se incoen como consecuencia de un procedimiento iniciado mediante declaración o de un procedimiento de verificación de datos, comprobación o inspección no podrán iniciarse respecto a la persona o entidad que hubiera sido

18. Susana ANÍBARRO PÉREZ y Begoña SESMA SÁNCHEZ, «La potestad sancionadora», en *Estudios de la Ley General Tributaria*, varios autores, Lex Nova, Valladolid, 2006, págs. 960-961, escriben al respecto: «La ley establece aquí un plazo de caducidad del ejercicio de la potestad para imponer sanciones, al expresar con claridad que transcurrido dicho plazo de tres meses es inviable ejercitar el *ius puniendi* de la Administración. La finalidad de este plazo es evitar dilatar el inicio del expediente sancionador cuando la Administración ya tiene indicios de la comisión de una infracción tributaria [...]. Dada la fatalidad de este plazo, su transcurso sin que se hubiere iniciado el expediente sancionador tendrá efectos extintivos respecto de la potestad sancionadora de la Administración, que no podrá iniciar otro procedimiento sancionador sobre los mismos hechos».

> objeto del procedimiento una vez transcurrido el plazo de tres meses desde que se hubiese notificado o se entendiese notificada la correspondiente liquidación o resolución.
>
> Los procedimientos sancionadores que se incoen para la imposición de las sanciones a que se refiere el artículo 186 de esta Ley deberán iniciarse en el plazo de tres meses desde que se hubiese notificado o se entendiese notificada la sanción pecuniaria a que se refiere dicho precepto.

Este precepto presenta un elemento nuclear que lo diferencia claramente de la caducidad del procedimiento: su presupuesto fáctico. En efecto, mientras que el presupuesto de la caducidad procedimental consiste en el incumplimiento de la obligación de resolver y notificar en plazo, la hipótesis normativa del artículo 209.2 de la LGT se identifica con la no incoación temporánea del procedimiento sancionador[19]. Así pues, difícilmente podrá hablarse aquí de caducidad de un procedimiento que ni siquiera se ha iniciado[20].

• Audiencia Nacional (sección 7.ª)
Sentencia de 15 de junio de 2009[21]:

> *Quinto.* El plazo máximo de apertura del procedimiento sancionador –*ex* artículo 209.2 de la LGT– es de tres meses desde que se hubiera notificado o se entendiese notificada la correspondiente liquidación o resolución, quedando generalizado este plazo (no sólo para las actuaciones de la Inspección) en pro de la seguridad jurídica del contribuyente tras la realización de actuaciones administrativas que pueden haber puesto de manifiesto hechos presuntamente constitutivos de infracción, La naturaleza del mandato legal es de un plazo de caducidad del ejercicio de la potestad sancionadora por la Administración tributaria. [...].
>
> Debemos entender que, en el seno de un procedimiento de verificación de datos, comprobación o inspección, se requiere determinada información con trascendencia tributaria, dando lugar la resistencia, obstrucción, excusa o negativa a las actuaciones de la Administración tributaria a la incoación de un procedimiento sancionador. Pues bien, la posibilidad de dicha incoación no puede estar permanente abierta, sino que tiene que tener un plazo de caducidad en aras de la seguridad jurídica y del normal ejercicio de la potestad sancionadora de la

19. *Cf.* Jorge Martín López, «La sedicente caducidad...», art. cit., pág. 118; y Alfonso Sanz Clavijo, *La caducidad del procedimiento. Su aplicación en el ámbito administrativo y tributario*, La Ley, Madrid, 2009, pág. 352.

20. Véase Jorge Martín López, *ibidem*.

21. Ponente: Ilmo. Sr. Arozamena Laso. Recurso 496/2007 (JT 2009\1353).

Administración en el ámbito tributario y su único marco posible es el plazo de tres meses recogido en el artículo 209.2 de la LGT, precisamente por su vocación de generalidad para regular la iniciación del procedimiento sancionador en materia tributaria. En esta interpretación amplia del artículo 209.2 y en este caso el inicio de dicho plazo debe computarse desde que se notifica la resolución, carácter atribuible a los distintos requerimientos de información [...].

No parecería muy coherente con el objetivo de evitar prolongar la incertidumbre de quien pudiera resultar inculpado, establecer un plazo máximo de caducidad para concluir el procedimiento sancionador –artículo 211.2 de la LGT– y no fijar con carácter general un plazo mínimo para iniciarlo, salvo el de cuatro años de prescripción, generando, de este modo, una mayor inseguridad que la motivada por la falta de resolución en plazo.

• Tribunal Superior de Justicia de Andalucía
(sede en Granada, sección 2.ª)
Sentencia núm. 2067/2013, de 24 de junio[22]:

Segundo. [...] La lectura del precepto [art. 209 de la LGT] conduce a la conclusión, en opinión de la Sala, de que el legislador, por tratarse de materia sancionadora, ha querido poner un límite razonable a la posibilidad de incoar el procedimiento sancionador, tomando, como *dies a quo*, para el cómputo del plazo de tres meses, el siguiente al de la última notificación de la correspondiente liquidación tributaria girada o de la resolución dictada en el expediente liquidatorio, sin que ello suponga que, en los casos en que por cualquier circunstancia no concurra alguno de tales supuestos, pero sí existan actuaciones de la Administración o del sujeto pasivo de las que se deduzca de forma inequívoca la finalización del expediente liquidatorio instruido, se pueda sostener, como hace el TEARA en su resolución, que el plazo de caducidad que se examina no se inicia hasta que la Administración tributaria dicte la correspondiente resolución dando por finalizado el expediente, porque ese no es el espíritu de una norma concebida como una garantía para el administrado y no como una prerrogativa para la Administración sancionadora, que incumpla su deber de dictar resolución dentro de plazo.

B) Defensa de los consumidores

También se prevé la «caducidad de la acción» en el artículo 18.2 del RD 1945/1983, que regula el procedimiento sancionador en materia de defensa del consumidor:

Caducará la acción para perseguir las infracciones cuando conocida por la Administración la existencia de una infracción y finaliza-

22. Ponente: Ilmo. Sr. Lázaro Guil. Recurso 1322/2007 (JT 2013\1608).

das las diligencias dirigidas al esclarecimiento de los hechos, hubieran transcurrido seis meses sin que la autoridad competente hubiera ordenado incoar el oportuno procedimiento.

A estos efectos, cuando exista toma de muestras, las actuaciones de la inspección se entenderán finalizadas después de practicado el análisis inicial.

Las solicitudes de análisis contradictorios y dirimentes que fueren necesarios, interrumpirán los plazos de caducidad hasta que se practiquen.

Aquí, el momento inicial del cómputo es la finalización de las actuaciones previas, dirigidas al esclarecimiento de los hechos. Entre esas actuaciones se menciona expresamente el análisis de las muestras, precisando que el momento inicial de la caducidad es aquel en que se ha realizado el análisis y obtenido su resultado[23]. Por tanto, debe atenderse a la finalización de la actividad realizada por la Administración tendente a la averiguación de los hechos. Lo relevante no es la fecha en que se realiza la última diligencia de investigación sino el momento en que resulte acreditado el hecho; de ahí que no sean computables a tal efecto diligencias inútiles o innecesarias como puede ser la reiteración de actuaciones ya evacuadas con anterioridad[24].

Este plazo finaliza en la fecha de incoación del procedimiento; o, más bien, en la fecha de notificación del acuerdo de incoación, por razones de seguridad jurídica y de conformidad con lo dispuesto en el artículo 39.2 de la LPAC (antes art. 57.2 de la LRJPAC).

---

23. La STS (Sala 3.ª) núm. 65/1989, de 25 de enero (fj 2), examinó un supuesto de caducidad de la acción para perseguir las infracciones en materia de Disciplina del Mercado (art. 2 del Decreto 2530/1976), que se producía cuando, conocida por la Administración la existencia de una infracción y finalizadas las diligencias dirigidas al esclarecimiento de los hechos, hubieran transcurrido seis meses sin que la autoridad competente hubiera ordenado incoar el oportuno procedimiento. Señala el Alto Tribunal que «en aquellos supuestos, como el de autos, en los que en las actas se toman muestras, la Administración no conocerá la existencia de una posible infracción hasta que se realicen los correspondientes análisis, por lo que a este momento de la práctica de aquéllos habrá que referir el comienzo del plazo de caducidad de que se trata». Ponente: Excmo. Sr. García Ramos Iturralde (RJ 1989\485).

24. *Cf.* la STSJ de Madrid (sección 10.ª) núm. 754/2013, de 25 de octubre. Recurso 587/2012 (JUR 2014\15195).

- Tribunal Superior de Justicia de Andalucía (sede en Granada, sección 1.ª) Sentencia núm. 1/2015, de 29 de diciembre de 2014[25]:

> *Quinto.* [...] Dicha previsión específica contenida en la norma citada [se refiere al art. 18.2 del RD 1945/1983], obliga a computar como *dies a quo* de dicho plazo de seis meses, aquel en que se finalicen las diligencias dirigidas al esclarecimiento de los hechos, y si no se practicaran, a la fecha de la denuncia, sin perjuicio de que se haya de considerar como *dies ad quem*, por aplicación del artículo 57.2 de la LPC, en la interpretación jurisprudencial mayoritaria (STS 11/01/1996 y otras), la fecha de notificación del acuerdo de iniciación del expediente.

Por consiguiente, no se trata de caducidad del procedimiento, porque este aún no se ha iniciado, sino de una excesiva demora (seis meses) en la decisión sobre si procede o no incoar procedimiento sancionador tras contar la Administración con todos los datos al respecto. Lo que «caduca» precisamente es la posibilidad de iniciar el procedimiento[26]. En estos momentos —previos a la incoación del expediente sancionador— no es aplicable la caducidad del artículo 25.1.*b)* de la LPAC toda vez que esta caducidad es la del «procedimiento» y sólo opera en los procedimientos ya iniciados. Además, se establece que las solicitudes de análisis contradictorios y dirimentes que fueren necesarios interrumpirán el plazo de caducidad hasta que se practiquen.

En materias relacionadas con la protección de consumidores y usuarios puede traerse a colación la caducidad de la acción en la Ley 28/2015, de 30 de julio, para la defensa de la calidad alimentaria, vinculada a la fecha del boletín del análi-

25. Ponente: Ilmo. Sr. López Agulló. Recurso 4/2013 (RJCA 2016\792).

26. En realidad, se ha dicho que estamos ante una peculiar forma de prescripción de la infracción. Así se desprende de la posibilidad de interrumpir el plazo, lo cual casa mal con la caducidad. Por eso, la lectura de los apartados 1 y 2 del artículo 18 del RD 1945/1983 se realiza del siguiente modo: la infracción prescribe, bien por el transcurso de cinco años desde que se cometió o de seis meses desde que la Administración tuvo conocimiento de ella, aunque en cada ocasión se le dé un nombre diferente. Véase Manuel Rebollo Puig, *Potestad sancionadora, alimentación y salud pública*, Instituto Nacional de Administración Pública, Madrid, 1989, págs. 792-793.

sis inicial de las muestras tomadas[27]; y en la Ley 6/2015, de 12 de mayo, de denominaciones de origen e indicaciones geográficas protegidas de ámbito territorial supraautonómico[28].

C) Farmacia

Por último, citaremos la Ley 22/2007, de 18 de diciembre, de Farmacia de Andalucía:

> Artículo 81.
> 2. Caducará la acción para perseguir las infracciones cuando, conocida por la Administración la existencia de una infracción y finalizadas, en su caso, las diligencias dirigidas al esclarecimiento de los hechos, hubiera transcurrido un año sin que la autoridad competente hubiera ordenado incoar el oportuno procedimiento.

- Tribunal Superior de Justicia de Andalucía (sede en Sevilla, sección 3.ª) Sentencia núm. 850/2016, de 21 de septiembre[29]:

> *2.º Caducidad de la acción.* [...] Debemos llamar la atención que el precepto legal sitúa el inicio del plazo de caducidad no en el conocimiento de la infracción, momento inicial del plazo de prescripción de la infracción, sino en la finalización de las diligencias dirigidas al esclarecimiento de los hechos.

27. Artículo 24.5: «Caducará la acción para perseguir las infracciones cuando, conocida por la Administración la existencia de una infracción y finalizadas las diligencias dirigidas al esclarecimiento de los hechos, que en el caso de un acta con toma de muestras se considerará la fecha del boletín de análisis inicial, hubiera transcurrido más de un año sin que la autoridad competente hubiera ordenado incoar el oportuno procedimiento».

28. Artículo 37.3: «Caducará la acción para perseguir infracciones cuando conocida por la Administración la existencia de una infracción y finalizadas las diligencias dirigidas al esclarecimiento de los hechos, hubiera transcurrido un año sin que la autoridad competente hubiera ordenado incoar ningún procedimiento en relación con la infracción. En caso de caducidad del procedimiento este apartado no será de aplicación. A estos efectos, cuando exista toma de muestras, las actuaciones de la inspección se entenderán finalizadas después de practicado el análisis inicial. Las solicitudes de análisis contradictorios y dirimentes que fueren necesarios, interrumpirán los plazos de caducidad hasta que se practiquen».

29. Ponente: Ilmo. Sr. Jiménez Jiménez. Recurso 534/2015 (JUR 2016\259268).

2. CADUCIDAD DE LAS ACTUACIONES PREVIAS

Las actuaciones previas (art. 55 de la LPAC), por lo general, no están sometidas a plazo ni afectadas por caducidad. Se trata —en palabras del TSJ de Madrid— «no de un procedimiento en sentido estricto, sometido a un plazo de duración determinado y a la subsiguiente caducidad, sino de un mero período informativo que podrá dar lugar, en su caso, a la apertura del verdadero procedimiento sancionador»[30].

• Tribunal Supremo (Sala 3.ª, sección 3.ª)
Sentencia de 26 de diciembre de 2007[31]:

> *Sexto.* [...] En la medida en que aquellas diligencias previas o preparatorias sirvan al fin que realmente las justifica, esto es, reunir los datos e indicios iniciales que sirvan para juzgar sobre la pertinencia de dar paso al expediente sancionador, y no se desnaturalicen transformándose en una alternativa subrepticia a este último, ninguna norma las somete a un plazo determinado y, por lo tanto, no quedan sujetas al instituto de la caducidad.

Sin embargo, la legislación sectorial tiene sus peculiaridades y, en ocasiones, son las propias actuaciones previas las que caducan si se demoran en exceso. Este es el caso del procedimiento sancionador en materia de protección de datos. El artículo 122 del RD 1720/2007 (Reglamento de desarrollo de la Ley Orgánica 15/1999, de 13 de diciembre, de protección de datos de carácter personal), prevé la realización de actuaciones previas con objeto de determinar si concurren circunstancias que justifiquen la iniciación del procedimiento sancionador. Pero, si exceden de doce meses, se producirá su caducidad. Dice así, el artículo 122.4 de citado reglamento:

> Estas actuaciones previas tendrán una duración máxima de doce meses a contar desde la fecha en la que la denuncia o petición razonada a las que se refiere el apartado 2 hubieran tenido entrada en la Agencia Española de Protección de Datos o, en caso de no existir aquéllas, desde que el director de la Agencia acordase la realización de dichas actuaciones.

---

30. Sentencia núm. 754/2013, de 25 de octubre. Recurso 587/2012 (JUR 2014\15195).

31. Ponente: Excmo. Sr. Campos Sánchez-Bordona. Recurso 1907/2005 (RJ 2008\370).

> El vencimiento del plazo sin que haya sido dictado y notificado acuerdo de inicio de procedimiento sancionador producirá la caducidad de las actuaciones previas.

La previsión de un plazo máximo, de caducidad, para el desarrollo de estas actuaciones es, a mi juicio, positivo y debería generalizarse. Evita su prolongación abusiva, *sine die*, introduciendo una elemental seguridad jurídica. Sobre todo, teniendo en cuenta que no es algo insólito que la Administración use de ellas desviadamente para eludir la amenaza de la caducidad procedimental y las garantías de las que goza el inculpado en un procedimiento sancionador. Así, sin el temor a la constricción temporal que supone la caducidad del procedimiento, las actuaciones previas no se limitan —en demasiadas ocasiones— a determinar si existe lo que la STS (Sala 3.ª, sección 6.ª) de 27 de febrero de 2001[32] denomina una «base seria» para abrir el procedimiento sancionador, que es su única finalidad. Por el contrario, se utilizan fraudulentamente hasta agotar lo que debería practicarse en la instrucción de un procedimiento, incoado con todas las garantías, a fin de acreditar la comisión de la infracción. De este modo, aquellas evidencias obtenidas exhaustivamente en una fase preprocedimental, se incorporan después al procedimiento, cuya instrucción queda reducida a un mero formalismo.

Retomando la norma comentada, si las actuaciones previas caducan no pueden tener eficacia alguna; de lo contrario, de nada serviría la previsión legal de un período máximo para su práctica. Desde luego, no pueden servir para interrumpir la prescripción, porque este efecto se atribuye por los artículos 30.2 de la Ley 40/2015 y 47.3 de la LOPD a la iniciación, con conocimiento del interesado, de un procedimiento sancionador en sentido estricto. Tampoco pueden dar lugar a la incoación de un procedimiento sancionador (que sería nulo), ni podrían tener virtualidad probatoria alguna actual ni futura, pues ello supondría un fraude de ley del artículo 6.4 del Código Civil. En palabras de MAGIDE HERRERO, «la Administración no podrá emplear la información recogida en las actuaciones

32. Ponente: Excmo. Sr. González Navarro. Recurso 8034/1996 (RJ 2001\1369).

previas caducadas a ningún efecto. Particularmente no podrá fundar en esa información la incoación de un expediente sancionador, ni incorporar la documentación recabada en su actividad inspectora caducada a unas nuevas actuaciones previas o a un eventual procedimiento sancionador»[33].

Pero la cuestión es otra: ¿es posible incoar unas nuevas actuaciones previas por los mismos hechos denunciados o investigados? En mi opinión, no. Bien puede identificarse este supuesto con la caducidad de la acción, tal y como la hemos configurado; es decir: un plazo de reacción, establecido legalmente para incoar el procedimiento sancionador una vez conocida la supuesta infracción. Que la demora se deba a una dilación excesiva de las diligencias previas no empece la naturaleza de esta disposición que entendemos debería equipararse a la caducidad de la acción.

Sin embargo, no es esta la opinión de la Audiencia Nacional (sección 1.ª). En su sentencia de 21 de octubre de 2014[34] aplica al caso los efectos de la caducidad del procedimiento (perención); esto es: pese a la caducidad de las actuaciones previas, la Administración puede reiniciar otro procedimiento por los mismos hechos siempre que no hubiera prescrito la infracción:

> *Segundo.* [...] El artículo 92 de la LRJPAC, al que se remite su artículo 44.2 al prever la caducidad de los procedimientos en los que la

33. Véase Mariano MAGIDE HERRERO, quien añade: «En efecto, si caducadas y consiguientemente archivadas las actuaciones previas, la AEPD pudiera en todo caso incoar un procedimiento sancionador con fundamento en esas actuaciones, incorporándolas al expediente sancionador, o pudiera abrir unas nuevas actuaciones destinadas a completar las inicialmente caducadas, esa caducidad carecería de cualquier efecto práctico para el particular y para la AEPD, quedando en nada la previsión de un período máximo para el desarrollo de las actuaciones previas expresamente incluido en el Reglamento». Comentario al artículo 122 del RD 1720/2007, en la obra colectiva *Comentario al Reglamento de desarrollo de la Ley Orgánica 15/1999, de 13 de diciembre, de protección de datos de carácter personal (aprobado por RD 1720/2007, de 21 de diciembre)*, Alberto Palomar Olmeda y Pablo González-Espejo (dirs.), Thomson-Civitas, Cizur Menor (Navarra), 2008, págs. 770-771.

34. Ponente: Ilmo. Sr. Quintana Carretero. Recurso 376/2013 (RJCA 2014\824).

> Administración ejercite potestades sancionadoras, entre otros, establece los efectos de la caducidad que, con independencia de provocar el archivo del procedimiento, «no producirá por si sola la prescripción de las acciones del particular o de la Administración, pero los procedimientos caducados no interrumpirán el plazo de prescripción». Por consiguiente, declarada la caducidad de unas actuaciones previas de investigación iniciadas por la Agencia Española de Protección de Datos, no se encuentra imposibilitada la Administración actuante para iniciar otras actuaciones previas de investigación sobre los mismos hechos, siempre y cuando no hubiere transcurrido el plazo de prescripción de la infracción administrativa objeto de investigación.

Con anterioridad, en su sentencia de 16 de septiembre de 2010[35], ya se había pronunciado en este mismo sentido:

> *Tercero.* [...] El artículo 122.4 del RD 1720/2007 que establece *ex novo* un plazo de duración máxima de las actuaciones previas de 12 meses, cuyo transcurso sin haberse notificado el acuerdo de inicio del procedimiento producirá la caducidad de las actuaciones previas [...] la declaración de caducidad no impide incoar un procedimiento sancionador si la infracción no ha prescrito, siendo la prescripción de la infracción y no la caducidad del procedimiento o de las actuaciones previas, lo que vedaría la incoación de un nuevo procedimiento sancionador. No puede por tanto identificarse como pretende la actora, en este ámbito sancionador de protección de datos en que nos hallamos, la caducidad con la prescripción, tratándose de dos instituciones distintas que producen efectos también distintos.

Contrariamente a lo que sostiene la Audiencia Nacional, no se trata de identificar caducidad y prescripción. El plazo de esta caducidad de las actuaciones previas (homologable, a mi juicio, a la caducidad de la acción) comienza desde que la denuncia o la petición razonada de otro órgano tenga entrada en la Agencia o, si no existieran aquellas, desde que el director de la Agencia acuerde la realización de dichas actuaciones; mientras que la prescripción comienza su cómputo desde la comisión de la infracción. Pero los efectos de la caducidad de la acción y de la prescripción de la infracción son idénticos, como ya hemos puesto de relieve, hasta el punto de que hay quienes piensan que «deberían armoni-

35. Ponente: Ilma. Sra. Sanz Calvo (rec. 627/2009) (JUR 2010\333962). También en SAN de 16 de diciembre de 2010 (rec. 727/2009) (JUR 2010\416529).

zarse y fundirse en un supraconcepto unitario que se podría denominar sin más prescripción»[36]. Otra cosa es la perención o caducidad del procedimiento, que opera limitadamente en el plano formal o procedimental a partir de la incoación del expediente, no antes.

3. DECAIMIENTO DE LA POSIBILIDAD DE EXTENDER ACTA DE INFRACCIÓN

Entre la maraña legislativa en torno a las «caducidades» en los procedimientos sancionadores encontramos, en materia de inspección laboral, una especialidad: el decaimiento de la posibilidad de extender acta de infracción (art. 8.2 del Real Decreto 928/1998, de 14 mayo).

Cuando la labor inspectora de comprobación de los hechos se demore más allá de nueve meses, o se interrumpa por más de cinco meses, decaerá la posibilidad de extender acta de infracción como consecuencia de tales actuaciones previas[37], salvo que la dilación sea imputable al sujeto inspeccionado o a las personas de él dependientes. En lo que ahora interesa, dice el tenor literal del citado precepto:

> Artículo 8. *Objeto de la actividad inspectora previa*
>
> 1. Se entiende por actividad inspectora previa al procedimiento sancionador, a los efectos del presente Reglamento, el conjunto de actuaciones realizadas por la Inspección de Trabajo y Seguridad Social destinadas a comprobar el cumplimiento de las disposiciones legales, reglamentarias y convenidas en el orden social.
>
> 2. Tales actuaciones comprobatorias no se dilatarán por espacio de más de nueve meses salvo que la dilación sea imputable al sujeto a inspección o a las personas dependientes del mismo. [...]
>
> Asimismo, no se podrán interrumpir por más de cinco meses, salvo que la interrupción sea causada por el sujeto inspeccionado o personas de él dependientes. [...]
>
> Si se incumplen los plazos a que se refieren los párrafos anteriores, no se interrumpirá el cómputo de la prescripción y decaerá la posibilidad de extender acta de infracción o de liquidación, como consecuencia

36. Así, Rafael Caballero Sánchez, *Prescripción y caducidad...*, ob. cit., pág. 97, nota 17.

37. «Unas actuaciones de comprobación de hechos distintos de los que motivan el acta de infracción, no han de servir para interrumpir el cómputo de los tres meses de paralización». STSJ de las Islas Baleares de 10 de enero de 2003. Ponente: Ilmo. Sr. Socias Fuster (JUR 2003\83211).

de tales actuaciones previas, sin perjuicio de la eventual responsabilidad en la que pudieran haber incurrido los funcionarios actuantes.

Ello, no obstante, en los supuestos anteriormente citados, y siempre que no lo impida la prescripción, la Inspección de Trabajo y Seguridad Social podrá promover nuevas actuaciones de comprobación referentes a los mismos hechos y extender, en su caso, las actas correspondientes. Las comprobaciones efectuadas en las actuaciones inspectoras previas caducadas, tendrán el carácter de antecedente para las sucesivas, haciendo constar formalmente tal incidencia.

A) Efectos: da lugar a la caducidad del procedimiento sancionador

Pese a los términos utilizados («actividad inspectora previa», «actuaciones previas»), en realidad no se está ante actuaciones previas al procedimiento sancionador, sino ante un procedimiento sancionador con una primera fase de instrucción que tiene un plazo de caducidad propio. Aquí lo que caduca no son las actuaciones inspectoras previas a la incoación del procedimiento sancionador, sino, en puridad, el propio procedimiento por una demora intraprocedimental. La explicación nos la da el Tribunal Supremo (Sala 3.ª, sección 4.ª) en su sentencia de 6 de noviembre de 2012, más abajo transcrita.

En efecto, las actuaciones previas de comprobación tienen aquí naturaleza instructora. Su objeto no es determinar si hay base para iniciar la instrucción de un procedimiento sancionador, sino practicar una auténtica instrucción dirigida a constatar los hechos constitutivos de infracción. Así, el contenido del acta que se extienda como resultado de esa actuación inspectora previa, aunque formalmente sea el acto que «inicia» el expediente sancionador, en realidad es el propio de una propuesta de resolución (art. 14 del Real Decreto 928/1998). A saber: la identificación del sujeto infractor; un relato de hechos probados con expresión motivada de los medios utilizados para su comprobación; la calificación jurídica de la infracción o infracciones presuntamente cometidas; y, por último, la propuesta de sanción. De ahí que cuando decae la posibilidad de extender el acta de infracción, en realidad ha caducado el procedimiento sancionador por el exceso temporal de la fase de instrucción, que aquí se denomina «actuación inspectora previa».

• Tribunal Supremo (Sala 3.ª, sección 4.ª)
Sentencia de 6 de noviembre de 2012[38]:

Tercero. [...] Atendiendo en primer término al mismo artículo 8.2 del Real Decreto 928/1998, éste, como decíamos, establece los mismos efectos para dos supuestos de hecho distintos: por un lado, el retraso en la conclusión de las actuaciones de comprobación por más de nueves meses y, por otro, la paralización o interrupción de esas actuaciones por más de tres meses. No parece que haya duda en que en el primer caso se produce la caducidad del expediente en el sentido propio y natural de esta institución. Y sin embargo sí parece haber dudas a la hora de aplicar esta consecuencia jurídica al segundo caso, cuando no hay razón para dudar, porque donde la norma no distingue el intérprete no debe distinguir.

Por lo que se refiere al conjunto normativo inmediato en que se integra este artículo 8.2, el de las normas que regulan el procedimiento sancionador en materia de infracciones del orden social, contenidas en el texto refundido de la Ley sobre Infracciones y Sanciones en el Orden Social (Real Decreto Legislativo 5/2000, de 4 de agosto) y en el Reglamento que venimos mencionando, de 14 de mayo de 1998, la específica configuración de este procedimiento obliga igualmente a aplicar el instituto de la caducidad con todo su rigor.

Según el artículo 13.1 del Real Decreto 928/1998, de 14 de mayo, «el procedimiento sancionador se iniciará de oficio, como resultado de la actividad inspectora previa, por acta de infracción». Y de acuerdo con el artículo 15, las actas de infracción extendidas con arreglo a las previsiones del Reglamento «estarán dotadas de presunción de certeza de los hechos y circunstancias reflejados en la misma que hayan sido constatados por el funcionario actuante». Del cruce de ambos preceptos resulta: uno, que el procedimiento sancionador se inicia por acta de infracción; dos, que esa acta de infracción es «resultado» de la actividad inspectora previa; y, tres, que el acta de infracción, que define los hechos que pueden dar lugar a la imposición de una sanción, goza de «presunción de certeza». Y esta fuerza probatoria que se otorga a las actas de infracción, a las que se llega «como resultado de la actividad inspectora previa» y que contienen e identifican los hechos por los que puede llegar a imponerse la sanción [art. 14.1, párrafos *b)* y *c)* del Real Decreto 928/1998] determina que haya de exigirse un escrupuloso respeto a las formas y garantías del procedimiento sancionador en la tramitación de las actuaciones previas de comprobación. Porque la importancia que esas actuaciones previas tienen en el desarrollo por la Administración de su máxima potestad de intervención —la represión de una conducta— es determinante.

38. Ponente: Ilmo. Sr. Menéndez Pérez. Recurso 3558/2011 (RJ 2012\10598).

Esta importancia y trascendencia de las actuaciones previas de comprobación viene dada porque en su seno se desarrolla en realidad la propia y verdadera actividad de instrucción de este procedimiento sancionador especial.

Como acabamos de ver, el procedimiento para la imposición de sanciones por infracciones del orden social se inicia directamente con el acta de infracción (art. 13.1 del RD 928/1998) y, además —añadimos ahora—, su tramitación se encomienda, también directamente, al órgano competente para su resolución (art. 18.1). A primera vista, ello pudiera parecer contrario a la estructura del procedimiento sancionador general, que consta de dos fases de instrucción y resolución bien diferenciadas (capítulos III y IV del Real Decreto 1398/1993, de 4 de agosto); e incluso al principio legal que impone la separación de ambas fases (art. 134.2 de la Ley 30/1992). No obstante, esa contradicción es sólo aparente, porque en realidad la fase de «instrucción» de este específico procedimiento sancionador no es que no exista, es que está desgajada del procedimiento sancionador *stricto sensu*, tal y como lo regula el Real Decreto 928/1998, y se desarrolla con anterioridad al mismo, en las llamadas «actuaciones previas de comprobación».

Esta naturaleza instructora de las «actuaciones previas de comprobación» no se extrae tan solo de su ubicación temporal. Se extrae, sobre todo, de su regulación material contenida en el Real Decreto 928/1998, que prevé que su objeto es «comprobar el cumplimiento de las disposiciones legales, reglamentarias y convenidas en el orden social» (art. 8.1), regula en su seno las más amplias potestades de investigación y prueba de la Administración (art. 10) y establece que, si como consecuencia de las diligencias practicadas se constatan hechos constitutivos de infracción, se extenderá la correspondiente acta (art. 12.1) como «resultado» de la actividad inspectora previa (art. 13.1).

Esta es la razón por la que siendo el acta de infracción el acto que formalmente «inicia» el expediente sancionador, tenga en realidad un contenido más propio de una propuesta de resolución que de un simple acuerdo de incoación (*cfr.* arts. 13 y 18 del reglamento de procedimiento administrativo sancionador general). Al igual que una propuesta de resolución, el acta de infracción debe contener, según el artículo 14 del Real Decreto 928/1998: (1) la identificación del sujeto infractor; (2) un relato de hechos probados con expresión motivada de los medios utilizados para su comprobación; (3) la calificación jurídica de la infracción o infracciones presuntamente cometidas; y, por último, (4) la propuesta de sanción.

Consecuencia de todo lo anterior es que deben aplicarse con todo su rigor las consecuencias previstas por la norma para el caso de superarse el plazo máximo de duración o paralización de las actuaciones previas de comprobación. De la misma manera que se aplicarían esas consecuencias en caso de producirse esa paralización en la fase de instrucción del procedimiento sancionador general. Porque éste es en puridad el papel que desempeñan las actuaciones previas de comprobación en el procedimiento especial para la imposición de sanciones por infracciones del orden social.

[...]

Cuarto. En definitiva, todos los razonamientos anteriores obligan a entender que la paralización de las actuaciones de comprobación por más de tres meses prevista en el artículo 8.2 del Real Decreto 928/1998 da lugar a la caducidad del expediente, con todas las consecuencias propias de este instituto.

B) Incoación de nuevas actuaciones de comprobación sobre los mismos hechos, si no lo impide la prescripción

En estos casos de excesiva duración de las actuaciones de comprobación —bien por su dilatación o por su paralización—, los plazos de prescripción siguen corriendo como si tales actuaciones no se hubieran llevado a cabo. Si se incumplen los plazos máximos sobre las actuaciones de comprobación, «no se interrumpirá el cómputo de la prescripción», dice el artículo 8.2, penúltimo párrafo del Real Decreto 928/1998. Exactamente igual que sucede en la caducidad del procedimiento.

No obstante, el mismo precepto citado, en su último párrafo, autoriza a que, si no lo impide la prescripción, la Inspección de Trabajo y Seguridad Social pueda promover nuevas actuaciones de comprobación referentes a los mismos hechos y extender, en su caso, las actas correspondientes. Las comprobaciones efectuadas en las actuaciones inspectoras previas caducadas tendrán el carácter de antecedente para las sucesivas, haciendo constar formalmente tal incidencia.

• Tribunal Supremo (Sala 3.ª, sección 4.ª)
Sentencia de 6 de noviembre de 2012[39]:

Quinto. [...] La superación del plazo máximo de paralización previsto en el artículo 8.2 del Real Decreto 928/1998 ha de tener por fuerza las siguientes consecuencias:

---

39. Ponente: Ilmo. Sr. Menéndez Pérez. Recurso 3558/2011 (RJ 2012\10598).

a) La Administración debe declarar la caducidad de las actuaciones previas de comprobación que está tramitando.

b) Y debe proceder también a acordar el archivo de las mismas.

c) Sin perjuicio de lo anterior, si no ha prescrito la infracción presuntamente cometida, puede incoar unas «nuevas actuaciones de comprobación referentes a los mismos hechos», como expresamente permite el párrafo 2.º del artículo 8.2 del Real Decreto 928/1998. Pero estas actuaciones de comprobación, debemos convenir en ello, sólo serán «nuevas», como exige el referido precepto, si se trata de otras distintas —incluso formalmente— a las previamente incoadas, que por tanto han de estar necesariamente archivadas por caducidad.

Pero lo que no puede admitirse es que, a pesar de la superación de aquel plazo, la Administración actúe como si nada hubiera ocurrido y prosiga con la tramitación de las mismas actuaciones de comprobación, sin solución de continuidad. Porque ello supone desconocer los efectos propios de la caducidad.

d) No obstante, lo que sí es diferente en este específico procedimiento sancionador respecto del procedimiento sancionador general es que, a diferencia de lo que allí ocurre [véase la consecuencia del archivo señalada en la letra *c)* de la sentencia transcrita de 24 de febrero de 2004], aquí sí debe admitirse la incorporación al nuevo procedimiento de las actuaciones practicadas en el expediente anterior caducado, porque lo permite expresamente el artículo 8.2 del Real Decreto 928/1998, cuando dice que «las comprobaciones efectuadas en las actuaciones inspectoras previas caducadas, tendrán el carácter de antecedente para las sucesivas, haciendo constar formalmente tal incidencia».

Ahora bien, para coordinar esta exigencia de «constancia formal» de la incorporación con los derechos del presunto infractor y con la obligada mención que el acta de infracción ha de hacer a los «medios utilizados para la comprobación de los hechos que fundamentan el acta», de acuerdo con el artículo 14.*b)* del Real Decreto 928/1998, no bastará con aludir sin más a las diligencias practicadas antes de la paralización. Este es un requisito mínimo y obligado de toda acta, según el precepto citado. Para permitir la incorporación de diligencias practicadas en procedimientos caducados, habrá que exigir, además, que el acta de infracción: (i) ante todo deje constancia de la paralización y archivo producido y de la incoación de unas nuevas actuaciones previas de comprobación; además (ii) exteriorice las razones de la incorporación, es decir, explique por qué no es necesario, conveniente o posible repetir las concretas diligencias que se incorporan a ese nuevo procedimiento; y, por fin (iii), que justifique también que la traída e incorporación de esas diligencias al nuevo procedimiento, y su toma en consideración en el mismo, no menoscaban los derechos del presunto infractor.

C) Cómputo de los plazos: día inicial y día final

A la hora de computar este singular plazo de caducidad no parece haber dificultad para establecer el día inicial: será aquél en que comience la actividad inspectora (para el cómputo de los nueve meses de duración máxima) o el de la última actuación inspectora de comprobación (para el cómputo de los cinco meses de interrupción). El problema radica en determinar cuál sea el día final de dichos plazos. Dos son las alternativas: la fecha en que se extienda el acta inspectora o bien la fecha en que dicha acta se notifique al interesado.

Podría defenderse que el día final es el correspondiente a la fecha en que se extienda el acta inspectora. Si el transcurso de los plazos supone que decae la posibilidad de «extender acta de infracción», cabe pensar que ésta es precisamente la fecha que debe tomarse como *dies ad quem* en el cómputo de tales plazos.

Sin embargo, no me parece que sea ésta una solución acertada, sobre todo desde la perspectiva de la seguridad que debe ofrecerse al administrado en lo tocante a los tiempos procedimentales. Si tenemos presente que el decaimiento de la posibilidad de extender acta de infracción podría dar lugar a responsabilidad del funcionario actuante, es natural que, a los ojos del administrado, resulte de dudosa fiabilidad que la datación unilateral del acta por dicho funcionario sea la que precisamente fije el último día del cómputo de esta caducidad. La seguridad jurídica, la certeza sobre si se han respetado o no los tiempos procedimentales, exige que la fecha final del plazo de caducidad se determine por la notificación legal del acta o incluso por el intento de notificación efectuado en legal forma; en cualquier caso, mediante una actuación con proyección externa respecto del inspector actuante. El día final del cómputo ha de ser el de la notificación del acta y no el de la fecha de ésta.

Es precisamente esta otra alternativa la que considero acertada: tomar como *dies ad quem* la fecha de notificación del acta o la del intento de su notificación legal. En los procedimientos sancionadores viene siendo ya una norma generalizada que los tiempos de demora procedimentales con efectos positivos para el inculpado (prescripción, caducidad), y con eventuales responsabilidades del funcionario que las provoca, se computen a partir de la notificación y no desde la fecha en que se produzca el acto. Aunque la notificación no sea en tales casos condición de validez del acto, sí lo es de eficacia frente al inculpado. Esta forma de computar los plazos, en palabras de la STS (Sala 3.ª, sección 5.ª) de 8 de mayo de 1990[40], es el único modo «que garantiza la seguridad jurídica del administrado y la diligencia debida en la actividad de la Administración».

Abundando en esta idea, el artículo 25.1 de la LPAC claramente liga la caducidad del procedimiento sancionador de su apartado *b)* con el vencimiento del plazo máximo establecido sin que se haya «dictado y notificado» resolución expresa. También la prescripción se interrumpe, según el artículo 30 de la LRJSP, siempre que de la resolución tenga «conocimiento» el interesado; esto es, a partir de su notificación. Basten estos ejemplos para comprobar que la línea seguida por el legislador es, en este orden de cosas, la de confiar los efectos de interrumpir la prescripción y el cómputo del plazo de la caducidad a la fecha en que se notifique al interesado la actuación correspondiente o, al menos, a aquella en que se documente una actividad con proyección externa a la dependencia administrativa en que se origine. Parece, pues, que el legislador no confía demasiado en la datación que de sus actos pueda hacer en estos casos la Administración; y no es de extrañar, si tenemos en cuenta la responsabilidad, por las caducidades o las prescripciones, en que puede incurrir el funcionario correspondiente.

En resumidas cuentas, las garantías en general del procedimiento administrativo —y, en particular, del procedimiento sancionador— llevan a sostener que el *dies ad quem*, en el que decae la posibilidad de extender el acta de infracción, no será el de su extensión y firma, sino aquel en que dicha acta se notifique o se intente legalmente notificar al interesado.

40. Ponente: Excmo. Sr. García Estartús (RJ 1990\4222).

4. CADUCIDAD DEL PROCEDIMIENTO SANCIONADOR

La caducidad del procedimiento sancionador o perención se produce por el vencimiento del plazo máximo establecido sin que se haya dictado y notificado resolución expresa [art. 25.1.*b)* de la LPAC]; es decir, por la demora entre el inicio y la finalización del procedimiento (exceso en el plazo máximo para resolver y notificar). También puede producirse la caducidad intraprocedimental por la demora entre dos trámites (exceso en los plazos internos de tramitación)[41].

Con todo, salvo que así esté expresamente previsto en la normativa administrativa, la demora en cada una de las actuaciones intraprocedimentales no tiene eficacia de cara a la caducidad del procedimiento. Lo explica, en relación con la formulación del pliego de cargos, la STS (Sala 3.ª, sección 6.ª) de 4 de diciembre de 2012[42]:

> *Cuarto.* [...] conviene resaltar, en relación con la posible caducidad del plazo para la formulación del pliego de cargos, que la caducidad del procedimiento, en atención al artículo 44.2 de la Ley 30/1992, solo tiene lugar por el vencimiento del plazo máximo para resolver, que de acuerdo con el artículo 581 del Reglamento Hipotecario es de seis meses. Por tanto, el mero incumplimiento del plazo para la formulación de cargos no conlleva la caducidad del expediente sancionador, teniendo los efectos, en todo caso, derivados del artículo 63.3 de la Ley 30/1992. En tal sentido esta Sala ha dicho en sentencia de 15 de octubre de 2001, dictada en el recurso núm. 13/2000 que «las resoluciones administrativas dictadas fuera de plazo sólo pueden ser consideradas nulas cuando la naturaleza del término o plazo imponga este efecto. En otro caso, como es el enjuiciado, debe estimarse que se trata de plazos aceleratorios, cuyo incumplimiento constituye una irregularidad no invalidante. El artículo 63.3 de la Ley de Régimen Jurídico de las Administraciones Públicas y del Procedimiento Administrativo Común dispone que "la realización de actuaciones administrativas fuera del tiempo establecido para ellas sólo implicará la anulabilidad del acto cuando así lo imponga la naturaleza del término o plazo"».

---

41. A título de ejemplo, el Real Decreto 1398/1993 (Reglamento del procedimiento para el ejercicio de la potestad sancionadora, abreviadamente RPS) preveía dos diferentes plazos de caducidad: uno, general, entre la incoación del procedimiento y su resolución (seis meses para el procedimiento ordinario y un mes para el simplificado); y otro, especial o intraprocedimental, entre la incoación del procedimiento y su notificación al inculpado (dos meses).

42. Ponente: Excmo. Sr. Díez-Picazo Giménez. Recurso 3557/2010 (RJ 2013\1014).

La caducidad tiene únicamente carácter adjetivo. Tan solo da lugar a la terminación anticipada del procedimiento, pero no impide que pueda incoarse otro con idéntico objeto siempre que no haya operado el instituto de la prescripción. La caducidad extingue el procedimiento, no la acción sancionadora para perseguir el eventual ilícito, que queda incólume[43].

A) Plazo máximo de resolución y notificación

A la hora de determinar el plazo de caducidad (plazo máximo de resolución y notificación) hay que acudir al artículo 21 de la LPAC, que establece el siguiente régimen temporal:

1. El plazo máximo para resolver y notificar la resolución expresa en todo procedimiento sancionador será el que determine su normativa específica, sectorial o general, ya sea estatal, autonómica o local (art. 21.2.I)[44].

2. Este plazo no podrá superar los seis meses, salvo que así se establezca por ley o por normativa de la Unión Europea (art. 21.2.II). Es decir, reglamentariamente, el plazo máximo de duración está limitado a un máximo de seis meses. Para superar dicho plazo se establece una reserva de ley o de norma comunitaria[45].

3. Si las normas sectoriales no fijan plazo alguno de caducidad, este será de tres meses (art. 21.3).

Como se ve, la LPAC no fija un plazo máximo único y común para la resolución de los procedimientos sanciona-

43. Véase L. Alfredo de Diego Díez, *Prescripción y caducidad...*, ob. cit., págs. 281-283; ídem, *Tratamiento y efectos de la caducidad en el procedimiento sancionador*, 2.ª ed., Colex, A Coruña, 2020, págs. 118-124.

44 Por ejemplo, en materia de seguridad vial el plazo de caducidad del procedimiento es de un año (arts. 112.3 del RDLeg. 6/2015 y 16 del RD 320/1994). Y, en materia de navegación aérea, es de dieciocho meses en los expedientes por infracciones muy graves y graves, y de nueve meses cuando se incoen por infracciones leves (art. 65 de la Ley 21/2003, de 7 de julio).

45. En palabras de Jorge Martín López, «La sedicente caducidad...», art. cit., pág. 104, esta limitación constituye «un loable espaldarazo a la seguridad jurídica del administrado, en tanto veda la posibilidad de que, por vía reglamentaria, se señalen plazos que excedan de esos seis meses».

dores. Lo que establece, en primer lugar, es una remisión a las normas reguladoras de cada procedimiento, dejando a los ordenamientos generales o sectoriales la determinación del concreto lapso temporal de su duración máxima. En segundo término, establece una reserva de ley o de normativa comunitaria europea para superar el plazo de seis meses de duración del procedimiento. Y, finalmente, dispone un plazo supletorio (tres meses) respecto de aquellos procedimientos cuya normativa —legal o reglamentaria— nada diga al respecto.

Lo concerniente a cómo han de computarse los plazos también se recoge explícitamente en el artículo 21 de la LPAC:

1. El plazo se cuenta desde la incoación *(dies a quo)* o, en terminología de la ley, «desde la fecha del acuerdo de iniciación» [art. 21.3.*a)*]. Por consiguiente, el día inicial del plazo es aquel en el que se adopta la decisión de iniciar el procedimiento administrativo, sea cual fuere la fecha en que el interesado conoce el acuerdo de iniciación.

2. El plazo finaliza *(dies ad quem)* el día en que se notifique la resolución sancionadora, toda vez que la obligación que recae sobre la Administración no consiste únicamente en resolver dentro de plazo, sino también en notificar temporáneamente dicha resolución por razones de seguridad jurídica del administrado (art. 21.1 y 2).

Lo expuesto es una normativa común y general sobre el cómputo, aplicable —salvo disposición específica en contrario— en todos los plazos máximos de duración procedimental, sin importar si se han establecido legal o reglamentariamente.

a) Información sobre el plazo máximo de duración del procedimiento y las consecuencias de su incumplimiento

El artículo 21.4 de la LPAC impone expresamente a las Administraciones Públicas el deber de publicar y mantener actualizadas en el portal web, a efectos informativos, las relaciones de procedimientos de su competencia, con indicación de los plazos máximos de duración, así como de los efectos que produzca el silencio administrativo.

No basta con esta información general en la web, dirigida a todos los administrados. Se precisa, además, una información específica e individual a cada interesado en el concreto procedimiento. De ahí que, esa misma información, sobre el plazo máximo de duración del procedimiento y las consecuencias de su incumplimiento, deba incluirse preceptivamente en la notificación o publicación del acuerdo de iniciación de oficio del procedimiento sancionador. Si se trata de procedimiento iniciado a instancia de parte, aquella información se incluirá en la comunicación que se dirigirá al interesado dentro de los diez días siguientes a la recepción de su solicitud en el registro electrónico de la Administración u organismo competente para su tramitación. En este último caso, la comunicación indicará además la fecha en que la solicitud ha sido recibida por el órgano competente.

Las consecuencias del incumplimiento del plazo se recogen en el artículo 25 de la LPAC. En lo atinente a los procedimientos sancionadores y, en general, a todos aquellos susceptibles de producir efectos desfavorables o de gravamen, el vencimiento del plazo máximo establecido sin que se haya dictado y notificado resolución expresa da lugar a la caducidad y archivo de las actuaciones, conforme a lo previsto en el artículo 25.1.*b)* de la LPAC; bien entendido que, si no se hubiera producido la prescripción, es posible iniciar un nuevo procedimiento (art. 95.3.II de la LPAC).

b) Ampliación o reducción de los plazos máximos de duración del procedimiento

Los plazos no son inmutables. Concurriendo ciertas circunstancias, la LPAC pone en manos de la Administración el *ius variandi* en relación con los plazos administrativos. Puede modificarlos unilateralmente, tanto para ampliarlos como para reducirlos con arreglo a los límites y requisitos legalmente establecidos.

Los artículos 23 y 32 de la LPAC permiten la ampliación de plazos[46]. El primero de ellos faculta para que, en los casos excepcionales previstos en el artículo 21.5 y una vez agota-

46. Son objeto de específico examen en el capítulo IX de esta obra.

dos los medios personales y materiales, pueda ampliarse el plazo por el mismo tiempo establecido para su tramitación; es decir, podría llegarse a duplicar el plazo inicialmente previsto. Por su parte, el artículo 32 permite ampliar los plazos, con menores exigencias, pero solo hasta su mitad.

A su vez, el artículo 33 de la LPAC ha previsto la tramitación de urgencia de los procedimientos, tanto a petición de parte como de oficio, cuando razones de interés público lo aconsejen. En tal caso, los plazos establecidos para el procedimiento ordinario se reducen a la mitad; también, claro está, el de caducidad, previsto para resolver y notificar. Quedan únicamente excluidos de esta reducción los plazos relativos a la presentación de solicitudes y recursos.

c) Suspensión de los plazos máximos de duración del procedimiento

La suspensión del plazo está prevista en el artículo 22 de la LPAC[47]. Distingue este precepto entre unos supuestos (numeral 1) que, de acontecer, «podrán» dar lugar a la suspensión del plazo y otros (numeral 2) cuya existencia conllevará inexorablemente la suspensión del plazo (*«se suspenderá...»*, dice el texto legal).

La posibilidad de suspender el plazo no es una novedad. La mayoría de los supuestos del artículo 22.1 de la vigente LPAC ya se encontraban contemplados en el artículo 42.5 de la Ley de 1992, aunque se añaden dos nuevos:

i) Cuando exista un procedimiento no finalizado en el ámbito de la Unión Europea que condicione directamente el contenido de la resolución de que se trate, desde que se tenga constancia de su existencia, lo que deberá ser comunicado a los interesados, hasta que se resuelva, lo que también habrá de ser notificado (letra *c*).

ii) Cuando para la resolución del procedimiento sea indispensable la obtención de un previo pronunciamiento por parte de un órgano jurisdiccional, desde el momento en que se solicita, lo que habrá de comunicarse

47. Es objeto de amplio estudio en los capítulos V, VI y VII de esta obra.

a los interesados, hasta que la Administración tenga constancia del mismo, lo que también deberá serles comunicado (letra *g*).

Sí que es novedosa la introducción de supuestos en los que la suspensión no es una mera posibilidad, sino una obligación (art. 22.2 de la LPAC). Son los siguientes:

a) Cuando una Administración pública requiera a otra para que anule o revise un acto que entienda que es ilegal y que constituya la base para el que la primera haya de dictar en el ámbito de sus competencias, en el supuesto al que se refiere el apartado 5 del artículo 39 de esta Ley, desde que se realiza el requerimiento hasta que se atienda o, en su caso, se resuelva el recurso interpuesto ante la jurisdicción contencioso administrativa. Deberá ser comunicado a los interesados tanto la realización del requerimiento, como su cumplimiento o, en su caso, la resolución del correspondiente recurso contencioso-administrativo.

b) Cuando el órgano competente para resolver decida realizar alguna actuación complementaria de las previstas en el artículo 87, desde el momento en que se notifique a los interesados el acuerdo motivado del inicio de las actuaciones hasta que se produzca su terminación.

c) Cuando los interesados promuevan la recusación en cualquier momento de la tramitación de un procedimiento, desde que ésta se plantee hasta que sea resuelta por el superior jerárquico del recusado.

B) Plazos internos de tramitación: la caducidad intraprocedimental

Es la que se produce entre dos trámites o actuaciones procedimentales. En ocasiones el legislador establece plazos internos de tramitación cuyo incumplimiento da lugar al archivo (caducidad-perención) del procedimiento.

a) Caducidad intraprocedimental general

Antes de que entrase en vigor la actual LPAC, era de aplicación general a todos los procedimientos sancionadores la caducidad intraprocedimental prevista en el artículo 6.2 del RPS. Disponía este precepto que «transcurridos dos meses desde la fecha en que se inició el procedimiento [ordinario] sin haberse practicado la notificación de éste al imputado, se procederá al archivo de las actuaciones, notificándoselo al imputado, sin perjuicio de las responsabilidades en que se hubiera podido incurrir»[48]. Es importante señalar que, en estos casos, no se había llegado a interrumpir el plazo de prescripción, por cuanto no se había notificado al interesado la incoación del procedimiento sancionador (art. 132.2.II de la LRJPAC). Por consiguiente, sólo era posible abrir de nuevo el procedimiento si aún no se había consumido el plazo de prescripción de la infracción[49].

Lamentablemente, el legislador del 2015 eliminó esta previsión con carácter general, aunque pervive la caducidad intraprocedimental en ciertos ordenamientos sectoriales.

b) Caducidades intraprocedimentales sectoriales

Hoy encontramos algunas concreciones de plazos de caducidad intraprocedimental en la legislación sectorial. Ahí van algunos ejemplos.

a) Orden social. El artículo 20.1 del RD 928/1998 (Reglamento de la Inspección de Trabajo y Seguridad Social), dice así:

> Artículo 20. Resolución.
>
> 1. El órgano competente para resolver, previas las diligencias que estime necesarias, dictará la resolución motivada que proceda en el

48. Pese a que la rúbrica del citado artículo 6 fuera la de «prescripción y archivo de actuaciones», la prescripción de la infracción sólo se trataba en el numeral 1, mientras que el apartado 2 lo que regulaba era una regla especial de perención o de caducidad del procedimiento. En efecto, el archivo se producía una vez iniciado el procedimiento sancionador, por el incumplimiento de un trámite sujeto a plazo perentorio: la notificación del acuerdo de incoación al imputado en el plazo de dos meses.

    La STSJ del País Vasco (sección 1.ª) núm. 382/2006, de 24 de mayo (fj 2) precisó que «el incumplimiento de la exigencia formal contenida en el artículo 6.2 del Real Decreto 1398/1993, que obliga a la Administración a que la incoación del procedimiento sea notificada al interesado en el plazo de dos meses, es distinto de la prescripción, que tiene lugar cuando han transcurrido los plazos previstos [...] sin que la infracción haya sido perseguida o sancionada. En este último supuesto la responsabilidad administrativa se habría extinguido, mientras que en el contemplado en el citado artículo 6.2, esta consecuencia no se produciría, sino que debería de declararse el archivo del expediente». Ponente: Ilma. Sra. Díaz de Noriega (rec. 2538/2003) (JUR 2007\86299).

49. Véase Rafael CABALLERO SÁNCHEZ, *Prescripción y caducidad...*, ob. cit., pág. 450.

plazo de diez días desde el momento en que finalizó la tramitación del expediente, bien confirmando, modificando o dejando sin efecto la propuesta del acta. Si se dejase sin efecto el acta se ordenará el archivo del expediente y, en su caso, el levantamiento de las medidas de carácter provisional adoptadas a que se refiere el artículo 14.2 de este Reglamento.

El precepto establece un plazo de diez días entre la finalización del expediente y el dictado de la resolución definitiva. No dice cuáles son las consecuencias del incumplimiento de tal disposición, pero parece lógico que sea la caducidad del procedimiento. Resulta inaceptable que el legislador imponga unos plazos a la Administración para concluir el procedimiento sancionador y que su incumplimiento carezca de consecuencias[50]. Hay que tener presente que, como bien dice la STS (Sala 3.ª, sección 4.ª) de 6 de noviembre de 2012[51], «entre dos interpretaciones posibles ha de descartarse la que conduce a hacer del precepto una norma inútil, inaplicable o trivial, en favor de aquella que da a la misma un contenido real y unos efectos prácticos». Además, el mismo artículo 20, en el numeral 3, se refiere a la caducidad (perención) del procedimiento, de manera que, una interpretación sistemática nos lleva también a entender que el numeral 1 está regulando otro supuesto de caducidad, aunque intraprocedimental.

---

50. También el artículo 20.2 del RPS establecía el mismo plazo de diez días para dictar la resolución sancionadora desde la recepción de la propuesta de resolución. Sin embargo, el TSJ de Castilla y León, con criterio que no compartimos, estimó que el incumplimiento de dicho plazo carecería de efecto alguno. Para justificarse traía a colación que, conforme a lo dispuesto en el artículo 63.3 de la Ley 30/1992, a la sazón vigente (hoy art. 48.3 de la LPAC), «la realización de actuaciones administrativas fuera del tiempo establecido para ellas sólo implicará la anulabilidad del acto cuando así lo imponga la naturaleza del término o plazo». *Vid.* la STSJ de Castilla y León (sede en Valladolid) núm. 886/2000, de 10 de mayo (rec. 1186/1996). Ponente: Ilma. Sra. Lallana Duplá (RJCA 2000\1601). Una interpretación como la expuesta, que permite soslayar los efectos de la norma de manera que su incumplimiento carezca de toda trascendencia material, entendemos que es inasumible.

51. Ponente: Excmo. Sr. Menéndez Pérez. Recurso 3558/2011 (RJ 2012\10598).

b) Pesca marítima. De aplicación a los procedimientos sancionadores en materia de pesca marítima en aguas exteriores, es la caducidad intraprocedimental prevista en el artículo 10.3 del Real Decreto 182/2015:

> 3. Transcurridos dos meses desde la fecha en que se inició el procedimiento sin haberse practicado la notificación de éste al imputado, el órgano competente para iniciar procederá al archivo de las actuaciones. Si la infracción no hubiera prescrito, el órgano competente podrá acordar de nuevo el inicio de las mismas. En este último supuesto, ambos acuerdos, de archivo y nuevo inicio del expediente, deberán notificarse al imputado, sin perjuicio de las responsabilidades en que se hubiera podido incurrir.

En estos casos, ni siquiera se ha llegado a interrumpir el plazo de prescripción, puesto que no se ha notificado al interesado la incoación del procedimiento sancionador (art. 30.2.II de la LRJSP). Por consiguiente, la apertura de un nuevo procedimiento solo podrá llevarse a cabo si aún no se ha consumido el plazo de prescripción de la infracción.

c) Defensa del consumidor. En materia de defensa del consumidor, el artículo 18.3 del RD 1945/1983, determina que, transcurridos seis meses desde la notificación al interesado de cada uno de los trámites previstos para el procedimiento sancionador sin que se impulse el trámite siguiente, se producirá la caducidad del mismo, con archivo de las actuaciones, salvo en el caso de la resolución, en que podrá transcurrir un año desde que se notificó la propuesta.

El precepto establece dos distintos plazos de caducidad intraprocedimentales: uno más general, de seis meses, entre uno y otro trámite; y otro singular, de un año, entre la propuesta y la resolución. Pues bien, este último plazo de un año fue considerado inaplicable a partir de la entrada en vigor de la Ley 4/1999, quedando desde entonces reducido a seis meses.

• Tribunal Superior de Justicia de Galicia (sección 2.ª)
Sentencia núm. 898/2013, de 5 de diciembre[52]:

> *Segundo.* [...] La Administración sostiene que no se produjo caducidad porque en esta materia tienen que ser aplicadas las disposiciones

52. Ponente: Ilmo. Sr. Méndez Barrera. Recurso 4788/2012 (JUR 2014\28374).

del Real Decreto 1945/1983, y en concreto su artículo 18.3, que dice: «Iniciado el procedimiento sancionador previsto en los artículos 133 a 137 de la Ley de Procedimiento Administrativo y transcurridos seis meses desde la notificación al interesado de cada uno de los trámites previstos en dicha Ley, sin que se impulse el trámite siguiente, se producirá la caducidad del mismo, con archivo de las actuaciones, salvo en el caso de la resolución, en que podrá transcurrir un año desde que se notificó la propuesta.» Este argumento no puede ser aceptado. El artículo 44.2 de la Ley 30/1992, tras su reforma por la Ley 4/1999, dice: «En los procedimientos en que la Administración ejercite potestades sancionadoras o, en general, de intervención, susceptibles de producir efectos desfavorables o de gravamen, se producirá la caducidad. En estos casos, la resolución que declare la caducidad ordenará el archivo de las actuaciones, con los efectos previstos en el artículo 92.» A su vez, el artículo 42.2 de la misma ley dispone: «El plazo máximo en el que debe notificarse la resolución expresa será el fijado por la norma reguladora del correspondiente procedimiento. Este plazo no podrá exceder de seis meses salvo que una norma con rango de Ley establezca uno mayor o así venga previsto en la normativa comunitaria europea.» La disposición derogatoria única de la Ley 4/1999 establece la derogación de todas las normas de igual o inferior rango en lo que contradigan o se opongan a ella. El Real Decreto 1945/1983 no es una norma con rango legal, y por lo tanto sus determinaciones que permitían una duración de los procedimientos superior a seis meses fueron derogadas por la Ley 4/1999. En consecuencia, la alegación de caducidad del procedimiento tiene que ser acogida, lo que determina la estimación del recurso contencioso-administrativo.

El plazo para determinar si se produce o no la caducidad registrada en el artículo 18.3 del RD 1945/1983 se computa entre las notificaciones de un trámite y el siguiente. No basta a tal efecto la fecha de la correspondiente resolución; el cómputo del día final se extiende hasta su notificación.

• Tribunal Supremo (Sala 3.ª, sección 4.ª)
Sentencia de 5 de octubre de 1998[53]:

Cuarto. [...] esta cuestión ha de resolverse conforme a una consolidada jurisprudencia de la Sala que ha tenido ocasión de manifestarse a favor de la necesidad de la notificación del trámite para que se produzca el efecto interruptivo, negando la virtualidad del que permanece exclusivamente en el ámbito interno de la Administración,

53. Ponente: Excmo. Sr. Fernández Montalvo. Recurso 7270/1992 (RJ 1998\7649).

sin relevancia *ad extra* para el sujeto al procedimiento sancionador a través de la correspondiente comunicación. Así se ha entendido, entre otras, en sentencias de 11 de noviembre de 1996 y 27 de junio de 1997, considerando lo que establecía el artículo 45.2 de la LPA (artículo 57.2 de la LRJPAC) y las exigencias derivadas del principio de seguridad jurídica, siguiendo una línea doctrinal iniciada por sentencias anteriores de 5 de marzo de 1990 y 23 de marzo de 1992, según la cual se requiere para la interrupción del plazo de caducidad del procedimiento sancionador la notificación de la actuación administrativa de que se trate, salvo que se pudiera apreciar, que no es el caso presente, una reticente resistencia del interesado a la recepción del acto de comunicación que determinase una dilación indebida en el cumplimiento de la finalidad de la norma y principios aludidos que tienden a garantizar el oportuno y adecuado conocimiento de la actuación administrativa.

• Tribunal Supremo (Sala 3.ª, sección 4.ª)
Sentencia de 20 de octubre de 1998[54]:

Cuarto. [...] el plazo final a computar, según reiterada doctrina de esta Sala, entre otras sentencias de 11 de noviembre de 1996, 27 de junio de 1997, que recogen doctrina anterior, de sentencias de 5 de marzo de 1990 y 23 de marzo de 1992, era y es el de notificación de la resolución al interesado, como además ha puesto de manifiesto la sentencia de 5 de octubre de 1998.

54. Ponente: Excmo. Sr. Martí García. Recurso 939/1993 (RJ 1998\9831).

CAPÍTULO II

ACTUACIONES PREVIAS A LA INCOACIÓN DEL EXPEDIENTE

Decía la STS (Sala 3.ª) de 12 de febrero de 1986[55] que el ejercicio de la potestad sancionadora de la Administración es «sumamente grave y temible», pues el estatus jurídico de quien se halla sometido a un expediente sancionador, por esta sola circunstancia, puede encontrarse negativamente afectado. Resulta, por tanto, necesario que la decisión de incoar el procedimiento sancionador esté fundada y asentada en sólidas razones. De ahí la existencia de las llamadas diligencias previas, diligencias de investigación o, actualmente, «información y actuaciones previas» (art. 55 de la LPAC).

1. NATURALEZA Y FINALIDAD DE LAS ACTUACIONES PREVIAS

La noticia del hecho no suele coincidir temporalmente con la incoación del expediente sancionador. Solo en alguna ocasión esa noticia (acta de inspección o denuncia por cualquier otro medio) puede tener la consideración legal de acto de incoación del expediente[56]. Sin embargo, no es ésta

55. Ponente: Excmo. Sr. González Navarro (RJ 1986\2156).

56. Así sucede, por ejemplo, con el boletín de denuncia en las infracciones en materia de tráfico, circulación de vehículos a motor y seguridad vial. *Cf.* los arts. 87.3.*d)* del RDLeg. 6/2015 y 10.1 del RD 320/1994, así como la STS (Sala 3.ª, sección 6.ª) de 19 de diciembre de 2000 (rec. 74/2000) (RJ 2001\2617).

la pauta generalizada en el derecho sancionador[57]. Es frecuente que, tras tener noticia del hecho y antes de acordar la incoación del expediente, la Administración practique determinadas diligencias con el fin de determinar si concurren circunstancias que justifiquen tal incoación.

En concreto, tales actuaciones previas («diligencias informativas» en procedimientos disciplinarios) se dirigen a determinar, con la mayor precisión posible, los hechos susceptibles de motivar la incoación del expediente, la identificación de la persona o personas que pudieran resultar responsables y las circunstancias relevantes que concurran en unos y otros. Se encuentran legalmente previstas en el artículo 55 de la LPAC, con alcance general para cualquier procedimiento administrativo (numeral 1) y con carácter específico para el procedimiento sancionador (numeral 2):

> Artículo 55. *Información y actuaciones previas.*
>
> 1. Con anterioridad al inicio del procedimiento, el órgano competente podrá abrir un período de información o actuaciones previas con el fin de conocer las circunstancias del caso concreto y la conveniencia o no de iniciar el procedimiento.
>
> 2. En el caso de procedimientos de naturaleza sancionadora las actuaciones previas se orientarán a determinar, con la mayor precisión posible, los hechos susceptibles de motivar la incoación del procedimiento, la identificación de la persona o personas que pudieran resultar responsables y las circunstancias relevantes que concurran en unos y otros.
>
> Las actuaciones previas serán realizadas por los órganos que tengan atribuidas funciones de investigación, averiguación e inspección en la materia y, en defecto de éstos, por la persona u órgano administrativo que se determine por el órgano competente para la iniciación o resolución del procedimiento.

Se trata así de evitar la incoación abusiva o precipitada de procedimientos abocados al archivo, por falta de base legal o fáctica. Las actuaciones previas garantizan el correcto

57. «El inicio del procedimiento –señala la SAN (sección 1.ª) de 20 de junio de 2006– no se produce cuando se recibe una o varias denuncias, sino cuando la Administración dicta el acuerdo correspondiente de inicio del procedimiento» (fj 5). Ponente: Ilmo. Sr. Lesmes Serrano. Recurso 141/2004 (JUR 2006\195213).

ejercicio de la potestad sancionadora al evitar que los ciudadanos puedan verse involucrados sin fundamento en un expediente sancionador.

• Tribunal Supremo (Sala 3.ª, sección 6.ª)
Sentencia de 27 de febrero de 2001[58]:

Tercero. [...] En definitiva, las llamadas «actuaciones previas» constituyen una actuación administrativa preliminar y de carácter contingente que trata de comprobar si *prima facie* puede considerarse que hay una base seria para abrir el procedimiento sancionador propiamente dicho.

• Tribunal Supremo (Sala 3.ª, sección especial)
Sentencia núm. 2614/2016, de 14 de diciembre[59]:

Cuarto. [...] Las diligencias informativas tienen, entre otras finalidades, evitar el desdoro y aflicción que todo expediente disciplinario conlleva, por el mero hecho de su incoación, para la persona que es sometido a él, y que no resulta del todo reparado cuando el mismo concluye en una resolución no sancionadora; y están dirigidas —las diligencias informativas— a evitar tales inconvenientes, procurando que la incoación —la del expediente disciplinario— sólo se lleve a cabo cuando, en lo que hace a los hechos que vayan a ser objeto de investigación, su conocimiento tenga un cierto nivel de precisión, y los indicios sobre su certeza o imputación individual tengan un mínimo soporte objetivo que evite las denuncias gratuitas o maliciosas.

A) No forman parte del procedimiento sancionador

Estas actuaciones no forman parte del procedimiento. Hace ya décadas, la STS de 24 de septiembre de 1976[60] declaró que «las diligencias previas (...) no forman parte del expediente sancionador, no son propiamente expediente administrativo, sino un antecedente que la ley faculta a la Administración para llevar a cabo y a la vista de su resultado

58. Ponente: Excmo. Sr. González Navarro. Recurso 8034/1996 (RJ 2001\1369).

59. Ponente: Excmo. Sr. Maurandi Guillén. Recurso 264/2015 (RJ 2017\164).

60. Ponente: Excmo. Sr. Martín Martín (Ar. 4564).

acordar lo procedente; esto es, el archivo de las actuaciones o la orden de incoación del expediente». Y añadió:

> Las diligencias previas son meramente unas actuaciones de régimen interior tendentes a decantar los hechos presuntamente constitutivos de ilícitos administrativos imputables a determinadas personas y con la finalidad de reforzar la seriedad —objetividad— de los actos administrativos de incoación de expediente sancionador.

Son actuaciones que tienen lugar extramuros del procedimiento sancionador propiamente dicho. El artículo 55.1 de la LPAC es meridianamente claro al ubicarlas temporalmente «con anterioridad al inicio del procedimiento», a fin de motivar la procedencia o no de incoar el expediente. Se diferencian así de los actos de instrucción (art. 75 de la LPAC), enmarcados en un procedimiento ya iniciado y dirigidos a resolverlo.

• Audiencia Nacional (sección 1.ª)
Sentencia de 8 de junio de 2011[61]:

> *Cuarto.* [...] la actora confunde y mezcla a efectos de la caducidad, las actuaciones previas con el procedimiento sancionador *stricto sensu*. En este caso, el acuerdo de inicio del procedimiento sancionador ha ido precedido de actuaciones previas. Actuaciones [hoy contempladas en el artículo 55.2 de la LPAC] que son una fase preliminar anterior a la iniciación en sentido estricto del procedimiento, que en muchas ocasiones resulta indicada para determinar previamente quienes son las personas imputadas y sobre qué hechos concretos se incoa el procedimiento.

Consecuencia de su naturaleza, y como seguidamente veremos, el tiempo empleado en la práctica de las actuaciones previas no tendrá efecto alguno en la caducidad del procedimiento todavía no incoado. No obstante, en alguna legislación sectorial sí tiene relevancia la demora excesiva de las actuaciones previas, o la tardanza entre la finalización de tales actuaciones y la incoación del procedimiento sancionador, de manera que puede llegar a suponer un impedimento para su incoación[62].

---

61. Ponente: Ilma. Sra. Sanz Calvo. Recurso 107/2010 (JUR 2011\214036).
62. Véase lo expuesto anteriormente sobre la caducidad de las actuaciones previas y el decaimiento de la posibilidad de extender acta de infracción, en el capítulo I, apartados 2 y 3, de esta obra.

B) Actuaciones previas y caducidad procedimental

La caducidad procedimental es un instituto que opera en el marco de un expediente sancionador ya incoado; no con anterioridad. No puede caducar lo que ni siquiera se ha iniciado. Por consiguiente, si las actuaciones previas son actos administrativos preliminares al procedimiento sancionador, no cabe tomarlas en consideración a la hora de computar el plazo de caducidad procedimental. Desde esta perspectiva, la STS (Sala 3.ª, sección 3.ª) de 26 de diciembre de 2007[63] analizó si la información reservada previa se utilizó para quebrantar los plazos máximos del procedimiento sancionador, señalando que «no puede admitirse que la duración de la fase preliminar a la incoación del expediente sea acumulable a los plazos máximos aplicables al procedimiento sancionador propiamente dicho».

En suma, el tiempo transcurrido durante las actuaciones previas (art. 55 de la LPAC) hasta que se acuerda incoar el expediente (art. 64 de la LPAC) podrá tener eficacia de cara a la prescripción de la infracción (pues no deberían tomarse como idóneas para interrumpirla); incluso podrá convertir tales actuaciones en inservibles para incoar el procedimiento sancionador[64], pero no tiene incidencia alguna en los plazos de caducidad del procedimiento, que aún no han comenzado a computarse.

• Tribunal Supremo (Sala 3.ª, sección 6.ª)
Sentencia de 4 de noviembre de 2013[65]:

Cuarto. [...] Así como el tiempo transcurrido en la práctica de las actuaciones previas no se computa a los efectos de paralizar el plazo de prescripción, tampoco debe considerarse para apreciar la caducidad del procedimiento sancionador.

---

63. Ponente: Excmo. Sr. Campos Sánchez-Bordona. Recurso 1907/2005 (RJ 2008\370).

64. Así sucede cuando son las propias actuaciones previas las que caducan, tal y como acontece en materia de protección de datos (art. 122.4 del RD 1720/2007).

65. Ponente: Excmo. Sr. Trillo Alonso. Recurso 251/2011 (RJ 2013\7529).

El Tribunal Supremo ha sido muy claro a la hora de indicar que la caducidad del procedimiento se inicia desde la fecha del acuerdo de su incoación, sin que en nada le afecten las actuaciones previas. Así, por ejemplo, en materia de tráfico y seguridad vial, las actividades encaminadas a la identificación del infractor no computan como tiempo de caducidad del expediente. La STS (Sala 3.ª, sección 4.ª) de 15 de noviembre de 2000[66] señaló, como doctrina legal, que, a efectos de caducidad del procedimiento, se tendrá en cuenta como fecha de iniciación la de incoación por órgano competente, «una vez conocida la identidad del infractor que no pudo ser notificado en el acto de comisión de la infracción».

También se expresa en este sentido la STS (Sala 3.ª, sección 4.ª) de 21 de marzo de 2000[67], cuando niega virtualidad para iniciar el cómputo de la caducidad a la fecha de la «propuesta de incoación del expediente sancionador»:

> *Tercero.* [...] una cosa son las actividades previas al inicio del expediente y otra el inicio del expediente y el precepto [*se refiere al art. 6 del Real Decreto 1398/1993*], al decir en su apartado 1.º «cuando de las actuaciones previas (...)» y en su apartado 2.º «transcurridos dos meses desde la fecha en que se inició el procedimiento», fácilmente se advierte que ese plazo de dos meses desde la fecha de inicio del procedimiento se está refiriendo al inicio del procedimiento sancionador, una vez culminadas las actuaciones investigadoras, como además así lo entiende el propio recurrente al referirse en sus alegaciones a la fecha de incoación del expediente y por tal, no se puede entender el de mera propuesta, como se alega, y sí el de iniciación del expediente.

Las SSTS (Sala 3.ª, sección 5.ª) de 20 de septiembre de 2012[68] y 5 de julio de 2013[69] se expresan con total nitidez: la demora entre las actuaciones previas y la incoación del expediente puede dar lugar a la prescripción, pero no computan para la caducidad de un procedimiento que, «en puridad, formalmente todavía no se ha iniciado». Dice la primera de ellas:

> *Segundo.* [...] el acuerdo de incoación de un procedimiento sancionador debe contener, entre otras determinaciones, la identificación de

66. Ponente: Excmo. Sr. Soto Vázquez. Recurso 4041/1999 (RJ 2000\10064).
67. Ponente: Excmo. Sr. Martí García. Recurso 673/1995 (RJ 2000\2724).
68. Ponente: Excmo. Sr. Calvo Rojas. Recurso 4888/2010 (RJ 2012\9195).
69. Ponente: Excmo. Sr. Suay Rincón. Recurso 2590/2010 (RJ 2013\5822).

la persona o personas presuntamente responsables y una exposición de los hechos que motivan la incoación del procedimiento, además de su posible calificación y las sanciones que pudieran corresponder; todo ello sin perjuicio, claro es, de lo que luego resulte de la instrucción. Por ello, se explica sin dificultad que antes de iniciar el procedimiento sancionador se realicen unas actuaciones previas a fin de recabar los datos y circunstancias, que luego habrán de reflejarse en el acuerdo de incoación.

Una vez realizadas esas actuaciones previas, el tiempo que transcurra o la demora que se produzca hasta que se acuerde la incoación del procedimiento... podrá tener consecuencias en orden a la prescripción de la acción de disciplina urbanística de la Administración para acordar la restauración del orden infringido; pero el tiempo que transcurra hasta que se incoa el procedimiento propiamente dicho no puede ser tomado en consideración a efectos de la caducidad. Y ello porque el instituto de la caducidad, que está al servicio de la seguridad jurídica, tiene por finalidad asegurar que una vez iniciado el procedimiento la Administración lo resuelva en un plazo determinado.

En términos generales, la STS (Sala 3.ª, sección 5.ª) núm. 1726/2016, de 21 de abril[70] recoge y sintetiza esta jurisprudencia:

Séptimo. [...] La caducidad, con efecto extintivo del expediente de deslinde —no, obviamente, del ejercicio de la potestad para efectuarlo, que no es objeto de posible decaimiento— opera por el transcurso del plazo para resolver el procedimiento, pero computable desde la fecha del acuerdo de iniciación, por lo que no cuentan dentro de este plazo máximo de caducidad las actuaciones previas o preparatorias del procedimiento, dirigidas a determinar, con carácter preliminar, si concurren las circunstancias que justifiquen la iniciación del procedimiento de deslinde. Las actuaciones previas —y así lo ha declarado este Tribunal de forma constante y reiterada— no afectan al cómputo del plazo de caducidad del procedimiento pues el *dies a quo*, es de reiterar una vez más, viene determinado por la adopción del acuerdo de incoación y su notificación, sin remontarse en el tiempo a momentos en que se haya desarrollado esa actividad preliminar.

[...]

Cabe añadir a lo anterior que tal es el criterio unívoco de este Tribunal Supremo, manifestado en diversas sentencias como las de 25 de abril de 2014 (recurso de casación n.º 5603/2011), 11 de noviembre de 2015 (recurso de casación n.º 971/2014) y 13 de noviembre de 2015 (recurso de casación n.º 560/2014) —por citar sólo algunas de las más recientes— todas las cuales sitúan en el acto formal de la incoación del procedimiento el *dies a quo* para el cálculo del plazo de caducidad, sin atención a las actuaciones preliminares.

70. Ponente: Excmo. Sr. Navarro Sanchís. Recurso 3245/2014 (RJ 2016\3853).

C) Medidas «provisionalísimas» y caducidad procedimental

Desde una amplia perspectiva, son también actuaciones previas a la incoación del expediente las denominadas medidas «provisionalísimas». La posibilidad de que, antes de iniciarse el procedimiento, se adopten medidas provisionales («provisionalísimas») fue una novedad incorporada en la redacción del artículo 72.2 de la LRJPAC por la Ley 4/1999. Ya en su Exposición de Motivos dejó bien clara la idea de actualizar las medidas provisionales flexibilizando «el momento de su adopción», eso sí: «con las cautelas necesarias para garantizar el respeto a los derechos de los ciudadanos». Consecuentemente, anunciaba el legislador que, con la reforma, «se permite que, en los casos determinados por las leyes sectoriales, *[las medidas provisionales]* se acuerden con carácter previo a la iniciación del procedimiento».

Actualmente es el artículo 56.2 de la LPAC el que recoge esta posibilidad:

> 2. Antes de la iniciación del procedimiento administrativo, el órgano competente para iniciar o instruir el procedimiento, de oficio o a instancia de parte, en los casos de urgencia inaplazable y para la protección provisional de los intereses implicados, podrá adoptar de forma motivada las medidas provisionales que resulten necesarias y proporcionadas. Las medidas provisionales deberán ser confirmadas, modificadas o levantadas en el acuerdo de iniciación del procedimiento, que deberá efectuarse dentro de los quince días siguientes a su adopción, el cual podrá ser objeto del recurso que proceda.
>
> En todo caso, dichas medidas quedarán sin efecto si no se inicia el procedimiento en dicho plazo o cuando el acuerdo de iniciación no contenga un pronunciamiento expreso acerca de las mismas.

Pues bien, cuando las medidas de carácter provisional preceden a la iniciación del procedimiento sancionador, es obvio que no constituyen su inicio. Por consiguiente, la fecha de la adopción de las medidas «provisionalísimas» no es una referencia útil a la hora de determinar el inicio del plazo de caducidad procedimental, puesto que los artículos 21.3.*a)* y 25.1.*b)* de la LPAC se refieren al acuerdo de «iniciación» del procedimiento como detonante del comienzo de tal plazo[71].

---

71. *Cf.* la STSJ Castilla-La Mancha (sección 2.ª) núm. 587/2000, de 12 de junio. Recurso 1075/1997 (RJCA 2000/2200). De esta opinión es

2. PROLONGACIÓN FRAUDULENTA DE LAS ACTUACIONES PREVIAS

Ya hemos visto que, con la finalidad de conocer los hechos previsiblemente infractores, las circunstancias concurrentes y las personas intervinientes, la Administración puede practicar actuaciones de investigación o de indagación previas, en cuanto sean necesarias y oportunas para verificar hasta qué punto existe base racional para entender producido el hecho infractor, e imputárselo a una persona determinada. Por ello, tales diligencias previas constituyen una garantía encaminada a asegurar el correcto ejercicio de la potestad sancionadora, evitando en lo posible fallidas acusaciones sin base legal o fáctica, o la precipitada apertura de expedientes sancionadores.

Nos encontramos, en suma, ante una institución materialmente garantizadora del correcto ejercicio de la potestad sancionadora, en beneficio del administrado, en tanto evita que el mismo pueda ser objeto de un expediente sancionador de manera infundada. En este sentido, la STS (Sala 5.ª) de 13 de septiembre de 2002[72] declara que las diligencias de investigación son «un medio ordinario, habitual y ortodoxo desde el punto de vista legal», del que dispone la Administración para esclarecer hechos que pudieran tener trascendencia sancionadora, constituyendo «también una garantía contra la precipitación en los casos en que se considere preciso conocer datos y extremos de los hechos susceptibles de corrección».

Pero las actuaciones previas no siempre tienen esa benéfica finalidad. A veces, su prolongación persigue tan solo «ganar tiempo», demorando *sine die* la apertura del procedimiento sancionador, para eludir la caducidad del expediente. Es cierto que en el artículo 55 de la LPAC no se establece ningún límite

también, por ejemplo, Humberto GOSÁLBEZ PEQUEÑO, «El deber de la Administración pública de resolver el procedimiento administrativo: ¿Nueva regulación española en la Ley 39/2015 del Procedimiento Administrativo Común de las Administraciones Públicas?», en *Revista de Derecho Público*, núm. 88, 2018, pág. 70.

72. Ponente: Excmo. Sr. Corrales Elizondo. Recurso 208/2001 (RJ 2002\8557).

temporal a la actividad investigadora previa[73]; ahora bien, su prolongación injustificada, cual «patente de corso» frente a la caducidad, es inaceptable y puede llegar a constituir una actuación espuria, en fraude de ley, que debería acarrear la anulación de todo el procedimiento sancionador ulterior. Así lo entendió la SAN (sección 1.ª) de 17 de octubre de 2007[74]:

> *Séptimo.* [...] cuando la demora en incoar el procedimiento sancionador se produce, como en el caso de autos, durante un largo periodo de tiempo, en el que no se está investigando la pertinencia o no de dicha iniciación, sino que no se lleva a cabo ninguna actuación por parte de la Administración y en definitiva, no existe justificación alguna para tal demora, se incurre en una utilización espuria y fraudulenta de lo previsto tanto en el artículo 12 del RD 1398/1993 como en el artículo 69.2 de la LRJPAC.
>
> Así, y constituyendo la razón de ser de dicha actividad administrativa preliminar, como se ha mencionado, la investigación o averiguación de circunstancias de las que se extraiga la necesidad de incoar el procedimiento sancionador, en cuanto garantía encaminada a asegurar el correcto ejercicio de la potestad sancionadora, en el presente caso la Agencia Española de Protección de Datos sobrepasó el tiempo en el que, razonablemente, y para no contrariar el sentido y alcance de dicha fase preliminar, debía de haber incoado tal procedimiento sancionador.
>
> Y ello porque, como también se ha indicado, y una vez que la AEPD poseía información y datos suficientes, proporcionados en los dos primeros meses de la tramitación de las repetidas actuaciones previas, y podía ya dirigir la acusación en forma contra *Effico*, cumpliendo las exigencias legales, dejó sin embargo transcurrir casi once meses más sin llevar a cabo ninguna actuación, manteniendo tal solicitud de información abierta, pero completamente inactiva.
>
> Pronunciamiento anterior que resulta además avalada por lo previsto en determinada normativa sectorial, concretamente en la Ley 25/1990, del Medicamento, que en su articulo 111.2 considera caducada la acción para perseguir las infracciones cuando transcurra un año sin que la autoridad competente haya ordenado incoar el oportuno procedimiento, e igualmente en el RD de 22 de junio de 1983 en materia de consumo y producción agroalimentaria (véase, en este sentido, la STS de 27 de febrero de 2003).

---

73. Sí lo hay en la legislación sectorial; concretamente, en materia de protección de datos, el artículo 122.4 del RD 1720/2007, limita la duración máxima de las actuaciones previas a doce meses. El vencimiento de este plazo sin que haya sido dictado y notificado acuerdo de inicio de procedimiento sancionador producirá la caducidad de las actuaciones previas.

74. Ponente: Ilma. Sra. Buisán García. Recurso 180/2006 (JUR 2007\362933).

> Consideramos por todo ello, y conforme a lo hasta aquí razonado, que lleva razón la parte actora en cuanto que ha habido una utilización fraudulenta de la institución de las diligencias previas. Nos hallamos en consecuencia ante un supuesto de fraude de ley contemplado en el artículo 6.4 del Código Civil, por cuanto se pretende burlar la aplicación del artículo 42.2 de la Ley 30/1992 usando la solicitud de información para, con ella, evitar la caducidad del expediente sancionador.
>
> Utilización fraudulenta que conlleva la nulidad del procedimiento sancionador y la consiguiente estimación de la pretensión de la demanda, con revocación de la sanción impuesta en la resolución impugnada.

En fin, hacer uso de las actuaciones previas con el objetivo de evitar la caducidad del expediente supone un fraude de ley; entraña una anomalía en lo tocante a su finalidad, que encaja en la definición que el artículo 70.2.II de la LJCA ofrece sobre la desviación de poder: «el ejercicio de potestades administrativas para fines distintos de los fijados por el ordenamiento jurídico». Y ello constituye un vicio de anulabilidad de los actos administrativos (art. 48.1 de la LPAC).

Claro es que, si existen y se justifican las razones de la demora, no podrá estimarse la existencia de fraude de ley. La propia Audiencia Nacional (sección 1.ª), matizó su anterior doctrina a partir de la sentencia de 19 de noviembre de 2008 (recurso 90/2008) pues la Administración acreditó un importantísimo incremento de asuntos no acompañado del correspondiente incremento de personal y medios materiales. Botón de muestra es la sentencia de 3 de junio de 2010[75]:

> *Tercero.* [...] El primer motivo se fundamenta en que las actuaciones previas que precedieron a la incoación del procedimiento sancionador se prolongaron en más de 20 meses y sin actividad alguna para evitar la caducidad del procedimiento [...].

75. Ponente: Ilma. Sra. Sanz Calvo. Recurso 554/2009 (JUR 2010\202256). Se mantiene también esta posición en las SSAN de 25 de junio de 2009 (rec. 237/2008) (JUR 2009\318839), 22 de julio de 2009 (rec. 532/2008) (JUR 2009\399765), 1 de octubre de 2009 (rec. 794/2008)(JUR 2009\444489), 15 de octubre de 2009 (rec. 617/2008) (JUR 2009\436364), 20 de octubre de 2009 (rec. 225/2009) (JUR 2009\489134), 16 de septiembre de 2010 (rec. 627/2009) (JUR 2010\333962), 16 de diciembre de 2010 (rec. 727/2009) (JUR 2010\416529) y 17 de mayo de 2013 (rec. 25/2010) (JUR 2013\174961), entre otras.

Sobre esta materia, ha señalado esta Sala en la sentencia de 17 de octubre de 2007 (rec. 180/2006) invocada en la demanda «(...) que cuando la demora en incoar el procedimiento sancionador se produce, como en el caso de autos, durante un largo periodo de tiempo en el que no se está investigando la pertenencia o no de dicha iniciación, sino que no se lleva a cabo ninguna actuación por parte de la Administración y en definitiva, no existe justificación alguna para tal demora, se incurre en una utilización espuria y fraudulenta de lo previsto tanto en el artículo 12 del RD 1398/1993 como en el artículo 69.2 de la LRJPAC» que conlleva la nulidad del procedimiento sancionador.

Sin embargo, con posterioridad, el abogado del Estado ha ido aportando en otros procedimientos en los que se ha planteado una cuestión análoga a la presente (rec. 14/2008 en el que recayó sentencia de fecha 28 de enero de 2009; rec. 44/2008, en que se dictó sentencia de fecha 15 de abril de 2009, etc.), documentación relativa al importantísimo incremento de asuntos tramitados ante la AEPD, que no ha ido acompañado de un incremento proporcional de recursos y medios personales, al objeto de justificar el retraso producido en la tramitación de las actuaciones previas.

Esta Sala en la sentencia, sección 1.ª, de 19 de noviembre de 2008 (rec. 90/2008) ha valorado ya dicha documentación, en sentido distinto al pretendido por la demandante, argumentando que «el importantísimo aumento del volumen de trabajo en la AEPD, que se prueba mediante la referida documentación, necesariamente hace quebrar, en el caso, el presupuesto o elemento básico para entender existente tal fraude de ley, cual es la utilización de la institución de dichas diligencias previas con fines torticeros o antijurídicos. Lo anterior [es así] puesto que ha quedado acreditado que concurre un motivo que si bien no justifica tal paralización de la fase previa, sí al menos excluye que pueda conceptuarse la misma como fraudulenta, al no ser posible sostener, dado el llamativo incremento del número de asuntos registrados y resueltos por la AEPD, que la demora y paralización, y en definitiva la prolongación de la duración de las repetidas actuaciones preliminares responda a la intención antijurídica de evitar la caducidad del expediente sancionador».

Argumentos que conllevan que la anterior doctrina de la Sala no pueda ser aplicada en el presente caso.

CAPÍTULO III

MOMENTO INICIAL DEL PLAZO DE CADUCIDAD

¿A partir de qué momento comienza a correr el plazo de caducidad del procedimiento sancionador? No hay una repuesta válida para todos los casos. Normalmente se atenderá a la fecha del acuerdo de incoación del procedimiento, dictado por el órgano competente (arts. 63.1 y 64 de la LPAC); aunque también puede ser que el plazo no empiece a correr hasta que ese acuerdo se notifique al interesado (como sucede en materia tributaria: art. 211.2 de la LGT). En ocasiones, será la denuncia de un ilícito administrativo por parte de los agentes de la autoridad la que, *ex lege*, dé comienzo al expediente sancionador y al plazo de caducidad[76]. De todo ello trataremos seguidamente.

1. LA «INICIACIÓN» DEL PROCEDIMIENTO

El *dies a quo* en el cómputo del plazo de caducidad es el de la «iniciación» del procedimiento. Así se infiere de la lectura del artículo 25.1.*b)* de la LPAC referido a la caducidad que se produce en los procedimientos «iniciados» de oficio. Igualmente se desprende de lo dispuesto en el artículo 21.3.*a)* de la LPAC al

76. Por ejemplo, el boletín de denuncia en las infracciones en materia de tráfico, circulación de vehículos a motor y seguridad vial [arts. 87.3.*d)* del RDLeg. 6/2015 y 10.1 del RD 320/1994]. También coinciden la fecha del acta de inspección (noticia del hecho) y el inicio del plazo de caducidad en las infracciones del orden social, conforme a lo prevenido en los artículos 52.1.*a)* de la LISOS (RDLeg. 5/2000) y 20.3 del Real Decreto 928/1998, de 14 mayo (Reglamento general sobre procedimientos para la imposición de sanciones por infracciones de orden social y para los expedientes liquidatorios de cuotas de la Seguridad Social).

señalar que el plazo máximo en que debe notificarse la resolución expresa se contará, «en los procedimientos iniciados de oficio, desde la fecha del acuerdo de iniciación». Que el *dies a quo* en la caducidad de los procedimientos es el de su iniciación se expresa también, por ejemplo, en los artículos 95.1 (caducidad de procedimientos iniciados a instancia de parte), 106.5 (caducidad del procedimiento de revisión de disposiciones y actos nulos) y 107.3 (caducidad del procedimiento para la declaración de lesividad), todos ellos de la Ley 39/2015.

La cuestión es qué debe entenderse como fecha de «iniciación» del procedimiento. Las respuestas pueden ser variadas: la fecha de la denuncia, la del acto formal de incoación, la de su notificación al interesado o bien la fecha en que debió incoarse el procedimiento, aunque no se hubiera llevado a cabo, son algunas de ellas. La solución, como seguidamente veremos, no es única, pues dependerá de la normativa sectorial aplicable.

A) La fecha de la denuncia

En alguna ocasión se ha sostenido que la denuncia ha de tomarse como inicio del procedimiento sancionador. Al fin y al cabo —se ha dicho— la denuncia es precisamente una de sus formas de iniciación conforme a la ley (*cf.* arts. 58 y 62 de la LPAC)[77].

Este planteamiento es sumamente cuestionable[78]. El artículo 63.1 de la LPAC (como antes hacían los arts. 69.1 de la LRJPAC y 11 del RPS) establece que los procedimientos sancionadores «se iniciarán siempre de oficio por acuerdo del

77. Un buen ejemplo es la STSJ de las Islas Canarias (sede en Santa Cruz de Tenerife) de 15 de abril de 1998. Ponente: Ilma. Sra. González Delgado. Recurso 1092/1995 (RJCA 1998/1629).

78. Claro es que, en aras del principio de celeridad, hay supuestos en que la normativa sectorial atribuye a una misma actuación la doble condición de ser noticia del hecho constitutivo de la infracción (denuncia) y, al propio tiempo, acto de iniciación del procedimiento sancionador. Esto es lo que sucede con el levantamiento del acta de inspección en las infracciones en el orden social [art. 52.1.*a)* del RDLeg. 5/2000, de 4 de agosto] y con el boletín de denuncia en las infracciones de tráfico (arts. 87.3.*d)* del RDLeg. 6/2015 y 10.1 del RD 320/1994). En estos casos la caducidad se computa también desde la denuncia; lo que sucede es que la propia denuncia, por imperativo legal, es el acto de incoación. De estos supuestos singulares nos ocuparemos más adelante.

órgano competente», aunque este acuerdo pueda venir determinado «por propia iniciativa o como consecuencia de orden superior, a petición razonada de otros órganos o por denuncia» (art. 58 de la LPAC). Así pues, la expresión «por denuncia» no indica nada más que estamos ante una de las variadas formas que pueden llevar al órgano competente a incoar un procedimiento de oficio (como es el procedimiento sancionador). Pero ni la orden superior, ni la petición razonada de otros órganos, ni tampoco la denuncia inician el procedimiento sancionador, sino que sirven de apoyo o de fundamento al órgano competente para, en su caso, incoarlo de oficio.

Como es de sobra sabido, la denuncia no es más que una declaración de conocimiento por la que se transmite la *notitia criminis* (en este caso la noticia de un hecho constitutivo de ilícito administrativo) al órgano competente para iniciar el procedimiento sancionador (art. 62.1 de la LPAC)[79]. La formulación de denuncia, aunque provenga de un agente de la autoridad, no supone por sí misma que se haya incoado, o que necesariamente se vaya a incoar, un procedimiento sancionador. Es una actuación previa a la incoación del expediente que no vincula su apertura; dicho en palabras de GONZÁLEZ NAVARRO[80]: «La denuncia —como la orden del superior— carece de potencialidad suficiente para iniciar el procedimiento. Su función procesal es más modesta: provocar el acuerdo que inicia el procedimiento». Incluso tras la denuncia, y con anterioridad al acuerdo de incoación, el artículo 55.1 de la LPAC prevé que el órgano competente pueda abrir un período de información previa o actuaciones previas con el fin de conocer las circunstancias del caso concreto y *la conveniencia o no de iniciar el procedimiento*. Esto es, el acto de la denuncia y las eventuales actuaciones previas son anteriores e instrumentales del inicio del procedimiento.

---

79. El artículo 62.1 de la LPAC define la denuncia como «el acto por el que cualquier persona, en cumplimiento o no de una obligación legal, pone en conocimiento de un órgano administrativo la existencia de un determinado hecho que pudiera justificar la iniciación de oficio de un procedimiento administrativo».

80. Francisco GONZÁLEZ NAVARRO, *Derecho administrativo español*, tomo III, *El acto y el procedimiento administrativos*, Eunsa, Pamplona, 1997, pág. 668.

En suma, el acto que inicia el procedimiento sancionador es el acuerdo de incoación y no la denuncia; es dicho acuerdo el que genera la obligación de resolver el procedimiento, el que marca el inicio del plazo para dictar resolución y, en consecuencia, el que determina el inicio del plazo para el cómputo de la caducidad.

• Tribunal Superior de Justicia de Madrid (sección 8.ª)
Sentencia núm. 360/1998, de 27 de abril[81]:

Tercero. [...] Una cosa es la «denuncia», que consiste en la puesta en conocimiento del órgano sancionador de unos hechos que podrán o no subsumirse en el supuesto de la infracción, disponiéndose por ello de un período de averiguación, y otra distinta, «el acuerdo de iniciación del procedimiento sancionador», que puede o no efectuarse tras la finalización del aludido período de averiguación, de manera que no toda «denuncia» va a tener como consecuencia obligada la iniciación de un expediente sancionador. Pero, es que, además, la caducidad es algo interno del procedimiento sancionador, y éste no empieza hasta que no se incoa, siendo la denuncia ajena a dicho procedimiento.

• Tribunal Superior de Justicia de Cantabria
Sentencia de 16 de abril de 1999[82]:

Tercero. [...] La denuncia no es el momento inicial del procedimiento administrativo sancionador, sino uno de los medios que permiten que el órgano competente pueda decidir acerca de la incoación del procedimiento y adopte el acuerdo correspondiente. Huelga decir que dicho órgano no está vinculado por la denuncia, pudiendo acordar sobre el particular lo que estime procedente. Prueba de que es así es que el artículo 12 del Real Decreto 1398/1993 contempla unas actuaciones previas a la iniciación del procedimiento, que se encuentra regulada en el artículo 13, pero siempre posteriores a la denuncia (artículo 11); actuaciones cuya práctica, en caso de realizarse, tienen relevancia al efecto de la decisión que se adopte en orden a la incoación o no del procedimiento sancionador. Y ésta, leemos en el artículo 13, se inicia con un acuerdo formalizado en el que han de constar los contenidos mínimos que el propio precepto enumera, acuerdo que se comunica al instructor, al denunciante y a los interesados.

81. Ponente: Ilma. Sra. Muriel Alonso. Recurso 596/1996 (RJCA 1998\1175).

82. Ponente: Ilmo. Sr. Barcelona Llop. Recurso 1060/1998 (RJCA 1999\1537).

Por lo demás, el Tribunal Supremo, al verificar el cómputo de los plazos de caducidad, ha partido constantemente de la fecha del acuerdo formal de incoación del expediente sancionador por el órgano competente. Así, la STS (Sala 3.ª, sección 4.ª) de 12 de abril de 2000[83] expone que el cómputo inicial del plazo de caducidad del procedimiento sancionador «ha de efectuarse "desde la iniciación" efectiva del mismo»; y añade que «no pueden confundirse a estos efectos los modos admisibles de promover la iniciación del procedimiento» (detallados hoy en el art. 58 de la LPAC) «y que van desde la resolución adoptada de oficio hasta la simple denuncia, pasando por la orden superior, con el acuerdo formal de iniciación», que ha de reunir los requisitos mínimos del artículo 64.2 de la LPAC.

• Tribunal Supremo (Sala 3.ª, sección 4.ª)
Sentencias de 24 de septiembre y 1 de octubre de 2001[84]:

> *Séptimo.* [...] Procede rechazar la alegación de caducidad en virtud de los siguientes argumentos:
>
> *a)* El día inicial del cómputo de plazo de seis meses no debe ser, como la recurrente pretende, aquel en el que el Consejo Regulador ordenó la incoación del expediente, sino aquel en que formalmente se inició el expediente sancionador, se nombró instructor, se señalaron los hechos por los que se procedía y se concedió un período de prueba [...].
>
> *b)* La naturaleza del plazo y la redacción del artículo 20.6 del Real Decreto 1398/1993 —«si no hubiera recaído resolución transcurridos seis meses desde su iniciación»— favorecen la interpretación de que los seis meses han de transcurrir una vez incoado el procedimiento mediante un acto expreso que comporte el efecto de dar curso a la tramitación[85].

A pesar de la claridad con que la jurisprudencia del Tribunal Supremo se ha referido al acto formal de incoación del procedimiento como el *dies a quo* en el cómputo de los plazos de caducidad, algún tribunal moduló ese criterio introdu-

---

83. Ponente: Excmo. Sr. Soto Vázquez (RJ 2000\4442).

84. Ponente: Excmo. Sr. Xiol Ríos. Recursos 16/2000, 28/2000, 30/2000 y 32/2000 (RJ 2002\3121, RJ 2002\3122, RJ 2002\3123 y RJ 2002\3124).

85. Esos seis meses —añade la STS (Sala 3.ª, sección 4.ª) de 26 de junio de 2001 (RJ 2001\5740)— se han de producir en un procedimiento en «marcha».

ciendo el factor de la «inexplicable paralización» en la incoación del procedimiento. Así, el Tribunal Superior de Justicia de Galicia, aun aceptando que en condiciones normales de actuación administrativa la «iniciación» del expediente se identifica con el «acto formal de incoación», sostuvo que, una demora inexplicable y desmesurada de la incoación del procedimiento puede llegar a justificar que se tome en consideración la fecha de la denuncia como inicio del cómputo de caducidad[86].

• Tribunal Superior de Justicia de Galicia (sección 2.ª)
Sentencia 547/2004, de 24 de junio[87]:

> *Segundo.* [...] El propio sentido del referido artículo 6.2 [RD 1398/1993, hoy derogado] lleva a considerar que si bien en condiciones normales de actuación administrativa la «iniciación» del expediente ha de ser entendida como «acto formal de incoación», por el contrario, en aquellos otros casos, como el ahora examinado, en que se produce una inexplicada paralización del actuar administrativo por tiempo superior al que al menos merezca ser considerado como razonable, la «iniciación» del expediente puede ser referida al propio acto de denuncia para evitar así lo que se presentaría como una inaceptable preterición de la observancia de la finalidad perseguida en el repetido artículo 6.2.

---

86. Los antecedentes del caso eran los siguientes: Desde la fecha de la denuncia (24 de mayo de 1999) no se desarrolló tramitación alguna hasta diez meses más tarde, en que se ordenó la práctica de actuaciones previas (20 de marzo de 2000). El expediente sancionador no se inició formalmente hasta casi un año después de la denuncia. El tribunal gallego razona que los hechos imputados a la persona aparentemente responsable estaban «determinados y conocidos desde el primer momento» por lo que «no se advierte en este supuesto la menor utilidad de tales "actuaciones previas", acordadas precisamente a través de un acto que por su contenido se aproxima claramente a un verdadero acto de incoación, con mención incluso en aquél de los elementos fácticos y jurídicos de los que derivar las posibles consecuencias sancionatorias que también se apuntaban. En estas condiciones, no advirtiéndose que en momento alguno hubiera la menor duda sobre los hechos y posible persona responsable, las referidas actuaciones previas se presentan como superfluas, pero en todo caso se produce una inexplicable paralización administrativa entre el 24 de mayo de 1999 [fecha de la denuncia] y el 20 de marzo de 2000 [fecha en que se ordenan las actuaciones previas], en absoluto justificada por la demandada».

87. Ponente: Ilmo. Sr. Arrojo Martínez. Recurso 5233/2000 (JUR 2005\197753).

A mi modo de ver, la demora indebida en la incoación del procedimiento, las actuaciones previas innecesarias y cualquier otra actuación «de relleno» previa a la incoación del expediente, pueden justificar que se compute dicho tiempo como plazo de prescripción de la infracción, pero no como plazo de caducidad de un expediente que no ha llegado a ser incoado.

B) La fecha del acuerdo formal de incoación

Con carácter general, será la fecha del acuerdo de incoación la que ponga en marcha el cronómetro de la caducidad. A tal efecto, resultará irrelevante tanto la fecha de registro de salida como la de su notificación a los interesados[88]. La STS (Sala 3.ª, sección 5.ª) de 2 de marzo de 2004[89] fue clara al respecto: la determinación de la fecha del inicio del cómputo de caducidad «es la fecha de incoación de expediente [...] debiendo, en consecuencia, rechazarse las otras fechas indicadas por la parte recurrente: fecha del escrito de iniciación, fecha del registro de salida del mismo y fecha de la recepción o notificación».

Incluso se ha llegado a rechazar la fecha de la firma electrónica cuando la que consta en el acuerdo es anterior[90], lo cual es muy discutible toda vez que un acuerdo no es tal sin la firma que lo asume como propio. En efecto, una resolución,

88. Excepción hecha, por ejemplo, del procedimiento sancionador en materia tributaria, cuya caducidad comienza a computarse «desde la fecha de notificación del acuerdo de inicio» del procedimiento [art. 104.1.*a)* de la Ley 58/2003, General Tributaria]; no será, pues, la fecha del acuerdo de incoación, sino la de su notificación al interesado, la que ponga en marcha el reloj del plazo de caducidad en esta materia.

89. Ponente: Excmo. Sr. Fernández Valverde. Recurso 3772/2001 (RJ 2004\2493).

90. Así, la STSJ de Andalucía (sede en Granada, sección 1.ª) núm. 2026/2016, de 25 de julio (rec. 2648/2011)(JUR 2016\257064). Aun reconociendo que el acuerdo de incoación no fue firmado hasta varios días después de su fecha, el tribunal defiende que, a efectos del cómputo de la caducidad, «no es relevante la fecha en que se produjo la firma electrónica por parte del autor del acto». Este criterio se reprodujo por el mismo tribunal andaluz en su sentencia núm. 560/2017, de 27 de febrero (rec. 1544/2012) (JUR 2017\126328).

hasta que no es firmada, no existe[91]. Por lo tanto, lo relevante a efectos de computar la caducidad es la fecha de la firma electrónica en el acuerdo de incoación. Tal y como ha puesto de relieve GORDILLO, la firma es un requisito fundamental del acto, pues acredita que la voluntad efectivamente ha sido emitida en la forma que el acto indica. Si falta la firma, no hay acto. No se trata de un vicio de forma, sino de la inexistencia de la voluntad administrativa de dictar el acto. La regla de que un «acto» sin firma no es un acto administrativo, sino un pedazo de papel escrito y nada más, es de estricta aplicación a todo acto administrativo que comporte una decisión individual[92].

C) La fecha en que se notifique el acuerdo de incoación

Ya hemos dicho que el cómputo del plazo de caducidad comienza con la «iniciación» del procedimiento. Así se infiere de lo dispuesto en el artículo 21.3.*a)* de la LPAC, cuando señala que el plazo máximo en que debe notificarse la resolución expresa (plazo de caducidad) se contará, «en los procedimientos iniciados de oficio, desde la fecha del acuerdo de iniciación». Y también del artículo 25.1.*b)* de la LPAC, toda vez que la caducidad a que el mismo se refiere se produce en los procedimientos «iniciados» de oficio. Estas normas son lo suficientemente claras como para que no requieran otra interpretación que la que se desprende de sus propios términos, sin necesidad de elucubraciones más o

91. En palabras de Tomás HUTCHINSON, *Régimen de procedimientos administrativos*, Buenos Aires, 5.ª ed., Astrea, 2000, pág. 86, «mientras no exista la firma, el acto materialmente no existe. Si un decreto o una resolución no están firmados, significa que no hay decreto ni resolución. Hay un papel escrito, sin trascendencia jurídica alguna. Podría verse en ello un proyecto, a lo sumo».

92. Por su parte, los medios electrónicos plantean una problemática diversa a propósito de la encriptación de la firma. Si existe un documento en el sistema informático al que se incorporan las resoluciones que no está identificado con los códigos o certificados de verificación de identidad, tampoco podrá ser un acto administrativo. *Cf.*, Agustín GORDILLO, *Tratado de Derecho Administrativo*, tomo III, *El acto administrativo*, 10.ª ed., Fundación de Derecho Administrativo, Buenos Aires, 2011, págs. X-25 y X-26. Por lo tanto, parece razonable decir que el acuerdo de incoación existe como acto administrativo solo a partir de que es firmado, en este caso digitalmente.

menos ingeniosas para favorecer a la ya todopoderosa Administración: la iniciación del procedimiento —y, por tanto, el inicio del plazo de caducidad— se produce cuando se dicta el correspondiente acuerdo de incoación, no cuando éste se notifica al interesado[93].

Es lógico que no se tome en consideración a estos efectos la fecha de notificación porque —como explica la STS (Sala 3.ª, sección 5.ª) de 27 de abril de 2004[94]— el acto de incoación de un expediente sancionador es eficaz sin necesidad de notificación; de ahí que el día inicial en el cómputo de la caducidad sea la fecha del acuerdo de incoación y no la de su notificación[95].

En suma, a diferencia de lo que sucede con los plazos de prescripción de las infracciones, que se interrumpen por la iniciación del procedimiento sancionador «con conocimiento de interesado», tal exigencia no se requiere cuando el plazo de que se trata es el de caducidad del procedimiento[96].

Pese a todo, no han faltado algunas resoluciones del mismo Alto Tribunal que, sorprendentemente y sin mayores explicaciones, han declarado lo contrario: que «el cómputo del plazo [de caducidad] tiene como *dies a quo* o inicial el de la notifi-

93. La Sala 3.ª del Tribunal Supremo ha establecido en esta materia un cuerpo de doctrina inequívoco: el día inicial del cómputo de la caducidad es la fecha del acuerdo de incoación con los requisitos del artículo 64.2 de la LPAC y no la posterior fecha en que tal acuerdo se notifique a los interesados. Por ejemplo, las SSTS de 12 de abril de 2000 (rec. 241/1998) (RJ 2000\4442), 24 de septiembre de 2001 (recs. 16/2000 y 28/2000) (dos: RJ 2002\3121 y RJ 2002\3122), 1 de octubre de 2001 (recs. 30/2000 y 32/2000) (dos: RJ 2002\3123, RJ 2002\3124), 2 de marzo de 2004 (rec. 3772/2001) (RJ 2004\2493) y 27 de abril de 2004 (rec. 7333/2001) (RJ 2004\3198).

94. Ponente: Excmo. Sr. Yagüe Gil. Recurso 7333/2001 (RJ 2004\3198).

95. El mismo argumento había utilizado la STS (Sala 3.ª, sección 5.ª) de 2 de marzo de 2004 frente a la Administración que exigía la notificación del acuerdo de incoación para que se iniciase el cómputo del plazo de caducidad. Ponente: Excmo. Sr. Fernández Valverde (rec. 3772/2001) (RJ 2004\2493).

96. Así se pronuncia la citada STS (Sala 3.ª, sección 5.ª) de 2 de marzo de 2004. Ponente: Excmo. Sr. Fernández Valverde. Recurso 3772/2001 (RJ 2004\2493).

cación de la incoación del expediente» (STS de 25 de mayo de 2004)[97]; o que «estos seis meses [del plazo de caducidad] deben computarse desde que el interesado tiene conocimiento de las actuaciones, tanto la de incoación del expediente como la de resolución del mismo» (STS de 30 de mayo de 2002)[98].

Siguiendo esta última línea, aunque con matices, la Audiencia Nacional (sección 3.ª) sostiene en su sentencia de 21 de abril de 2006[99] que, si el acuerdo de incoación del procedimiento se notifica dentro del plazo de diez días que entonces señalaba el artículo 58.2 de la LRJPAC (y hoy recoge el art. 40.2 de la LPAC), la caducidad se computa desde esa fecha de notificación; aunque seguidamente reconoce que «la solución pudiera ser distinta si la Administración, iniciado el expediente, pospone la notificación más allá de los diez días y, en contra de las exigencias de la seguridad jurídica, se acoge al momento de la notificación tardía que le resulta más beneficioso».

A diferencia de lo dispuesto en los artículos 21.3.*a)* y 25.1.*b)* de la LPAC, la legislación sectorial sí tiene ejemplos en los que, *ex lege*, el día inicial para el cómputo de la caducidad es el de la «notificación» del acto de incoación. Así lo dispone el artículo 211.2 de la LGT: El procedimiento sancionador en materia tributaria deberá concluir en el plazo máximo de seis meses *«contados desde la notificación de la comunicación de inicio del procedimiento»*.

97. Ponente: Excmo. Sr. Fernández Montalvo. Recurso 207/2002 (RJ 2004\4729).

98. Ponente: Excmo. Sr. Baena del Alcázar. Recurso 640/2000 (RJ 2002\8514). Causa perplejidad que, en esta resolución, diga el Tribunal Supremo que la forma en que computa la caducidad se establece «en garantía de los particulares». Si bien ello es cierto en cuanto al *dies ad quem*, esto es, la fecha en que se notifique la resolución que finaliza el procedimiento, no lo es en cuanto al *dies a quo*, pues no parece que los particulares obtengan mayores garantías por el hecho de que la Administración pueda demorar deliberada o negligentemente la notificación de un acuerdo de incoación y así retrasar el inicio del plazo de caducidad del expediente en su propio beneficio, no en el de los interesados.

99. Ponente: Ilmo. Sr. Menéndez Rexach. Recurso 685/2004 (JUR 2006\159151).

D) La fecha en que «debió» incoarse el procedimiento

También es posible que, a tenor de la normativa sectorial aplicable al caso, el día inicial en el cómputo del plazo de caducidad sea aquel en que «debió» incoarse el procedimiento, independientemente de que tal incoación se hubiera o no llevado a cabo. Es lo que sucede en la legislación sobre represión del dopaje en materia de disciplina deportiva (Real Decreto 255/1996).

En esta materia, una vez concluido el procedimiento de control antidopaje (art. 8 del citado RD 255/1996), que consiste en la recogida de muestras, análisis pertinentes y comunicación de los resultados —incardinables en las «actuaciones previas» a las que se refiere el artículo 55 de la LPAC—, existe una norma específica en cuya virtud, si se aprecian indicios de una posible infracción, «el órgano competente deberá iniciar de oficio el correspondiente expediente disciplinario en un plazo no superior a quince días contados a partir de la recepción en la Federación de la notificación del laboratorio de control antidopaje» (art. 9.1 del Real Decreto 255/1996). Es decir, entre la finalización del procedimiento de control y la apertura del expediente disciplinario no pueden transcurrir más de quince días.

El Tribunal Supremo ha entendido que, si la incoación se demora más allá de esos quince días, la caducidad del expediente comienza a computarse desde la fecha en que debió haberse incoado; es decir, a partir de los quince días de haber concluido el procedimiento de control antidopaje. Así lo expresa la STS (Sala 3.ª, sección 7.ª) de 3 de julio de 2006[100]:

> *Segundo.* [...] Existiendo esa norma singular que establece de forma clara e inequívoca el lapso de tiempo en el que debe iniciarse el expediente sancionador, tiene razón el recurrente cuando señala que a efectos del cómputo del plazo de caducidad del procedimiento debe tomarse como día inicial no ya la fecha en que efectivamente fue incoado el expediente sancionador sino aquélla en que debió haberse incoado.

100. Ponente: Excmo. Sr. D. Eduardo Calvo Rojas. Recurso 2141/2001 (RJ 2006\3756).

A nuestro juicio, incumplir la obligación de incoar el expediente disciplinario dentro del plazo de quince días establecido en el artículo 9.1 del Real Decreto 255/1996 debería traer como consecuencia la preclusión, esto es, la imposibilidad de incoarlo. En efecto, ya se tienen elementos de juicio suficientes para apreciar la existencia de una posible infracción (los análisis se han efectuado y se conoce su resultado); pese a ello, no se incoa el expediente en el plazo fijado legalmente («deberá iniciar...», dice el texto legal). Lo que se produce en tales circunstancias es la caducidad de la acción disciplinaria[101]. Y como tal caducidad de la acción debería ser tratado este caso.

2. SUPUESTOS ESPECIALES

En la legislación sectorial encontramos supuestos especiales en los que la denuncia (acta de infracción, boletín de denuncia) tiene la consideración de acto de incoación del procedimiento sancionador, dando lugar al inicio del plazo de caducidad sin necesidad de que se dicte una específica resolución al respecto por la autoridad sancionadora. Así sucede con las infracciones en el orden social, en materia de tráfico y en materia de transportes terrestres. Por otra parte, es también especial el caso de la legislación tributaria pues, a diferencia de lo que es norma general, el plazo de caducidad no comienza con la resolución de incoación del procedimiento sancionador, sino a partir de su notificación al administrado.

A) Infracciones en materia de trabajo y seguridad social

La iniciación del procedimiento sancionador en el orden social se produce al levantar el acta de infracción. Lo establece así el artículo 52.1.*a)* de la LISOS (RDLeg. 5/2000, de 4 de agosto): El procedimiento *«se iniciará, siempre de oficio, por acta de la Inspección de Trabajo y Seguridad Social»*.

---

101. Así lo hemos visto al analizar *ut supra* la «caducidad de la acción sancionadora» (capítulo I, numeral 1) y los ejemplos en materia de tributos, defensa de los consumidores y farmacia. Es precisamente una nota definitoria de esta caducidad la demora en la incoación del procedimiento sancionador —más allá del plazo fijado legalmente— una vez finalizadas las diligencias previas para el esclarecimiento de los hechos.

Lo mismo se desprende del RD 928/1998 (Reglamento de Inspección de Trabajo y Seguridad Social). Su artículo 13.1 considera que el inicio del procedimiento sancionador coincide con la fecha del acta de infracción[102]. Y en el artículo 20.3 puede leerse que el plazo de caducidad del expediente sancionador comienza «desde la fecha del acta»[103].

Como se ve, es el propio ordenamiento jurídico el que atribuye al acta inspectora de infracción la naturaleza de acto iniciador del procedimiento sancionador. La STS (Sala 3.ª, sección 4.ª) de 12 de noviembre de 2001[104] lo fijó como doctrina legal:

> El cómputo del plazo de caducidad de seis meses que establece el artículo 20.3 del Reglamento general sobre procedimientos para la imposición de sanciones por infracciones de orden social y para los expedientes liquidatorios de cuotas de la Seguridad Social, aprobado por Real Decreto 928/1998, se inicia en la fecha del acta de infracción levantada por la Inspección, y no en la fecha de la visita de inspección de la que traiga causa si ésta fuera anterior, y termina en la fecha de notificación de la resolución del procedimiento sancionador[105].

B) Infracciones en materia de tráfico, circulación y seguridad vial

También el boletín de denuncia en las infracciones de tráfico tiene la virtualidad de ser el acto de incoación del procedimiento sancionador. El artículo 10.1 del RD 320/1994 señala que, «como norma general, las denuncias de carácter

---

102. Artículo 13.1 del RD 928/1998: «El procedimiento sancionador se iniciará de oficio, como resultado de la actividad inspectora previa, por acta de infracción de la Inspección de Trabajo y Seguridad Social, que se extenderá y tramitará de acuerdo con lo establecido en este capítulo».

103. Artículo 20.3 del RD 928/1998: «El plazo máximo para resolver los expedientes sancionadores por infracciones de orden social será de seis meses, que serán computados desde la fecha del acta hasta la fecha en que se dicte la resolución, produciéndose en caso de superación de dicho plazo la caducidad del expediente [...]».

104. Ponente: Excmo. Sr. Xiol Ríos. Recurso 256/2000 (RJ 2002\7789). Véase también la STS (Sala 3.ª, sección 4.ª) de 21 de julio de 2004 (rec. 74/2003) (RJ 2004\5569).

105. En lo tocante a la fecha final del plazo de caducidad véase el capítulo IV, apartado 1.B), titulado «La peculiaridad de los procedimientos sancionadores por infracciones en el orden social».

obligatorio, formuladas por agentes de la autoridad encargados de la vigilancia del tráfico, se notificarán en el acto a los denunciados, haciendo constar en las mismas (...) *que con ellas quedan incoados los correspondientes expedientes»* (la cursiva es nuestra).

En realidad, la denuncia formulada por los agentes de tráfico va más allá. Está dotada de naturaleza polivante. No contiene un único acto jurídico, sino una pluralidad de ellos: por un lado, es el acto de iniciación del expediente (art. 10.1 del RD 320/1994); por otra parte, puede convertirse en propuesta de resolución si el interesado no presenta alegaciones contra la denuncia [art. 64.2.*f)* de la LPAC]; y, finalmente, tiene valor probatorio de cargo (arts. 77.5 de la LPAC, 88 del RDL 6/2015 y 14 del RD 320/1994).

• Tribunal Supremo (Sala 3.ª, sección 6.ª)
Sentencia de 19 de diciembre de 2000[106]:

> *Cuarto.* A) [...] Una de las más interesantes manifestaciones documentales de ese tipo de expediente lo constituye precisamente el boletín de denuncia, en el que aparecen reflejados los siguientes actos: el acto de denuncia (con especificación de los datos que exige el artículo 5 del Real Decreto 320/1994); el acto de iniciación que en este caso lo es la denuncia (art. 3 del mismo Real Decreto, que dice que el procedimiento se iniciará de oficio o por denuncia); el acto de notificación de esa iniciación (art. 10.1 del repetido Real Decreto); el acto de fijación de plazo (quince días) para alegaciones y proposiciones de pruebas (art. 10); y eventualmente y *ad cautelam*, el acto de propuesta de resolución para el caso de que el denunciado no presente alegaciones (art. 13.2 del Real Decreto 1398/1993, de 4 de agosto, que es el que con carácter general y supletorio, regula el procedimiento para el ejercicio de la potestad sancionadora).

Pese a todo, no siempre el boletín de denuncia en materia de tráfico se constituye en acto de incoación del procedimiento sancionador. El Tribunal Supremo diferencia dos supuestos: aquel en que la notificación del boletín de denuncia se hace inmediatamente al presunto infractor y aquel otro en que el supuesto infractor es desconocido y es nece-

106. Ponente: Excmo. Sr. González Navarro. Recurso 74/2000 (RJ 2001\2617).

sario identificarle previamente. En el primer caso, la notificación del boletín de denuncia es el acto que genera el inicio del plazo de caducidad, mientras que, en el segundo, ha de estarse a la fecha del acuerdo de incoación una vez conocida la identidad del presunto infractor. La STS (Sala 3.ª, sección 4.ª) de 15 de noviembre de 2000[107] señaló al respecto:

> *Cuarto.* [...] la denuncia únicamente supone iniciación del expediente sancionador en el supuesto de que se notifique en el acto a los denunciados, y esa iniciación debe entenderse deferida en otro caso al momento en que se produzca el acuerdo correspondiente por parte de la Dirección General de Tráfico o de los ayuntamientos respectivos.

Tras ello, la misma sentencia estableció como doctrina legal, para los supuestos en que la notificación de la denuncia no se verificase en el acto, la siguiente:

> Conforme al artículo 16 del Reglamento de procedimiento sancionador en materia de tráfico, circulación de vehículos a motor y seguridad vial, para el cómputo de los plazos a efectos de caducidad del procedimiento se tendrá en cuenta como fecha de iniciación la de incoación por órgano competente una vez conocida la identidad del infractor, que no pudo ser notificado en el acto de comisión de la infracción, sin que a estos efectos el inicio del cómputo pueda efectuarse a partir de la fecha de la denuncia por el agente.

C) Infracciones en materia de transportes terrestres

También en los procedimientos sancionadores en materia de transportes terrestres, el Tribunal Supremo ha entendido que la notificación del boletín de denuncia sirve como acto inicial para computar el plazo de caducidad, aunque en este sector no haya un precepto que expresamente atribuya a dicha denuncia el carácter de acto de incoación del expediente.

• Tribunal Supremo (Sala 3.ª, sección 3.ª)
Sentencia de 17 de noviembre de 2003[108]:

> *Tercero.* [...] De acuerdo con lo dicho en la sentencia de 23 de mayo de 2001 (rec. 3990/2000), cuando la denuncia se ha formalizado directamente con el infractor y se ha hecho constar en ella, según dispone el artículo 207 del Reglamento de la Ley de Ordenación

107. Ponente: Excmo. Sr. Soto Vázquez. Recurso 4041/1999 (RJ 2000\10064).

108. Ponente: Excmo. Sr. Espín Templado. Recurso 128/2002 (RJ 2004\597).

> de los Transportes Terrestres, una sucinta exposición de los hechos, la matrícula del vehículo interviniente en los mismos, así como aquellas circunstancias y datos que contribuyan a determinar el tipo de infracción y el lugar, fecha y hora de la misma, cabe decir que el día inicial del cómputo del plazo para la tramitación y resolución del procedimiento sancionador será el de la denuncia correctamente extendida y notificada, y no el del posterior acto del órgano competente.

Y es que, en palabras de las SSTS (Sala 3.ª, sección 3.ª) de 23 de mayo de 2001[109] y 4 de junio de 2004[110], «cumplidas estas condiciones –consignación de datos y notificación–, si bien formalmente no puede hablarse de procedimiento, sí que lo hay materialmente, al concurrir todos los elementos objetivos y subjetivos precisos para ello»[111].

Incluso, el Tribunal Supremo ha admitido que, aun en los casos en que no coincida quien comete materialmente la infracción (el conductor-infractor) con el sujeto responsable de la misma (la empresa de transportes que resulte sancionada), la fecha de notificación del boletín de denuncia al infractor sirve para iniciar el plazo de caducidad respecto del responsable[112]. A estos efectos, resulta de aplicación analógica lo dispuesto en el artículo 42.2 de la LPAC (antes el

109. Ponente: Excmo. Sr. González González. Recurso 3990/2000 (RJ 2001\4287).

110. Ponente: Excmo. Sr. Espín Templado. Recurso 49/2003 (RJ 2004\3879).

111. No es fácil entender esa homologación entre un inexistente procedimiento desde el punto de vista formal y la apreciación de su existencia material al margen de aquel reflejo formal. Además, es de reseñar la dificultad que ofrece imponer a la Administración la iniciación de un procedimiento por el mero hecho de que se haya notificado el boletín de denuncia, cuando tal cosa no se establece por norma alguna. En los procedimientos sancionadores de transportes, a diferencia de los de tráfico y seguridad vial (por la singularidad para éstos de una norma como la contenida en el art. 10.1 del RD 320/1994), la denuncia no tiene la virtualidad de dar lugar a la iniciación del procedimiento, sino que este último sólo se inicia por acuerdo al efecto del órgano competente.

112. La *ratio* de la doctrina legal sentada en la sentencia de 23 de mayo de 2001 –nos dice la STS (Sala 3.ª, sección 3.ª) de 4 de junio de 2004 (rec. 49/2003) (RJ 2004\3879)–, «sigue siendo igualmente aplicable al supuesto de no coincidencia entre sujeto infractor y sujeto responsable, pese a las consiguientes diferencias en la forma de notificación de la denuncia en un supuesto y en otro».

art. 59.2.II de la LRJPAC), en relación con la notificación en el domicilio del interesado a persona distinta del mismo. En materia de transportes, el lugar no ya habitual, sino incluso más adecuado para notificar el boletín de denuncia es el propio vehículo con el que se cometió la infracción, propiedad de la empresa responsable y conducido por un trabajador de ésta; circunstancias que llevan a sostener que la correcta notificación del boletín de denuncia al conductor determine el inicio del plazo de caducidad del procedimiento.

• Tribunal Supremo (Sala 3.ª, sección 3.ª)
Sentencia de 4 de junio de 2004[113]:

Quinto. [...] El que la denuncia correctamente extendida y notificada al infractor suponga el comienzo del plazo para el procedimiento sancionador —tal como se contempla en el artículo 10 del Reglamento del procedimiento sancionador en materia de tráfico, circulación de vehículos a motor y seguridad vial, y como ha sido aplicado en materia de transportes terrestres—, se asienta sobre la base de que ambas partes, Administración sancionadora y sujeto responsable de la infracción, poseen a partir de ese momento los elementos y datos necesarios para el ejercicio de sus competencias y la defensa de sus intereses respectivamente. La Administración puede proceder al ejercicio de la potestad sancionadora en defensa de la seguridad vial y de los intereses generales asociados a la misma, puesto que tiene los datos necesarios para la instrucción del expediente, sin que haya razón alguna para que la iniciación del procedimiento quede diferida a un momento posterior a voluntad de la propia Administración. El infractor, por su parte, ha quedado notificado de la infracción supuestamente cometida y sabe que la Administración ha iniciado un expediente sancionador, por lo que queda excluida toda la posible indefensión.

Pues bien, ninguno de estos parámetros queda alterado en lo esencial por la peculiaridad del supuesto de autos consistente en la diversidad entre infractor y sujeto responsable. En efecto, por parte de la Administración siguen dándose las mismas circunstancias que le permiten proceder desde ese mismo momento a la instrucción del expediente sancionador, puesto que cuenta, al igual que en el supuesto en el que no existe la referida diversidad de sujetos, con todos los datos necesarios para dicha instrucción, que quedan determinados por el artículo 207 del Reglamento de la Ley de Ordenación de los Transportes Terrestres. De acuerdo con este precepto la denuncia debe consignar tanto los datos relativos a los hechos como los referidos a la identificación del responsable, entre los que se incluyen no sólo la identidad del conductor autor

113. Ponente: Excmo. Sr. Espín Templado. Recurso 49/2003 (RJ 2004\3879).

material de la infracción, sino también los referidos al vehículo, como la matrícula: «habrá de consignarse una sucinta exposición de los hechos, matrícula del vehículo interviniente en los mismos, en su caso, y la condición, destino e identificación, que podrá realizarse a través del número de registro personal del denunciante, así como aquellas circunstancias y datos que contribuyan a determinar el tipo de infracción y el lugar, fecha y hora de la misma» (artículo 207.1 del citado Reglamento). Tampoco hay, por tanto, razón alguna en este supuesto para que la iniciación del expediente quede diferida a un momento posterior a voluntad de la Administración sancionadora, quien puede proceder a partir de ese momento contra el sujeto responsable sin perjuicio alguno para los intereses generales protegidos por la potestad sancionadora que le corresponde.

Desde la perspectiva del sujeto titular del vehículo cuando no coincida con el conductor infractor, [...] sus derechos de defensa no resultan perjudicados. En efecto, o bien la notificación efectuada al conductor le llega regular y puntualmente por su mediación o, en caso contrario, en nada le perjudica que el plazo del procedimiento sancionador esté corriendo ya, puesto que en todo caso deberá practicarse la audiencia al interesado prevista en el artículo 212 del Reglamento de la Ley de Ordenación de los Transportes Terrestres.

D) Infracciones en materia tributaria

Conforme determina el artículo 211.2 de la LGT, «el procedimiento sancionador en materia tributaria deberá concluir en el plazo máximo de seis meses *contados desde la notificación de la comunicación de inicio del procedimiento*». Como se ve, a diferencia de lo que viene siendo la regla general sobre inicio del cómputo del plazo de caducidad, en los procedimientos sancionadores tributarios el *dies a quo* no será el de la adopción del acuerdo de incoación, sino el de su «notificación» al inculpado.

Esta previsión constituye —como certeramente señala Martín López[114]— una merma de la seguridad jurídica del presunto infractor toda vez que las actuaciones administrativas que pudieran desarrollarse entre la incoación del procedimiento y su notificación estarían en un limbo jurídico, excluidas del límite temporal dispuesto para la caducidad. En la práctica supone otorgar una «patente de corso» a la Administración para retrasar sin control el día de inicio del plazo de caducidad demorando la notificación del acuerdo de incoación.

114. Jorge Martín López, «La sedicente caducidad...», art. cit., págs. 134-135.

Bien es verdad que, con arreglo a lo dispuesto en el artículo 209.2 de la LGT, el procedimiento debe iniciarse en el plazo de tres meses desde que se hubiese notificado o se entendiese notificada la correspondiente liquidación o resolución al presunto infractor. Pero esta caducidad de la posibilidad de incoar el procedimiento sancionador, o caducidad del ejercicio de la potestad sancionadora en el caso concreto, no evita que, una vez incoado el expediente en plazo, se demore su notificación al presunto infractor alargando arbitrariamente el tiempo para su conclusión.

CAPÍTULO IV

MOMENTO FINAL DEL PLAZO DE CADUCIDAD

Dos son los momentos que deben tomarse en consideración para determinar el día final en el plazo de caducidad: la notificación de la resolución sancionadora y, en ocasiones, el intento de notificación de dicha resolución por cualquiera de los medios legalmente admisibles.

1. NOTIFICACIÓN DE LA RESOLUCIÓN SANCIONADORA

«Tiene razón la parte recurrente cuando afirma que el cómputo del plazo de caducidad debe computarse desde el inicio del [expediente] hasta la notificación a la parte de la resolución expresa dictada». Así se pronuncia, sin ambages, la STS (Sala 3.ª, sección 3.ª) de 21 de enero de 2016[115].

Un consistente apoyo para sostener que el momento final de la caducidad es la fecha en que se notifique la resolución sancionadora lo encontramos en la dicción del artículo 25.1.*b)* de la LPAC. Al referirse a la caducidad del procedimiento, este precepto lo hace en relación con «el vencimiento del plazo máximo establecido sin que se haya dictado y *notificado* resolución expresa (...)». También el numeral 2 de ese mismo artículo 25 de la LPAC resalta la importancia de la notificación porque habla de la suspensión del plazo para «resolver y *notificar* la resolución»; y el artículo 21 de la LPAC, rubricado «Obligación de resolver», indica los plazos máximos en que la Administración está obligada «a dictar resolución expresa y a *notificarla*».

115. Ponente: Excmo. Sr. Córdoba Castroverde. Recurso 2917/2013 (RJ 2016\318).

Estos preceptos tratan de garantizar la seguridad jurídica de los administrados frente a eventuales malas prácticas o actuaciones desviadas, que pudieran estar ordenadas a sortear las consecuencias (responsabilidades) del incumplimiento de los plazos. Por eso, para que se entienda producida la resolución en plazo, no basta con dictarla a tiempo, sino que también ha de ser notificada dentro de ese mismo plazo.

A) Los vaivenes de la jurisprudencia

Una primera línea jurisprudencial sostuvo que el *dies ad quem* en materia de caducidad era la fecha en que se dictase la resolución sancionadora, sin que tuviese relevancia alguna al efecto el día en que se produjera su notificación[116]. Parte esta doctrina de que una cosa es la *validez* del acto administrativo y otra su *eficacia*, de manera que la notificación no es condición de validez de la resolución sancionadora, ni mucho menos de su existencia, sino simplemente de su eficacia frente al interesado[117]. Además, esto era lo que se desprendía del tenor del artículo 20.6 del RD 1398/1993 (hoy derogado) que aludía, como plazo fatal de caducidad, al hecho de que *«no hubiese recaído resolución»* transcurrido el vencimiento para ello[118].

116. Por ejemplo, las SSTS de 7 de junio de 1984 (RJ 1984\3181) y 4 de mayo de 1994 (rec. 3242/1991) (RJ 1994\4112).

117. Sirva, como ejemplo de esta doctrina, lo expuesto por las SSTS de 9 de abril de 1984 (RJ 1984\1909) y 7 de junio de 1984 (RJ 1984\3181): La validez supone la concurrencia en el acto de todos los elementos que deban integrarlo según los requisitos propios de cada caso y la competencia del órgano que lo pronunció, gozando incluso de una presunción *iuris tantum* de validez que traslada al impugnante la carga de probar lo contrario; en tanto que la eficacia o producción de efectos viene condicionada por determinados requisitos ulteriores al dictado del acto, como el de estar supeditada a la notificación al interesado, a partir de cuyo momento empieza el acto a surtir efectos respecto del mismo en todos los órdenes, incluso para promover su invalidez.

118. Así lo defendió la STS (Sala 3.ª, sección 3.ª) de 2 de abril de 2004 (rec. 317/2000) (RJ 2004\1855). También la STS de 17 de junio de 2003 (rec. 8766/1998) (RJ 2003\6612), sostuvo, en un caso anterior a la modificación de la LRJPAC por la Ley 4/1999, que el artículo 20.6 del RD 1398/1993 debía aplicarse en su tenor literal, teniendo como día final del cómputo de la caducidad el de la fecha de la resolución y no el de su notificación.

Esta solución ponía en jaque la seguridad jurídica puesto que, notificada la sanción meses después de la fecha de la resolución, cabía sospechar que aquella fecha no fuera real, sino acomodada interesadamente para evitar la caducidad del procedimiento y, singularmente, para eludir responsabilidades disciplinarias (art. 42.7 de la LRJPAC; hoy art. 21.6 de la LPAC). En un tímido intento de enmendar el problema, alguna resolución adoptó, como criterio para fijar con mayor seguridad el momento final del plazo de caducidad, la fecha del registro de salida del acto administrativo, justificándose la fiabilidad de tal fecha —según considera la STS (Sala 3.ª, sección 6.ª) de 4 de mayo de 1994[119]— porque «ha sido consignada por autoridad y funcionario competentes en el ejercicio de sus cargos».

En realidad, a salvo alguna extravagante resolución, los tribunales siempre han atendido, para determinar el día final en el cómputo de la caducidad del procedimiento, a la fecha en que se notifique al interesado el acuerdo sancionador[120]. La STS (Sala 3.ª, sección 5.ª) de 10 de marzo de 2008[121], recordando su consolidada doctrina[122], es muy clara: «la fecha para computar el plazo de caducidad debe ser la de la notificación al interesado y no la que aparece en la resolución administrativa». Y ello porque, como dice la STS (Sala 3.ª, sección 5.ª) de 8 de mayo de 1990[123], es la única manera en que se «garantiza la seguridad jurídica del administrado

119. Ponente: Excmo. Sr. Goded Miranda. Recurso 3242/1991 (RJ 1994\4112).

120. Así, por ejemplo, en las sentencias de 6 de febrero de 1998 (rec. 1232/1991) (RJ 1998\2194), 26 de junio de 2001 (rec. 120/1999) (RJ 2001\5740), 11 de julio de 2001 (RJ 2001\5023) y 3 de diciembre de 2003 (rec. 4465/1999) (RJ 2004\601). La normativa en materia tributaria acogió expresamente este criterio y determinó que la caducidad del procedimiento se produce por el vencimiento del plazo máximo establecido para resolver *«sin que se haya notificado la resolución expresa»* [art. 104.4.*b)* de la Ley 58/2003, General Tributaria].

121. Ponente: Excmo. Sr. Calvo Rojas. Recurso 1608/2004 (RJ 2008\2279).

122. Doctrina jurisprudencial de la cual son muestra, entre otras muchas, las sentencias de 5 de octubre de 1998 (rec. 7270/1992), 20 de octubre de 1998 (rec. 939/1993), 12 de abril de 2000 (rec. 241/1998) y 1 de octubre de 2001 (rec. 30/2000).

123. Ponente: Excmo. Sr. García Estartús (RJ 1990\4222).

y la diligencia debida en la actividad de la Administración»; lo contrario «permitiría a la Administración alargar el procedimiento simplemente no notificando la resolución dictada durante el tiempo que considerara conveniente»[124].

• Tribunal Supremo (Sala 3.ª, sección 4.ª) Sentencia de 4 de diciembre de 2012[125]:

> *Cuarto.* [...] la fecha computable a los presentes efectos no ha de ser la establecida en el seno del procedimiento por la Administración sin conocimiento de su destinatario, sino precisamente [...] la de notificación de la resolución del expediente, y ello es así por evidentes razones de seguridad jurídica de una actuación que requiere de su conocimiento por su destinatario, de manera que es unánime la jurisprudencia que identifica la notificación de la resolución que pone fin al expediente como el *dies ad quem* del cumplimiento de la obligación de su resolución y, por tanto, de la fecha final para el cómputo de la caducidad del procedimiento.

Pero, no solo la seguridad jurídica ha sido destacada insistentemente como fundamento para que el plazo de caducidad se compute hasta la fecha en que se notifique la resolución; también lo ha sido la eficacia del acto, y así, de forma contundente, se expresa la STSJ de Andalucía (Málaga) de 12 de julio de 2001[126] al señalar que «un acto no existe para el administrado si no está notificado», por lo que éste «puede entender, razonablemente, que un procedimiento ha caducado si no se le notifica en el plazo legal una resolución desfavorable». De este modo se conjura la tentación de antedatar una resolución tardía. La STS (Sala 3.ª, sección 4.ª) de 12 de abril de 2000 lo deja bien claro[127]:

---

124. Sentencias del TSJ de Murcia (sección 2.ª) núms. 842/2000, de 30 de septiembre (rec. 96/2000) (RJCA 2000\1617); y 5/2001, de 2 de enero (rec. 14/2000) (JT 2001\78); del TSJ de Navarra núm. 502/2017, de 28 de noviembre (rec. 187/2017) (JUR 2018\100051); y del TSJ de Valencia (sección 2.ª) núm. 224/2019, de 15 de abril (rec. 930/2016) (JUR 2019\160471).

125. Ponente: Excmo. Sr. Martínez-Vares García. Recurso 804/2012 (RJ 2013\609).

126. Ponente: Ilmo. Sr. García Bernaldo de Quirós. Recurso 1649/1996 (RJCA 2002\2).

127. Ponente: Excmo. Sr. Soto Vázquez. Recurso 241/1998 (RJ 2000\4442).

Segundo. [...] Es asimismo doctrina jurisprudencial reiterada (sentencias de 5 de marzo de 1990, 23 de marzo de 1992, 11 de noviembre de 1996 y 5 de octubre de 1998, entre otras) que el cómputo del plazo de posible caducidad que ha de mediar entre la iniciación del expediente y la resolución que le ponga fin, no puede considerarse válidamente interrumpido en la fecha en que figure adoptada dicha resolución, sino en aquella en que la misma haya sido notificada al interesado, tal como imponen indeclinables garantías exigibles a favor del administrado, que no permiten el que, sobre la base de una presunción de legalidad en el actuar de la Administración, se conceda efecto interruptivo a una resolución de la misma sin proyección *ad extra* y consiguiente puesta en conocimiento del interesado, a excepción del especialísimo supuesto —que no es el de autos— de que fuese apreciable una actitud injustificada claramente obstativa por parte del administrado en el recibo de la notificación.

B) La peculiaridad de los procedimientos sancionadores por infracciones en el orden social

La normativa reguladora del procedimiento sancionador en el orden social (Real Decreto 928/1998)[128] siempre ha ligado el final del plazo de caducidad con la *fecha de la resolución*. En su versión original, el artículo 20.3 del RD 928/1998 determinaba que la caducidad del procedimiento se produciría «si no hubiere recaído *resolución* (...)»; y, en las posteriores modificaciones (disp. ad. única del RD 1125/2001 y RD 772/2011), la caducidad se relaciona expresamente con «el plazo máximo *para resolver* (...)». Nunca se ha llegado a exigir en norma alguna la «notificación» de la resolución expresa como una actuación necesaria para que el procedimiento finalizase dentro de plazo.

Sin embargo, el Tribunal Supremo ha mantenido constantemente, pese a la citada literalidad de las normas en juego, que el plazo de caducidad se contaba hasta la notificación de la resolución sancionadora.

a) Doctrina legal: la STS de 12 de noviembre de 2001

Ya hemos dicho que, en su versión originaria, el artículo 20.3 del Real Decreto 928/1998 refería el plazo de caducidad

128. Real Decreto 928/1998, de 14 de mayo. Reglamento general sobre procedimientos para la imposición de sanciones por infracciones de orden social y para los expedientes liquidatorios de cuotas de la Seguridad Social.

al hecho de que «no hubiera recaído resolución» transcurridos seis meses desde la fecha del acta. Ninguna alusión se hacía a la necesidad de «notificar» también en ese mismo plazo la resolución para que el procedimiento no caducase. Por lo tanto, bien podía identificarse el día final del plazo de caducidad con la fecha de la resolución sancionadora y no con su notificación.

Pese a todo, estando en vigor la versión originaria de la norma, la STS (Sala 3.ª, sección 4.ª) de 12 de noviembre de 2001[129] fijó, como doctrina legal, que el cómputo del plazo de caducidad de seis meses establecido por el artículo 20.3 del Real Decreto 928/1998 «termina en la fecha de notificación de la resolución del procedimiento sancionador»[130].

b) El Tribunal Supremo confirma su doctrina legal pese a la disposición adicional única del Real Decreto 1125/2001

Escasamente un mes antes de que el Tribunal Supremo fijase doctrina legal en la sentencia de 12 de noviembre de 2001, una normativa extravagante al procedimiento sancionador (el Real Decreto 1125/2001)[131] aprovechó su disposición adicional única para establecer lo siguiente:

> Disposición adicional única. *Plazo máximo para resolver en los expedientes sancionadores por infracciones de orden social y de liquidación de cuotas por débitos a la Seguridad Social.*
>
> El plazo máximo para resolver los expedientes sancionadores y liquidatorios por infracciones de orden social y débitos por cuotas a la Seguridad Social, a los que se refieren los artículos 20.3 y 33.2 del Real Decreto 928/1998, de 14 de mayo, será de seis meses, produciéndose

129. Ponente: Excmo. Sr. Xiol Ríos. Recurso 256/2000 (RJ 2002\7789).

130. La STS (Sala 3.ª, sección 4.ª) de 21 de julio de 2004 recordó esta doctrina legal. Recurso de casación para la unificación de doctrina 74/2003 (RJ 2004\5569). En esta ocasión, al Alto Tribunal le resultó «sorprendente» la pretensión del abogado del Estado de que se declarase como doctrina adecuada la que anuda la finalización del plazo de caducidad a la fecha de la resolución sancionadora, porque «existe una amplia doctrina... acerca de que en materia de caducidad del procedimiento esta Sala, bajo la vigencia de las distintas normas que se han sucedido, ha otorgado prioridad a los efectos del cómputo del plazo a la fecha de la notificación al interesado (sentencias de 6 de febrero de 1998 y 20 de diciembre de 1999)».

131. Real Decreto 1125/2001, de 19 de octubre. Modificación del Reglamento de organización y funcionamiento de la Inspección de Trabajo y Seguridad Social, aprobado por Real Decreto 138/2000, de 4 de febrero.

> en caso de falta de resolución en dicho plazo la caducidad del expediente. Cuando concurran circunstancias excepcionales, podrá acordarse la ampliación de dicho plazo máximo, en los términos previstos en el artículo 42.6 de la Ley 30/1992, de Régimen Jurídico de las Administraciones Públicas y del Procedimiento Administrativo Común.

Como se ve, esta disposición adicional se refería nítida y exclusivamente a la «falta de resolución en plazo» —y no a su notificación— a la hora de fijar el límite temporal de la caducidad. Así, aun sin dar una nueva redacción al artículo 20.3 del Real Decreto 928/1998, esta norma —en palabras de la STC 308/2006— «supuso una alteración sustancial en sus previsiones». Y lo cierto es que, con arreglo a su literalidad, la disposición adicional transcrita permitía sostener razonablemente que el *dies ad quem* del plazo de seis meses para determinar la caducidad de un procedimiento sancionador por infracciones en el orden social era la fecha de resolución y no la de su notificación.

Esta interpretación literal —según estimó la STC 82/2009 (fj 8)— no podía tacharse de arbitraria, irrazonable o fruto de un error patente. Sin embargo, entiendo que sí podría descalificarse por abandonar la seguridad jurídica del administrado y rehabilitar la tentación de antedatar las resoluciones por parte de la Administración. La solución más garantista, por tanto, era mantener la doctrina legal fijada por la citada STS de 12 de noviembre de 2001.

En realidad, si bien se mira, ninguna diferencia, a efectos de la interpretación llevada a cabo por el Tribunal Supremo, había entre una y otra norma. El artículo 20.3 del RD 928/1998 atendía al hecho de que «no hubiere recaído resolución» para fijar la caducidad del procedimiento y la disposición adicional única del Real Decreto 1125/2001 lo hacía a la «falta de resolución en plazo». En ambos textos, la referencia era a la «resolución» de los expedientes sancionadores; luego, la nueva norma en materia laboral no tenía por qué afectar ni un ápice a la interpretación establecida por el Tribunal Supremo sobre el día final de la caducidad de los expedientes sancionadores.

Así lo confirmó el propio Alto Tribunal en cuanto tuvo ocasión de pronunciarse al respecto. La STS (Sala 3.ª, sección

4.ª) de 23 de febrero de 2010[132] mantuvo sin fisuras su anterior doctrina, pese al tenor literal de la disposición adicional única del Real Decreto 1125/2001; es decir, en esta materia, el día final del cómputo de la caducidad seguía siendo la fecha de la notificación de la resolución sancionadora.

El Tribunal Supremo enfatizó la irrelevancia de que su doctrina legal tomase en cuenta el artículo 20.3 del RD 928/1998 y no la disposición adicional única del RD 1125/2001, porque una y otra norma empleaban expresiones literales similares: «si no hubiese recaído resolución» y «en caso de falta de resolución». Además, el dictado de la repetida disposición adicional no tenía como objetivo fijar un régimen de caducidad singular para aquellos expedientes, sino, más bien, suprimir del artículo 20.3 del RD 928/1998 el plazo de treinta días, adicional al de seis meses para que se produjese la caducidad, y así ajustarse a las modificaciones introducidas por la Ley 4/1999.

A continuación, el Tribunal Supremo señala que no es atendible, sin más, la literalidad de las palabras con que se expresa la referida disposición adicional única, por las siguientes razones:

a) Porque la expresión «falta de resolución» (usada por la mentada disposición adicional) tiene un significado poco concluyente. Si la eficacia de una resolución sancionadora está supeditada a su notificación, el deber de resolver no queda plenamente satisfecho hasta que se practique tal notificación. Por tanto, bien puede entenderse que la norma alude a la resolución no sólo dictada sino también notificada.

b) Porque es más correcto atender a aquella interpretación que no disminuya las garantías propias de un procedimiento sancionador, evitando la eventual ten-

132. Ponente: Excmo. Sr. Menéndez Pérez. Recurso 243/2008 (RJ 2010\1557). Recuerda el Tribunal Supremo que, tras aquella sentencia, el criterio sobre el día final se reiteró, entre otras, en las sentencias de 24 de octubre de 2007 (recurso de casación para la unificación de doctrina núm. 174/2006) y 25 de marzo de 2009 (recurso de casación en interés de la ley núm. 7/2008).

tación de eludir las consecuencias de la falta de resolución en plazo mediante el procedimiento de señalar a la resolución extemporánea una fecha anterior a aquella en que realmente se adoptó.

Pese a la indubitada contundencia con que se expresó el Tribunal Supremo, la Abogacía del Estado volvió a insistir machaconamente en el tema y le obligó una vez más a pronunciarse en la sentencia de 7 de febrero de 2014[133]; esta vez en términos que denotan ya un cierto hastío: «al socaire del presente recurso de casación en interés de la ley lo que se pretende no es que esta Sala fije la doctrina legal solicitada ante una doctrina errónea y gravemente dañosa para el interés general sentada por la sentencia impugnada. No. Lo que se pretende es que esta Sala declare errónea su propia doctrina legal, con motivo de la impugnación de una sentencia que precisamente hace correcta aplicación de la misma» (fj 3). Y, más adelante, recuerda el Alto Tribunal que ha estimado «la concurrencia de error judicial respecto de sentencias que han seguido, precisamente, la doctrina que ahora postula el abogado del Estado» (fj 4).

c) La redacción vigente del artículo 20.3 del Real Decreto 928/1998

La vigente redacción del artículo 20.3 del RD 928/1998 se debe al Real Decreto 772/2011 que —según reza en su preámbulo— ha pretendido incorporar «el contenido de lo previsto en la disposición adicional única del Real Decreto 1125/2001, de 19 de octubre, respecto del plazo máximo para resolver los expedientes». Su tenor literal es el siguiente:

> 3. El plazo máximo para resolver los expedientes sancionadores por infracciones de orden social será de seis meses, que serán computados desde la fecha del acta hasta la fecha en que se dicte la resolución, produciéndose en caso de superación de dicho plazo la caducidad del expediente.

Ahora, con más claridad si cabe, y apartándose de la reiterada doctrina del Tribunal Supremo, el legislador señala

133. Ponente: Excma. Sra. Teso Gamella. Recurso 4607/2012.

que el plazo de caducidad se computa «hasta la fecha en que se dicte la resolución». No obstante, no parece previsible que cambie la doctrina del Alto Tribunal, habida cuenta de que ya analizó la disposición adicional única que, según el legislador, justifica la modificación del precepto.

2. INTENTO DE NOTIFICACIÓN DE LA RESOLUCIÓN SANCIONADORA

Una vez sentado que el día final en el cómputo de la caducidad es el momento en que se notifique la resolución sancionadora, surge en ocasiones un problema: evitar que las actuaciones fraudulentas o negligentes del interesado, ya sea ocultando su verdadera dirección, ya sea cambiando de domicilio sin comunicarlo a la Administración o mediante cualquier otra treta, puedan servir de coartada para eludir la notificación personal de la sanción, dilatar el procedimiento y lograr así la caducidad del mismo.

Es razonable poner freno a estas maniobras y excepcionar estos supuestos de la necesaria notificación personal al interesado para evitar la caducidad. La STS (Sala 3.ª, sección 4.ª) de 12 de abril de 2000[134] lo dice bien claro: el plazo de caducidad termina en la fecha en que la resolución haya sido notificada al interesado, «a excepción del especialísimo supuesto de que fuese apreciable una actitud injustificada claramente obstativa por parte del administrado en el recibo de la notificación».

Por lo demás, no es necesario llegar a justificar esa intención obstativa. Basta con que la actuación morosa o poco diligente no sea imputable a la Administración, para que el intento de notificación personal realizado sin éxito sea suficiente al efecto de fijar el *dies ad quem* en la caducidad; bien entendido que la Administración debe, en cualquier caso, utilizar los medios que tiene a su alcance —y son muchos— para identificar el domicilio actual del interesado y proceder a la notificación personal de la resolución. Recuérdese que la notificación es instrumental del

134. Ponente: Excmo. Sr. Soto Vázquez. Recurso 241/1998 (RJ 2000\4442).

derecho de defensa y de ahí que la ficticia comunicación por edictos sea residual, a la que solo puede acudirse en último término, una vez agotadas las demás posibilidades de comunicación real[135].

Así pues, a los efectos de estimar concluso el procedimiento dentro de plazo, y evitar por tanto la caducidad del mismo, bastará el intento de notificación de la resolución por cualquier medio legalmente admisible (art. 40.4 de la LPAC y, anteriormente, el art. 58.4 de la LRJPAC)[136]. La doctrina legal al respecto la estableció la STS (Sala 3.ª, sección 3.ª) de 17 de noviembre de 2003[137]:

> El inciso *intento de notificación debidamente acreditado* que emplea el artículo 58.4 de la Ley 30/1992, de 26 de noviembre, de Régimen Jurídico de las Administraciones Públicas y del Procedimiento Administrativo Común [hoy art. 40.4 de la Ley 39/2015], se refiere al intento de notificación personal por cualquier procedimiento que cumpla con las exigencias legales contempladas en el artículo 59.1 de la Ley 30/1992 [hoy 41 de la Ley 39/2015], pero que resulte infructuoso por cualquier circunstancia y que quede debidamente acreditado. De esta manera, bastará para entender concluso un procedimiento administrativo dentro del plazo máximo que la ley le asigne, en aplicación del referido artículo 58.4 de la Ley 30/1992, el intento de notificación por cualquier medio legalmente admisible según los términos del artículo 59 de la Ley 30/1992, y que se practique con todas las garantías legales, aunque resulte frustrado finalmente, y siempre que quede debida constancia del mismo en el expediente.

---

135. Más ampliamente, sobre los presupuestos y requisitos que se exigen a las notificaciones edictales para su validez y eficacia, véase L. Alfredo de Diego Díez, *Garantías en la práctica de las notificaciones administrativas*, Bosch, Barcelona, 2008, págs. 181-207.

136. También lo establece así expresamente la legislación sectorial en materia tributaria. El artículo 104.2 de la Ley 58/2003, de 17 diciembre (Ley General Tributaria) dispone que «a los solos efectos de entender cumplida la obligación de notificar dentro del plazo máximo de duración de los procedimientos, será suficiente acreditar que se ha realizado un intento de notificación que contenga el texto íntegro de la resolución».

137. Ponente: Excmo. Sr. Espín Templado. Recurso 128/2002 (RJ 2004\597). Ulteriores sentencias del mismo Alto Tribunal fueron reflejo de esta doctrina como, por ejemplo, las de 7 de octubre de 2011 (rec. 40/2010) (RJ 2011\7584) y 28 de junio de 2013 (rec. 601/2011) (RJ 2013\6021).

A) El cartero llama dos veces: ¿uno o dos intentos de notificación personal?

El artículo 40.4 de la LPAC —que mantiene idéntica redacción que el art. 58.4 de la Ley 30/1992— no aclara cómo debe entenderse la expresión «intento de notificación debidamente acreditado»[138]. En concreto, y con referencia a las notificaciones personales (art. 42.2 de la LPAC), no esclarece si se cumple con el primer intento o es necesario que se practique también el segundo dentro del plazo de caducidad. El precepto dice así:

> Cuando la notificación se practique en el domicilio del interesado, de no hallarse presente éste en el momento de entregarse la notificación, podrá hacerse cargo de la misma cualquier persona mayor de catorce años que se encuentre en el domicilio y haga constar su identidad. Si nadie se hiciera cargo de la notificación, se hará constar esta circunstancia en el expediente, junto con el día y la hora en que se intentó la notificación, intento que se repetirá por una sola vez y en una hora distinta dentro de los tres días siguientes. En caso de que el primer intento de notificación se haya realizado antes de las quince horas, el segundo intento deberá realizarse después de las quince horas y viceversa, dejando en todo caso al menos un margen de diferencia de tres horas entre ambos intentos de notificación.

Parece adecuado exigir que se haya realizado el segundo intento dentro de los tres días siguientes al primero y en hora distinta (con arreglo a lo previsto en el art. 42.2 de la LPAC), para entender cumplida la obligación de notificar dentro del plazo de caducidad[139]. Razones no faltan.

---

138. El precepto en cuestión señala lo siguiente: «Sin perjuicio de lo establecido en el apartado anterior, y a los solos efectos de entender cumplida la obligación de notificar dentro del plazo máximo de duración de los procedimientos, será suficiente la notificación que contenga, cuando menos, el texto íntegro de la resolución, así como el intento de notificación debidamente acreditado».

139. En este sentido, a José Antonio TARDÍO PATO le parece «totalmente razonable» la exigencia de que, para considerar cumplido el «intento de notificación», también se haya hecho, dentro del plazo máximo de duración del procedimiento, el segundo intento de notificación infructuosa o su rechazo por el destinatario o su representante. Véase, del citado autor, el trabajo «Consideraciones sobre la caducidad del procedimiento administrativo», en *Revista de Estudios de la Administración Local y Autonómica*, núms. 298-299, 2005, pág. 45.

En efecto, el artículo 40.4 de la LPAC no puede interpretarse aisladamente, sino en consonancia con los requisitos de validez de las notificaciones contemplados legal y reglamentariamente; en concreto, con el doble intento de notificación previsto en el artículo 42.2 de la misma LPAC (antes art. 59.2 de la LRJPAC) y con las exigencias específicas del Reglamento de Correos (Real Decreto 1829/1999, de 3 de diciembre). Se trata de un «combo», de un lote o paquete normativo indivisible: la validez de la notificación personal depende de que, si falla la primera notificación en el domicilio, el segundo intento se realice en unas determinadas condiciones temporales (dentro de los tres días siguientes y en hora distinta). Los dos momentos forman parte de lo que se denomina por el artículo 40.4 de la LPAC «el intento de notificación debidamente acreditado».

Así se desprende, además, de los razonamientos de la STS (Sala 3.ª, sección 3.ª) de 17 de noviembre de 2003[140]:

1. Para que el intento de notificación produzca los efectos de entender cumplida la obligación de notificar dentro del plazo máximo de duración de los procedimientos «ha de haberse practicado con respeto de todas las previsiones legales y reglamentarias» (fj 5.2, párrafo VI, penúltimo inciso).

2. Dentro de las previsiones legales y reglamentarias para las notificaciones personales se encuentran no solo las del artículo 42.2 de la LPAC (antes art. 59.1 de la LRJPAC) sino las específicas del Reglamento de Correos (Real Decreto 1829/1999, de 3 de diciembre) (fj 5.2, párrafo VI, último inciso).

3. Las normas que acaban de citarse exigen, en lo relativo a las notificaciones personales, un doble intento de notificación. Por eso, el Tribunal Supremo identifica el «doble intento infructuoso de entrega o rechazo de la misma por el destinatario o su representante» con la culminación del «intento de notificación» (fj 6, párrafo IV).

140. Ponente: Excmo. Sr. Espín Templado. Recurso 128/2002 (RJ 2004\597).

4. Además, cuando el Tribunal Supremo se refiere al intento de notificación apto para no incurrir en caducidad, añade: «intento tras el cual habrá de procederse en la forma prevista en el apartado 4 del artículo 59 de la citada Ley [30/1992]» (hoy art. 44 de la LPAC). Es decir, el Alto Tribunal está considerando el doble intento de notificación, pues solo entonces procedería acudir a la notificación edictal del artículo 59.4 de la derogada Ley 30/1992 (hoy art. 44 de la LPAC) (fj 6, párrafo III).

Siguiendo esta misma tesis, la Audiencia Nacional (sección 1.ª), en su sentencia de 27 de diciembre de 2011[141], advierte que el segundo intento de notificación debe llevarse a cabo antes de que finalice el plazo máximo de duración del procedimiento. De lo contrario, se producirá la caducidad. Insiste el tribunal en que el «intento de notificación» (art. 58.4 de la Ley 30/1992 y hoy art. 40.4 de la LPAC), a los efectos de entender cumplida la obligación de notificar dentro del plazo máximo de duración de los procedimientos, «no puede interpretarse aisladamente sino en consonancia con los requisitos de validez de las notificaciones». En el caso enjuiciado, el primer intento se realizó dentro del plazo, antes de que se produjese la caducidad, pero el segundo —que, además, tuvo éxito y no se quedó en un mero intento, sino que fructificó en una notificación personal— se llevó a cabo transcurrido el plazo fatal de caducidad.

Y, sin ánimo exhaustivo, el Tribunal Superior de Justicia de Castilla-La Mancha, en la sentencia núm. 499/2014, de 1 de septiembre[142], sostiene que «el intento de notificación» a que nos venimos refiriendo equivale al «intento completo», esto es, al «intento doble» en día y hora distinto (tal y como exigía el art. 59.2.II, *in fine* de la Ley 30/1992 y hoy el art. 42.2 de la LPAC). Esta sentencia cuenta con un voto particular[143]. Los magistrados discrepantes afirman que «si hay un intento

141. Ponente: Ilma. Sra. Buisán García. Recurso 19/2011 (RJCA 2012\30).

142. Ponente: Ilmo. Sr. Pérez Yuste. Recurso 664/2010 (JUR 2014\246458).

143. Ilmos. Sres. Lozano Ibáñez y Estévez Goytre.

de notificación (aun no doble) dentro del plazo de duración del procedimiento, y otro (eficaz) fuera, nos hallamos propiamente en el caso que el legislador quiso regular en el artículo 58.4 de la Ley 30/1992» (hoy art. 40.4 de la LPAC). Argumentan que ello es así «por la sencilla razón de que "un intento", que es lo que exige el artículo 58.4, es, justamente, "un intento", y no "dos intentos", que es lo que deriva de la interpretación que la mayoría acoge».

Frente al voto particular me permito señalar que la ley no exigía entonces ni exige ahora «un» intento, sino «el» intento de notificación debidamente acreditado. Y, mientras «un intento» denota «uno» y no «dos», «el intento» del artículo 40.4 de la LPAC —aun en singular— requiere una pluralidad de actuaciones para que sea eficaz si el primero falla; concretamente, exige acudir de nuevo al domicilio del interesado para ver si es posible lograr su notificación personal en una segunda ocasión. Este es el significado amplio que la STS (Sala 3.ª, sección 5.ª) de 7 de octubre de 2011[144] ha dado a los términos «el intento de notificación», cuando sostiene que su ejecución se verifica «mediante los dos primeros intentos indicados» o «practicados y acreditados los dos primeros intentos de entrega»; o, también, cuando dice que el intento de notificación «ha quedado acreditado» «mediante los dos intentos infructuosos de entrega que exige la reglamentación aplicable».

B) El día final en el «intento de notificación»

La STS (Sala 3.ª, sección 3.ª) de 17 de noviembre de 2003[145] también indicó cuál era «el momento en que podía considerarse cumplido el intento de notificación» en lo tocante a la caducidad del procedimiento:

> *Quinto.* [...] 2. [...] para fijar el *dies ad quem* en el cómputo del plazo de duración del procedimiento, es preciso determinar también el momento en que puede considerase cumplido el intento de notificación. Ello dependerá del procedimiento de notificación empleado y, en el supuesto de un intento de notificación por correo certificado, dicho

144. Ponente: Excmo. Sr. Rodríguez-Zapata Pérez. Recurso 40/2010 (RJ 2011\7584).

145. Ponente: Excmo. Sr. Espín Templado. Recurso 128/2002 (RJ 2004\597).

momento será sin duda el de la recepción por la Administración actuante de la devolución del envío por parte de Correos, ya que sólo a partir de ese momento quedará debidamente acreditado ante la Administración que se ha llevado a cabo el infructuoso intento de notificación.

Y, como doctrina legal al respecto, fijó la siguiente:

> En relación con la práctica de la notificación por medio de correo certificado con acuse de recibo, el intento de notificación queda culminado, a los efectos del artículo 58.4 de la Ley 30/1992, en el momento en que la Administración reciba la devolución del envío, por no haberse logrado practicar la notificación, siempre que quede constancia de ello en el expediente.

Según esta doctrina, si la notificación se practicaba por correo certificado con aviso de recibo, no era suficiente que el segundo intento de notificación infructuosa, o el rechazo de la misma por el destinatario o su representante, se llevase a cabo dentro del plazo máximo para resolver y notificar, sino que también tenía que haber recibido la Administración actuante, dentro de ese mismo plazo, la devolución del envío por parte de la oficina de correos. Dejaba así el Tribunal Supremo la determinación del último día de la caducidad al albur de cuándo se devolviese a la Administración el acuse de recibo; es decir, a expensas de la mayor o menor dilación del servicio de correos.

Esta última exigencia era desmesurada[146], toda vez que de esa posible demora no podía responsabilizarse a la Administración actuante. Pues bien, el Tribunal Supremo reconoció su error y rectificó esta doctrina en la STS (Sala 3.ª, Pleno) de 3 de diciembre de 2013[147]:

> En relación con la práctica de la notificación por medio de correo certificado con acuse de recibo, «el intento de notificación queda culminado, a los efectos del artículo 58.4 de la Ley 30/1992 [hoy 40.4 de la Ley 39/2015], en la fecha en que se llevó a cabo».

146. Así lo entendió José Antonio Tardío Pato, «Consideraciones sobre la caducidad...», art. cit., págs. 45-46, quien defendió que la fecha de devolución del envío no debe ser determinante a efectos de computar el final del plazo de caducidad.

147. Ponente: Excmo. Sr. Menéndez Pérez. Recurso 557/2011 (RJ 2013\8432).

Considera esta última sentencia que la acreditación del intento de notificación «no forma parte del plazo que ha de computarse al efecto [de entender cumplida la obligación de notificar dentro del plazo máximo de duración del procedimiento] sino que es solo una exigencia de constatación; de suerte que el período de tiempo que transcurre entre la fecha del intento y la posterior en que se hace constar en el expediente su frustración, no prolonga aquel plazo».

Con la nueva doctrina, el Alto Tribunal pone las cosas en su sitio. La notificación se considera «intentada» en la fecha en que el cartero acuda por segunda vez al domicilio del interesado; ya no hay que esperar a que envíe la documentación a la Administración y a que esta la reciba. Como bien advierte CHAVES[148]: «El Tribunal Supremo es congruente con no confundir la actividad desplegada por la Administración para "intentar" la notificación a través del cartero como brazo ejecutivo, con las vicisitudes materiales y temporales de la documentación en su retorno a la Administración, que, por extraños duendes, a veces llegaba con semanas o incluso meses de distancia respecto de la fecha en que el cartero llamó por segunda vez a la puerta».

3. LA CADUCIDAD NO OPERA EN VÍA DE RECURSO

Durante el tiempo transcurrido entre la interposición del recurso contra la sanción y su resolución «no opera la caducidad, sino —en palabras de la STS (Sala 3.ª, sección 3.ª) de 19 de julio de 1999— lo establecido para las resoluciones tardías»[149]; es decir, se podrá entender desestimado el recurso (art. 122.2 de la LPAC), permitiendo a los interesados acudir a la vía jurisdiccional. Basta la lectura del artículo 25 de la LPAC para darse cuenta de que se trata de una institución que actúa exclusivamente hasta la resolución del expediente en la primera instancia administrativa.

148. José Ramón CHAVES GARCÍA, «Doctrina legal: la caducidad se trunca el día del intento de notificación postal», *post* de 16 de enero de 2014, en el blog *delaJusticia.com.*

149. Ponente: Excmo. Sr. González. Recurso 703/1996 (RJ 1999\6193).

El tiempo transcurrido durante la tramitación de los recursos administrativos (alzada o reposición), no es computable a estos efectos[150]. En consecuencia, no puede entrarse siquiera a considerar la caducidad del procedimiento cuando, habiéndose resuelto en plazo, se interpone recurso ordinario[151]. En tal caso, no puede decirse que la Administración haya actuado extemporáneamente su potestad sancionadora: lo ha hecho en plazo, aunque aún no sea firme por la interposición del recurso. CHAVES GARCÍA, maestro en el dominio de exponer con gracejo y sencillez las cuestiones jurídicas más enrevesadas, advierte al respecto[152]:

> [...] Por ello, el ciudadano tiene que tragar con el abuso de la Administración, que una vez que dicta la resolución sancionadora y pese a tener encima de la mesa el recurso de reposición o alzada formulado por el sancionado, «se duerme en los laureles» y puede ignorarlo durante años e incluso no responderlo, sin que ello provoque caducidad alguna. Y por eso algún buen día, el confiado ciudadano recurrente puede encontrarse con la sorpresa de una resolución desestimatoria de su recurso varios años después y consiguiente apremio o embargo de sus cuentas para cobrar la sanción.

En fin, caducidad procedimental y silencio en vía de recurso son cosas bien distintas con efectos también distintos. La STS (Sala 3.ª, sección 4.ª) de 17 de septiembre de 2003[153], lo expone así:

> *Tercero.* [...] no cabe confundir el instituto de la caducidad del procedimiento en el que no se ha dictado resolución en el plazo normativamente fijado con el instituto del silencio administrativo y sus efectos en relación con los recursos entablados frente a una resolución ya acordada en el procedimiento. En este último caso el efecto

150. STS (Sala 3.ª, sección 4.ª) de 7 de junio de 2005. Ponente: Excmo. Sr. Herrero Pina (RJ 2005\6712).

151. STSJ de la Comunidad Valenciana (sección 3.ª) de 18 de julio de 2002. Ponente: Ilma. Sra. Vidal Mas (rec. 2576/1998) (RJCA 2003\404).

152. José Ramón CHAVES GARCÍA, en «La caducidad del procedimiento sancionador: hablando claro y con apoyo en la jurisprudencia reciente», en el blog *delaJusticia.com, post* de 13 de agosto de 2009.

153. Ponente: Excmo. Sr. Soto Vázquez (RJ 2003\6356).

previsto no es otro que el de poder entender desestimado el recurso y expedita la vía para acudir al proceso contencioso con el fin de impugnar la resolución administrativa que se entiende confirmada, sin otra excepción que lo dispuesto en el artículo 43.2, segundo párrafo (artículo 115 de la Ley 30/1992).

CAPÍTULO V

SUSPENSIÓN DEL PLAZO

1. EL INCORRECTO USO DEL TÉRMINO «INTERRUPCIÓN»

Suele ser frecuente confundir en el uso forense los términos *interrupción* y *suspensión*, aunque gramaticalmente significan cosas distintas y en rigor técnico sus efectos jurídicos son muy diferentes. Interrumpir quiere decir «cortar la continuidad de algo en el lugar o en el tiempo», mientras que suspender significa «detener o diferir por algún tiempo una acción u obra». No es lo mismo, por tanto, interrumpir un plazo que suspenderlo. La *interrupción* anula el tiempo transcurrido (corta su continuidad), cuyo cómputo habrá de iniciarse de nuevo: el plazo renace en toda su extensión. En cambio, la *suspensión* tan solo detiene el cómputo del plazo, introduce un paréntesis en el tiempo, que prosigue una vez desaparecida o levantada la causa de suspensión: el transcurso del plazo se reanuda en lo que resta para su finalización.

En materia de caducidad, a diferencia de lo que acontece con la prescripción, no cabe interrupción del plazo, sino suspensión del mismo tal y como certeramente se rubrica el artículo 22 de la LPAC; esto es, el cómputo puede detenerse por causas legales, pero luego continúa desde el momento hasta que había llegado[154].

---

154. Francisco García Gómez de Mercado, *Sanciones administrativas. Garantías, derechos y recursos del presunto responsable*, 2.ª ed., Comares, Granada, 2004, pág. 233.

• Tribunal Superior de Justicia de Navarra
Sentencia núm. 984/2003, de 25 de septiembre[155]:

Segundo. [...] el precepto legal se refiere a la suspensión —y no a la interrupción— del plazo para resolver; plazo que, por ser de caducidad, no es susceptible de interrupción, pero sí de suspensión, en los casos o por las causas que establezca la Ley, en el sentido de que el plazo no se reinicia, sino que se reanuda al desaparecer la causa que determinó su suspensión.

La LPAC utiliza correctamente el término «suspensión» cuando el artículo 80.3 dispone que la no emisión de informes preceptivos para la resolución del procedimiento «podrá suspender» el transcurso del plazo máximo legal para resolver el procedimiento. Pero lo usa incorrectamente cuando el artículo 25.2 (antes el 44.2.II de la LRJPAC) determina que la paralización del procedimiento por causas imputables al interesado «interrumpirá el cómputo del plazo para resolver y notificar la resolución»[156].

Pues bien, en todo lo relativo a la caducidad hay que entender que no se trata de verdadera «interrupción» sino de «suspensión» del plazo, de manera que este prosigue su cómputo una vez que el interesado cumpla con el trámite necesario.

155. Ponente: Ilmo. Sr. Fernández Urzainqui. Recurso 432/2002 (RJCA 2004\175).

156. Sobre el desacierto de la redacción de este inciso (en el artículo 44.2.II de la LRJPAC) puede verse Rafael Caballero Sánchez, *Prescripción y caducidad en el ordenamiento administrativo*, McGraw-Hill, Madrid, 1999, págs. 236-237. En el mismo error incidía el artículo 20.6 del derogado RD 1398/1993, al referirse a las posibles «interrupciones» del cómputo de la caducidad por causas imputables a los interesados o por la suspensión del procedimiento sancionador cuando se esté tramitando otro, por los mismos hechos, ante los órganos comunitarios europeos o ante la jurisdicción penal (arts. 5 y 7 del RD 1398/1993). Y, sin ánimo exhaustivo, utiliza incorrectamente los términos «interrupción de la caducidad» el artículo 16, último párrafo, del RD 320/1994 (Reglamento de procedimiento sancionador en materia de tráfico, circulación de vehículos a motor y seguridad vial).

2. LAS CAUSAS LEGALES DE SUSPENSIÓN

A) Taxatividad

Vaya por delante que la posibilidad de suspender el plazo de caducidad es excepcional[157]. Solo aquellas causas que tengan encaje legal en alguno de los motivos previstos por el legislador pueden dar lugar a la suspensión de la caducidad. Podría decirse que, en esta materia, rige el principio de «taxatividad» en cuanto las causas de suspensión están tasadas en la ley y su interpretación debe ser muy restrictiva, pues está en juego la seguridad jurídica, sobre todo en los procedimientos iniciados de oficio[158].

Precisamente por ello, el TSJ de Madrid (sección 3.ª), en su sentencia núm. 395/2006, de 26 de abril[159], rechazó que el procedimiento sancionador pudiera entenderse suspendido desde que la Administración anuló de oficio su propia resolución sancionadora por falta de competencia orgánica administrativa hasta que se dictó nueva resolución por el órgano competente. Señala el tribunal madrileño:

> *Segundo.* [...] Es de advertir que tal excesiva demora resolutoria no cabe imputarla a ninguna actuación impeditiva de la parte sancionada, sino exclusivamente a la propia Administración, que como se ha expuesto dictó una resolución sancionadora afectada de nulidad por incompetencia orgánica pero cuya anulación y consiguiente sustitución por otra dimanante de órgano competente no podía provocar una interrupción, no prevista normativamente por tal motivo, respecto del plazo de caducidad.

Por la misma razón la SAN (sección 5.ª) de 20 de mayo de 2004[160] declaró la caducidad de un procedimiento disci-

---

157. La STS (Sala 3.ª, sección 3.ª) de 19 de febrero de 2016 (rec. 3371/2013) (RJ 2016\4123) lo afirma categóricamente: «debe considerarse excepcional la facultad de la Administración de diferir el plazo máximo legalmente previsto para resolver un procedimiento».

158. Véase Josefa CANTERO MARTÍNEZ, «Obligación de resolver y silencio administrativo», en *El procedimiento administrativo común*, tomo II, varios autores, José Garberí Llobregat (coord.), Tirant lo Blanch, Valencia, 2007, pág. 1532-1533.

159. Ponente: Ilmo. Sr. Lescure Ceñal (rec. 1008/2005) (RJCA 2006\428).

160. Ponente: Ilma. Sra. Acín Aguado. Recurso 515/2003 (JUR 2004\183853).

plinario, dado que la suspensión acordada por la Administración durante todo el tiempo que el funcionario expedientado estuvo en situación de excedencia voluntaria no estaba tipificada en la ley como motivo de suspensión.

Siguiendo esta misma línea, la STSJ de la Comunidad Valenciana (sección 3.ª) núm. 92/2001, de 31 de enero[161], ha indicado que la nulidad de actuaciones y retroacción del procedimiento sancionador no suspende el plazo de caducidad. La nulidad de pleno derecho ni puede ser convalidada ni produce efecto alguno. «Esta interpretación —afirma el tribunal valenciano— es conforme con el principio de seguridad jurídica que la caducidad trata de salvaguardar, impidiendo que los plazos dentro de los cuales debe tramitarse el procedimiento sancionador sean indeterminados».

B) Los dos regímenes de suspensión

La derogada Ley 30/1992 (LRJPAC) recogía en el artículo 42.5 una serie de causas que permitían discrecionalmente a la Administración suspender el «plazo máximo legal para resolver un procedimiento y notificar la resolución» («se podrá suspender», decía aquella norma). El legislador de 2015 no solo ha aumentado las causales de suspensión en el artículo 22 de la LPAC[162], sino que ha establecido dos regímenes diferentes en su tratamiento: uno facultativo, en el que *«se podrá suspender»* el plazo de resolución mediante un acuerdo ex profeso (numeral 1); y otro preceptivo, en el que necesariamente *«se suspenderá»* el plazo por mandato legal (numeral 2). Suspensión facultativa *(ex voluntate)* y suspensión por efecto de la ley *(ex lege)*, respectivamente.

161. Ponente: Ilmo. Sr. Narbón Laínez. Recurso 123/1997 (JUR 2001\160274).

162. No todas las causas de suspensión están tipificadas en el artículo 22 de la LPCA. En su artículo 25.2 recoge un supuesto específico de suspensión (que erróneamente denomina de «interrupción»), exclusivo para los procedimientos iniciados de oficio: «En los supuestos en los que el procedimiento se hubiera paralizado por causa imputable al interesado, se interrumpirá el cómputo del plazo para resolver y notificar la resolución».

a) Suspensión facultativa

Son siete los casos recogidos en el numeral 1 del artículo 22 de la LPAC en los que «se podrá suspender» el transcurso del plazo máximo para resolver un procedimiento y notificar su resolución. Cinco de ellos ya se encontraban establecidos en el artículo 42.5 de la derogada LRJPAC, a los que el legislador de 2015 ha añadido dos nuevos supuestos que podríamos entender como casos de «prejudicialidad»:

- ✓ La existencia de un procedimiento comunitario en tramitación cuyo resultado condicione directamente la resolución administrativa.
- ✓ La obtención de algún pronunciamiento judicial previo, indispensable para resolver el procedimiento.

La suspensión es aquí claramente facultativa, puesto que los términos de la ley autorizan a la Administración para que «pueda» suspender el plazo, pero no le ordenan suspenderlo.

De la lectura de los supuestos enumerados en el artículo 22.1 de la LPAC se deriva que la suspensión requiere inevitablemente un acuerdo expreso y motivado en tal sentido[163] [art. 35.1.*i)* de la LPAC]; esto es, se necesita que la Administración manifieste expresamente su voluntad de suspender *(ex voluntate)* mediante un acuerdo *ad hoc*. De lo contrario, el curso del procedimiento continuará sin incidencias sobre el plazo máximo para su resolución y notificación; en lo que aquí interesa, el plazo de caducidad seguirá su curso.

Ahora bien, una cosa es que en todos estos casos la suspensión exija un previo acuerdo a tal propósito y otra diferente que la Administración pueda libremente prescindir, sin mayores consecuencias, de las actuaciones relacionadas en el artículo 22.1 de la LPAC. Un buen ejemplo de ello son los literales *b)*, *c)* y *g)* de dicho precepto, relativos a cuestiones prejudiciales. De ellos nos ocuparemos más adelante.

Por el momento, baste llamar la atención de que, si un pronunciamiento previo (de un órgano de la UE o de un órgano

163. Del imprescindible acuerdo de suspensión en los casos del artículo 22.1 de la LPAC hablaremos más extensamente *infra*, en el apartado 5 del capítulo VI.

jurisdiccional) es preceptivo para resolver el procedimiento administrativo o lo condiciona directamente, la Administración no podrá prescindir de tal pronunciamiento. Necesariamente tendrá que esperar a que esos pronunciamientos previos se produzcan para dictar su propia resolución. Hasta entonces, se producirá inevitablemente una paralización del proceso, una suspensión siquiera sea *de facto*. Cuestión distinta es que, para que el plazo de caducidad quede en suspenso, será preciso que se dicte un concreto acuerdo a tal fin.

En suma, no basta con que concurra la causa de posible suspensión y la Administración, entre tanto, paralice de hecho la prosecución del procedimiento. Para que no corran los plazos de caducidad es necesario que la suspensión se acuerde expresa y formalmente en una resolución motivada, antes de cumplirse el plazo máximo previsto, y que se notifique a los interesados.

• Consejo de Estado (Memoria del año 2003)[164]:

> 2. Los supuestos de suspensión del plazo para resolver.
>
> [...] Para que pueda producirse la suspensión del procedimiento y tenerse en cuenta dicho plazo debe existir un acuerdo expreso de suspensión del procedimiento, sin que la mera petición de un informe o de un pronunciamiento previo de un órgano de las Comunidades Europeas o la declaración de inicio de negociaciones o la realización de las pruebas técnicas o análisis contradictorios o dirimentes implique automáticamente la referida suspensión.

• Tribunal Superior de Justicia de Andalucía (sede en Granada) Sentencia núm. 704/2015, de 6 de abril[165]:

> *Tercero.* [...] El plazo de los tres meses en el expediente administrativo han transcurrido, tal y como precisa y computa el juez *a quo*. Ante ello, la Administración recurrente pretende excepcionar el transcurso del referido plazo alegando que la petición del preceptivo informe del Consejo Consultivo de Andalucía determina la interrupción del plazo referido para resolver el expediente. Pero el trámite de petición y realización del dictamen por el Consejo Consultivo, no tiene

164. Aprobada por el Pleno en sesión celebrada el día 20 de mayo de 2004, págs. 141-142. Puede verse en http://www.consejo-estado.es/pdf/MEMORIA%202003.pdf.

165. Ponente: Ilma. Sra. Martín Morales. Recurso 511/2013 (JUR 2015\136867).

eficacia interruptiva, dado que para ello ha de acordarse la suspensión y comunicarse la misma a los interesados, como exige el artículo 42.5.*c)* de la Ley 30/1992 [hoy art. 22.1.*d)* de la LPAC], circunstancias que no han acontecido en el presente caso.

• Tribunal Superior de Justicia de Andalucía
(sede en Málaga, sección 2.ª)
Sentencia núm. 1516/2015, de 11 de junio[166]:

Segundo. [...] una vez que se acordó requerir a la parte hoy apelada a fin de que procediese a abonar la tasa, no se dictó resolución alguna por la que se acordase la suspensión del plazo para resolver, y teniendo en cuenta al respecto que dicha suspensión no es automática en el sentido de que no precise resolución alguna, yendo implícita en la resolución en que se acuerda el requerimiento, sino que ha de ser declarada expresamente, pues así se deduce de lo dispuesto en el artículo 42 número 5 cuando utiliza la expresión potestativa y no imperativa «se podrá», al establecer que «el transcurso del plazo máximo legal para resolver un procedimiento y notificar la resolución se podrá suspender en los siguientes casos [...]».

El criterio de esta última sentencia es discutible y no lo comparto. Estoy de acuerdo en que la suspensión del plazo para resolver no es automática. Pero en el caso enjuiciado por la sentencia transcrita no había procedimiento alguno que suspender porque aún no se había iniciado. En efecto, la suspensión del plazo para resolver opera en el curso de un procedimiento en trámite; no en un procedimiento que aún no ha sido admitido a trámite. Esto es tan obvio que no precisa mayor argumentación. Pues bien, el caso examinado por el tribunal malagueño trataba sobre el cumplimiento de un requisito previo a la admisión a trámite de la solicitud o, lo que es o mismo, previo a la iniciación del procedimiento: el pago de la tasa. El artículo 15.1.*b)* de la Ley 8/1989, de 13 de abril, de Tasas y Precios Públicos, es claro al respecto: la tasa se devenga, en estos casos, «cuando se presente la solicitud que inicie la actuación o el expediente, *que no se realizará o tramitará sin que se haya efectuado el pago correspondiente*».

166. Ponente: Ilmo. Sr. De la Torre Deza. Recurso 1166/2014 (JUR 2015\217811).

Por consiguiente, no bastaba la presentación de la solicitud para que se iniciase el procedimiento; tenía que liquidarse previamente la tasa como presupuesto ineludible para su admisión a trámite. Así pues, en el caso examinado por el tribunal malagueño no se había iniciado procedimiento alguno porque legalmente no podía hacerse hasta que se liquidase la tasa. No se había iniciado aún el cómputo del plazo máximo para resolver y notificar el procedimiento. Luego, estaba fuera de lugar exigir a la Administración que dictase un acuerdo específico para suspender un plazo que aún no se había iniciado. Una cosa son los supuestos de subsanación del artículo 22.1 de la LPAC, enmarcados dentro de un procedimiento iniciado y que requieren un acuerdo expreso para la suspensión; y otra cosa bien distinta es la subsanación de la solicitud inicial del artículo 68 de la LPAC, que opera antes de que el procedimiento se haya admitido a trámite.

b) Suspensión preceptiva

El numeral 2 del artículo 22 de la LPAC incorpora tres casos de suspensión preceptiva («se suspenderá», dice el precepto imperativamente). Es la ley la que obligatoriamente anuda la suspensión, como un efecto *ex lege*, a ciertas actuaciones. En mi opinión, la finalidad de los términos imperativos no es dirigir una orden a la Administración para que acuerde la suspensión del procedimiento, sino más bien determinar un efecto legal: que el plazo «quedará suspendido» automáticamente[167] a partir los momentos que el propio artículo 22.2 de la LPAC indica en cada caso.

No hay margen de maniobra para la Administración. La suspensión opera, en estos casos, *ope legis*. Si se da cualquiera de los presupuestos previstos en la norma (requerimiento de anulación, acuerdo sobre alguna actuación complementaria o planteamiento de recusación), inevitablemente —por

167. El mismo criterio defiende Eduardo Gamero Casado, *Manual básico de derecho administrativo* (con Severiano Fernández Ramos), 14.ª ed. Tecnos, Madrid, 2017, pág. 459.

imperativo legal— quedará suspendido el plazo para resolver y notificar, aunque no se llegue a dictar un expreso acuerdo de suspensión[168].

El planteamiento no es baladí. Tiene sus consecuencias. En efecto, pensemos que el interesado promueve la recusación del instructor [causal *c)* del artículo 22.2 de la LPAC]. En tal caso, el plazo máximo legal para resolver el procedimiento y notificar la resolución «se suspenderá» desde que «se plantee» la recusación hasta que «sea resuelta» por el superior jerárquico del recusado. Pero ¿qué sucedería si el incidente se tramitase sin que la Administración llegara a dictar un acuerdo expreso de suspensión? Según mi planteamiento, la suspensión se produciría por efecto de la ley, sin más; al margen de que no se hubiera acordado formalmente. Ahora bien, si exigiéramos como presupuesto necesario de la suspensión el acuerdo de la Administración en tal sentido, la conclusión sería otra: no se habría producido una suspensión que, sin embargo, la ley ordena categóricamente. Esta última solución me parece que casa mal con la naturaleza, el espíritu y la finalidad de las causas de suspensión *ope legis* del artículo 22.2 de la LPAC.

Lo mismo sucede en el supuesto particular del artículo 25.2 de la LPAC cuando la paralización de un procedimiento iniciado de oficio es imputable al interesado. Durante ese tiempo, el plazo de caducidad deja de correr, se suspende (aunque el precepto utilice incorrectamente el término «interrumpe»), sin necesidad de acuerdo administrativo alguno al respecto.

168. En contra Humberto GOSÁLBEZ PEQUEÑO, «El deber de resolver: términos y plazos», en *Tratado de procedimiento administrativo común y régimen jurídico básico del sector público*, Eduardo Gamero Casado (dir.), Tirant lo Blanch, Valencia, 2017, pág. 1181. Defiende este autor que, ante la concurrencia de cualquiera de los supuestos establecidos en al apartado 2 del artículo 22, «la Administración está obligada imperativamente *ex lege* a dictar un expreso acuerdo de suspensión en estos casos». No creo que la ley «obligue» a la Administración a dictar tal acuerdo. No es eso lo que, a mi juicio, quiere decir la ley, sino que el procedimiento quedará suspendido por imperativo legal, sin necesidad de otros requisitos accesorios, ante la concurrencia de alguno de los casos enumerados en el numeral 2 del artículo 22 de la LPAC.

C) Sucesivas suspensiones y cómputo del plazo de caducidad

A lo largo del procedimiento es posible que se den distintas causas de suspensión del plazo de caducidad. Nada impide que dentro del plazo global máximo de tramitación del procedimiento se acuerde una segunda suspensión, o sucesivas suspensiones; bien entendido que, cuando legalmente se fijan límites temporales propios para determinadas causas de suspensión –como sucede con la petición de informes preceptivos del artículo 22.1, literal *d)*, de la LPAC–, no es posible que «se vuelva a suspender de nuevo el plazo para resolver el procedimiento por la misma causa, esto es, por la solicitud del mismo dictamen» (STS de 18 de marzo de 2008)[169].

En los demás casos, hay que tener en cuenta que, cada vez que se acuerda legalmente una suspensión, el nuevo término final de la caducidad se aleja en el tiempo exactamente los mismos días naturales que dure la suspensión. Es decir, al plazo inicialmente establecido se le adicionan los días en que el procedimiento haya estado suspendido en legal forma. De manera que la segunda y sucesivas suspensiones pueden hacerse hasta el nuevo término final, esto es, dentro del que podríamos llamar «plazo ampliado».

Veamos un ejemplo:

Plazo de caducidad: 1 año	Día inicial: 11/09/2020	Día final: 10/09/2021
1.ª suspensión: Recusación	43 días	Nuevo día final: 23/10/2021
2.ª suspensión: Análisis contradictorios	26 días	Nuevo día final: 18/11/2021
3.ª suspensión: Informe preceptivo	15 días	Nuevo día final: 3/12/2021

169. Ponente: Excmo. Sr. Campos Sánchez-Bordona. Recurso 2699/2005 (RJ 2008\3726).

Conforme a lo expuesto, la segunda suspensión podría llevarse a cabo antes de que finalizase el nuevo término; es decir, hasta el 23/10/2021; y la tercera podría llevarse a cabo hasta el 18/11/2021.

- Tribunal Supremo (Sala 3.ª, sección 3.ª) Sentencia 1988/2016, de 26 de julio[170]:

Quinto. [...] La cuestión litigiosa se reduce a determinar los criterios jurídicos de cómputo y determinación del plazo final o de término *(dies ad quem)* del procedimiento sancionador cuando en el curso del mismo ha sobrevenido una —o varias— suspensión del trámite. Las partes discrepan en cuanto a la determinación de dicha fecha, y lo hacen a partir de una divergente interpretación de la doctrina expuesta en la sentencia de 15 de junio de 2015, tantas veces mencionada.

Sexto. Pues bien, [...] la sentencia de 15 de junio de 2015 no rechaza ni desautoriza la posibilidad de acordar una segunda suspensión, o sucesivas suspensiones, dentro del plazo global máximo de tramitación de 18 meses, incluido dentro de dicho plazo el sobrevenidamente resultante de una suspensión precedente. No lo rechaza ni lo desautoriza porque no es ese el objeto del pleito que resuelve, ni tal cuestión se ha suscitado en dicho pleito, ni es por tanto una cuestión litigiosa controvertida que corresponda resolver congruentemente como *ratio decidendi* de la sentencia.

Y eso es justamente lo que ha ocurrido en el concreto caso que se resolvió por la sentencia ahora combatida en el presente recurso de casación, pues a lo largo de la tramitación del expediente sancionador de autos se acordaron sucesivas suspensiones del plazo, por razones que no han sido cuestionadas en cuanto a su pertinencia. Lo que importa resaltar es que todas esas suspensiones se acordaron dentro del plazo de 18 meses, computado este con arreglo a las pautas que se acaban de expresar. Esto es, todas las sucesivas suspensiones se adoptaron, bien dentro del plazo primero de 18 meses medidos a partir de la fecha de incoación del procedimiento, bien dentro del plazo ampliado resultante de la adición, al término final de ese plazo primero, de los días en que el expediente permaneció suspendido en tiempo y forma.

Dicho esto, y siguiendo el razonamiento, el hecho de que se acordase alguna suspensión del plazo para resolver dentro del llamamos «plazo ampliado» no implicó que se sobrepasaran realmente los 18 meses que la ley fija como plazo de tramitación máximo.

170. Ponente: Excma. Sra. Perelló Doménech. Recurso 3811/2015 (RJ 2016\6017).

Desde esta perspectiva, si se aceptara la tesis de la sentencia de instancia (que, como sabemos, en síntesis consiste en que una vez alcanzado el *dies ad quem* originario, ya no cabe acordar nuevas suspensiones del procedimiento) el resultado sería que el plazo conferido a la Administración para ejercer sus potestades se vería injustificadamente recortado *de facto*; pues, en efecto, si habiéndose acordado dentro de los dieciocho meses inicialmente establecidos una medida de suspensión, se impone que no cabrá acordar nuevas y ulteriores suspensiones en el mismo expediente más que dentro de esos mismos dieciocho meses, y con el término inexorable del *dies ad quem* correlativo al de inicio del procedimiento (de forma que a partir de dicha fecha ya no quepa acordar más actos de impulso y tramitación que impliquen suspensión del procedimiento), eso significará en la práctica que el periodo de suspensión antes acordado dentro de esos 18 meses iniciales habrá operado realmente como una resta o disminución del tiempo útil conferido a la Administración para culminar el expediente.

D) Suspensión fraudulenta

La sanción del acto de suspensión fraudulento es el sometimiento del mismo al imperio de la ley defraudada, conforme dispone el artículo 6.4 del Código Civil:

> Los actos realizados al amparo del texto de una norma que persigan un resultado prohibido por el ordenamiento jurídico, o contrario a él, se considerarán ejecutados en fraude de ley y no impedirán la debida aplicación de la norma que se hubiere tratado de eludir.

Una suspensión ficticia, sin justificación, cuya finalidad sea burlar el plazo máximo, no puede ser eficaz. Bien podría decirse que se ha acordado en fraude de ley.

• Tribunal Supremo (Sala 3.ª, sección 3.ª)
Sentencia 1988/2016, de 26 de julio[171]:

> *Sexto.* [...] Cuestión distinta es que se acuerden suspensiones del trámite ficticias, sin razón real justificativa, como un mero ardid para eludir la caducidad de un procedimiento concreto. Si así ocurre, la suspensión así acordada (y el plazo suspensivo que de ella deriva) habrá de considerarse fraudulenta y por tanto no impedirá la aplicación de la norma que se ha tratado de eludir (*ex* art. 6.4 del CC), de forma que esa suspensión no podrá impedir la producción y declaración de la caducidad del expediente. Pero si así se aprecia, será por ese anotado carácter

171. Ponente: Excma. Sra. Perelló Doménech. Recurso 3811/2015 (RJ 2016\6017).

fraudulento, y no por haberse acordado después del *dies ad quem* originario y en el plazo añadido al inicial por mor de una suspensión previamente acordada, pues esta última forma de actuar no puede descalificarse apriorísticamente como necesariamente contraria a Derecho.

No sería difícil, en tales casos, entender que la Administración actuó con desviación de poder.

• Tribunal Supremo (Sala 3.ª, sección 7.ª)
Sentencia de 18 de junio de 2013[172]:

Séptimo. Para examinar la desviación de poder debe atenderse a la STS de 11 de mayo de 2012, recurso casación 4365/2008, con cita de otra anterior de 18 de marzo de 2011, recurso de casación 1643/2007), ya citada en la STS de 7 de junio de 2013, recurso ordinario 147/2011 entre las mismas partes sobre que «la desviación de poder existe no sólo cuando se acredita que la Administración persigue una finalidad privada o un propósito inconfesable, extraño a cualquier defensa de los intereses generales, sino también puede concurrir esta desviación teleológica cuando se persigue un interés público ajeno y, por tanto, distinto al que prevé el ordenamiento jurídico para el caso. Recordemos que el artículo 70.2 de la Ley Jurisdiccional exige, para que se aprecie la desviación de poder, que el ejercicio de la potestad sirva a "fines distintos de los fijados por el ordenamiento jurídico". Basta, por tanto, que el fin sea diferente, de modo que, aunque el ejercicio de la potestad administrativa se haya orientado a la defensa de los intereses generales, sin embargo, se opone a la finalidad concreta que exige el ordenamiento jurídico. Por lo demás, ningún obstáculo se deriva para la apreciación de la desviación de poder que estemos ante el ejercicio de potestades regladas o discrecionales, pues ese vicio puede concurrir tanto en unas como en otras».

3. INCIDENCIA DE LA RETROACCIÓN DEL PROCEDIMIENTO SOBRE EL PLAZO DE CADUCIDAD

No es inusual que en vía administrativa se acuerde la retroacción de actuaciones ante el reconocimiento explícito de la propia Administración de haber cometido una seria infracción procedimental; aunque más habitual es que tal retroacción se ordene en sede judicial. En cualquier caso, no es razonable que todo el tiempo transcurrido, desde que se produjo la infracción procedimental hasta que se ordenó la retroacción, no le pase factura a la Administración. Sería tanto como aceptar que, por sus propios errores, se prorrogue el

172. Ponente: Excma. Sra. Pico Lorenzo. Recurso 380/2012 (RJ 2013\6000).

plazo máximo que legalmente tiene para dictar y notificar la resolución; en otras palabras, sería tanto como premiar la torpeza y negligencia de la Administración permitiendo que pudiera beneficiarse, ampliando el plazo de caducidad, de las irregularidades que ella misma ha cometido. Asumir tal planteamiento sería contrario a la máxima *nemo auditur propriam turpitudinem allegans.*

Pues bien, esto es lo que se examina en la sentencia del Tribunal Supremo (Sala 3.ª, sección 5.ª) de 11 de septiembre de 2020[173]. La cuestión, en resumidas cuentas, es qué hacer con el tiempo empleado en tramitar y resolver el recurso administrativo (reposición o también alzada) que estima la nulidad de la resolución sancionadora con retroacción de actuaciones, a la hora de computar el plazo de caducidad. Dos son las opciones:

a) Computar todo el tiempo transcurrido desde la iniciación del expediente hasta la notificación correcta de la resolución, lo cual significa contar también el tiempo empleado durante la notificación defectuosa, la tramitación del recurso administrativo (de reposición o de alzada) y su resolución. Esta fue la opción tomada por el Tribunal Superior de Justicia de Galicia en la sentencia 227/2018, de 3 de mayo[174].

   Gráficamente podría expresarse así:

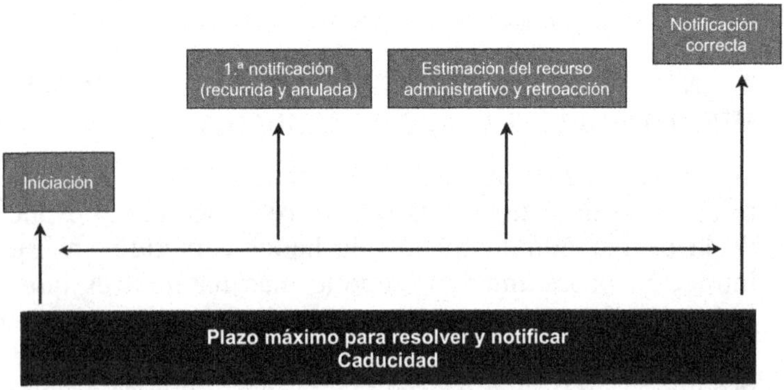

173. Ponente: Excmo. Sr. Borrego Borrego. Recurso 6378/2018 (ECLI:ES:TS:2020:2809).

174. Ponente: Ilmo. Sr. Díaz Casales. Recurso 4454/2016 (ECLI:ES:TSJGAL:2018:2794).

b) Restar, del plazo de caducidad, el tiempo empleado en tramitar y resolver el recurso administrativo (de reposición o de alzada) que acabó anulando la notificación inicial (como si de una suspensión del plazo se tratase). Tesis que favorece a la Administración, de manera que su error no tendría consecuencias en lo tocante al plazo de caducidad.

Gráficamente podría expresarse así:

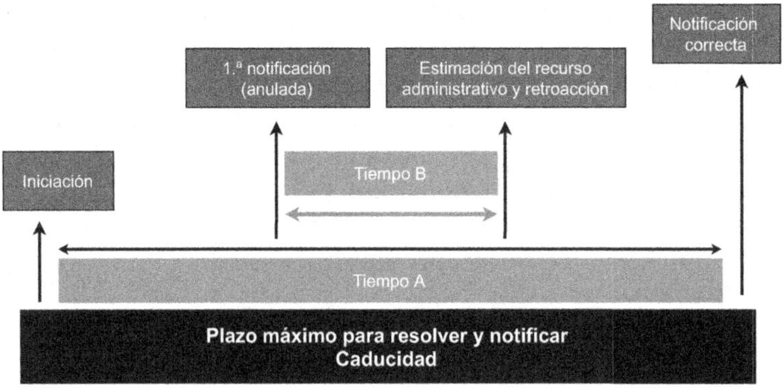

Esta última es la solución adoptada por el Tribunal Supremo en la sentencia indicada: del tiempo A del gráfico se restaría el tiempo B, a los efectos de determinar si hubo o no caducidad. Con ello, el Alto Tribunal «condona», sin coste alguno para la Administración en términos de caducidad procedimental, el tiempo transcurrido durante la irregularidad cometida. Concretamente, el Tribunal Supremo dijo lo siguiente:

> Octavo. [...] En un procedimiento administrativo, la retroacción de actuaciones acordada en la estimación de un recurso de reposición [y lo mismo podría decirse en caso de alzada], consecuencia de la existencia de un vicio formal, al momento de la notificación de la resolución administrativa recurrida, significa que, en la vuelta atrás en el tiempo que es la retroacción, la Administración debe culminar el procedimiento retrotraído y notificar al interesado correctamente la resolución, en el plazo que reste desde que se realizó la actuación procedimental causante de la indefensión del interesado.

La solución del Alto Tribunal resulta, a mi juicio, altamente insatisfactoria. Es verdad, como advierte la sentencia, que al ordenarse la retroacción de actuaciones «al momento (temporal) en que se produjo el vicio de forma», no hay en absoluto suspensión de ningún plazo, sino una vuelta atrás en el procedimiento. Retrotraer es «volver atrás en las actuaciones judiciales o administrativas para practicar una diligencia indebidamente omitida o incorrectamente realizada», «retroceder a un tiempo pasado para tomarlo como referencia» (*Diccionario de la Lengua Española* de la RAE). Pero no resulta convincente que esa «nueva referencia temporal», debida a una retroacción achacable exclusivamente a un descuidado proceder de la Administración, le salga totalmente gratis, de manera que el tiempo invertido en rectificar sus propios errores se descuente del plazo de caducidad. Esta sentencia protege injustificadamente los desaciertos de la Administración y va contra la doctrina del propio Tribunal Supremo y del Tribunal Constitucional, en el sentido de que la Administración no puede invocar a su favor ni obtener beneficio alguno de sus propias infracciones[175].

175. Véase José Ramón Chaves García, «La administración no puede obtener beneficio de su torpeza o errores», *post* de 1 de octubre de 2018, en el blog *delaJusticia.com.*

CAPÍTULO VI

CAUSALES PARA UNA SUSPENSIÓN FACULTATIVA

Se trata de aquellos supuestos, recogidos en el numeral 1 del artículo 22 de la LPAC, en los que la suspensión del procedimiento solo se produce previo acuerdo *ad hoc* de la Administración. Lo vamos a examinar seguidamente con detalle.

1. TRÁMITES PENDIENTES CUYA RESPONSABILIDAD ES IMPUTABLE AL INTERESADO

El artículo 22.1, literales *a)* y *e)*, de la LPAC contiene dos causas que justifican la suspensión del plazo resolutorio por retrasos imputables al interesado.

> 1. El transcurso del plazo máximo legal para resolver un procedimiento y notificar la resolución se podrá suspender en los siguientes casos:
>
> *a)* Cuando deba requerirse a cualquier interesado para la subsanación de deficiencias o la aportación de documentos y otros elementos de juicio necesarios, por el tiempo que medie entre la notificación del requerimiento y su efectivo cumplimiento por el destinatario, o, en su defecto, por el del plazo concedido, todo ello sin perjuicio de lo previsto en el artículo 68 de la presente ley.
>
> [...]
>
> *e)* Cuando deban realizarse pruebas técnicas o análisis contradictorios o dirimentes propuestos por los interesados, durante el tiempo necesario para la incorporación de los resultados al expediente.

A) Subsanación de defectos

El primero de los supuestos basa la suspensión en la subsanación de las deficiencias (defectos u omisiones) que presentan los documentos aportados por el interesado, y también en la falta misma de documentos o datos que el interesado debe aportar al procedimiento. Es lógico. De lo contrario se facilitaría, en los procedimientos iniciados de oficio, que el interesado pudiera valerse de estas estratagemas dilatorias para lograr la caducidad del procedimiento[176].

Por lo tanto, el tiempo perdido en la subsanación de estos defectos, cuya responsabilidad recae sobre el interesado, se podrá descontar del plazo máximo de resolución. Bien entendido que solo puede tratarse de aquellos documentos o información que el interesado esté obligado a facilitar conforme a lo dispuesto en la normativa aplicable (*cf.* el art. 28 de la LPAC).

Así, no se podrán suspender los tiempos relativos a requerimientos sobre aportación de «datos o documentos no exigidos por la normativa reguladora aplicable o que hayan sido aportados anteriormente por el interesado a *cualquier* Administración»; y solo «excepcionalmente, si las Administraciones públicas no pudieran recabar los citados documentos, podrán solicitar nuevamente al interesado su aportación» (art. 28.3.II de la LPAC). Es más, incluso tratándose de documentos cuya aportación fuera preceptiva por la normativa específica del procedimiento, «los interesados no estarán obligados a aportar documentos que hayan sido elaborados por *cualquier* Administración [...] siempre que el interesado haya expresado su consentimiento a que sean consultados o recabados dichos documentos» (art. 28.2 de la LPAC)[177].

---

176. Con todo, en los procedimientos sancionadores, está previsto expresamente que cualquier paralización por causa imputable al interesado suspenderá el cómputo del plazo de caducidad (art. 25.2 de la LPAC). Y la causal *a)* del artículo 22.1 de la LPAC encaja sin dificultad entre las conductas retardatorias del inculpado del artículo 25.2 citado.

177. Sobre la documentación de obligada aportación al procedimiento administrativo véase M.ª Ángeles González Bustos, «La actividad de información y documentación de la Administración pública», en *Instituciones de procedimiento administrativo común: novedades de*

El plazo de suspensión será el que medie entre la notificación del requerimiento de subsanación y su efectivo cumplimiento por el destinatario. En estos casos, no sería lógico establecer legalmente un plazo máximo de suspensión porque la demora dependerá de una actuación del interesado[178]. Pero la norma también prevé que pueda concederse un plazo concreto para la subsanación. A la hora de fijarlo, parece oportuno traer a colación lo dispuesto en el artículo 73.2 de la LPAC sobre la subsanación de deficiencias en un determinado trámite. El plazo legalmente previsto para la subsanación es entonces de diez días (hábiles) y, por ende, también para la suspensión del plazo de resolución, sin perjuicio de que este plazo se reduzca si el defecto es subsanado antes del décimo día. La consecuencia de incumplir el requerimiento es la pérdida del derecho al trámite no subsanado (art. 73.3 de la LPAC).

En todo caso, es importante diferenciar la subsanación del artículo 22.1, literal *a)* de la LPAC (que puede dar lugar a la suspensión del plazo para resolver), enmarcada en un procedimiento ya iniciado, de la subsanación del artículo 68 de la LPAC (solicitud de iniciación que no reúna los requisitos exigidos en los artículos 66 o 67 de la LPAC, o en la legislación específica), que opera antes de la iniciación del procedimiento. Precisamente el artículo 22.1.*a)* de la LPAC deja a salvo o excluye de su regulación los supuestos del artículo 68 de la LPAC (subsanación y mejora de la solicitud) porque en estos casos no hay procedimiento alguno que suspender ya que no se ha iniciado, y la consecuencia de la no subsanación es tener al solicitante por desistido y archivar el procedimiento. Así, el genérico efecto de la pérdida del derecho al trámite no subsanado del artículo 73.3 de la LPAC, se transforma aquí en el específico efecto de la pérdida del derecho al procedimiento del artículo 68.1 de la LPAC[179].

la Ley 39/2015, Ricardo Rivero Ortega, M.ª Dolores Calvo Sánchez y Marcos Fernando Pablo (dirs.), Juruá, Lisboa, 2016, págs. 86-90.

178. Así, María José Alonso Mas y Edilberto Narbón Laínez, *El silencio administrativo y su problemática procesal*, Tirant lo Blanch, Valencia, 2009, pág. 41.

179. Humberto Gosálbez Pequeño, «El deber de resolver: términos y plazos», en ob. cit., pág. 1183, nota 57.

B) Pruebas periciales contradictorias o dirimentes

También se responsabiliza al interesado del tiempo empleado en practicar las pruebas técnicas o análisis contradictorios o dirimentes por él propuestos. Por eso, permite el artículo 22.1, literal *e)* de la LPAC[180] que durante ese tiempo —y hasta que sus resultados sean incorporados al expediente— pueda suspenderse el plazo para resolver el procedimiento. La STSJ de La Rioja núm. 91/2002, de 27 de febrero[181], «encuentra su razón de ser en la complejidad que tiene la práctica de aquellas diligencias y el largo periodo de tiempo que cuesta su realización»[182].

Pese a todo, esta causa de suspensión no está exenta de objeciones[183]. En primer término, porque este tipo de pruebas pueden practicarse en el plazo ordinario de treinta días y, adicionalmente, en el extraordinario de diez días más (art. 77.2 de la LPAC). Es decir, las pruebas periciales contradictorias no implican *per se* una mayor duración del plazo ya previsto para la práctica de la prueba; plazo que se encuentra comprendido en la total duración del procedimiento sin necesidad de ampliarlo mediante su suspensión. En segundo lugar, no se entiende nada bien que, si la prueba es procedente y, por lo tanto, es admitida por el instructor (art. 77.3 de la LPAC), se responsabilice al interesado —mediante la suspensión del plazo para resolver— del tiempo preciso para su práctica e incorporación al expediente.

No se fija en la norma un tiempo máximo de suspensión, sino el «necesario» para la incorporación de los resultados al expediente. El plazo se iniciará desde el acuerdo de suspensión.

---

180. Como antes hiciera el artículo 42.5, literal *d)*, de la derogada LRJPAC.

181. Ponente: Ilmo. Sr. Díaz Roldán. Recurso 178/2001 (JUR 2002\104066).

182. Razones que comparte Josefa CANTERO MARTÍNEZ, «Obligación de resolver...», en ob. cit., pág. 1536.

183. Véase ampliamente Humberto GOSÁLBEZ PEQUEÑO, «El deber de resolver: términos y plazos», en ob. cit., págs. 1183-1184.

2. PREJUDICIALIDAD

El artículo 22.1 de la LPAC acoge en su seno tres causas de suspensión [literales *b), c)* y *g)*] relativas a pronunciamientos previos que pueden condicionar la resolución administrativa[184]:

«*b)* Cuando deba obtenerse un pronunciamiento previo y preceptivo de un órgano de la Unión Europea, por el tiempo que medie entre la petición, que habrá de comunicarse a los interesados, y la notificación del pronunciamiento a la Administración instructora, que también deberá serles comunicada.»

«*c)* Cuando exista un procedimiento no finalizado en el ámbito de la Unión Europea que condicione directamente el contenido de la resolución de que se trate, desde que se tenga constancia de su existencia, lo que deberá ser comunicado a los interesados, hasta que se resuelva, lo que también habrá de ser notificado.»

«*g)* Cuando para la resolución del procedimiento sea indispensable la obtención de un previo pronunciamiento por parte de un órgano jurisdiccional, desde el momento en que se solicita, lo que habrá de comunicarse a los interesados, hasta que la Administración tenga constancia del mismo, lo que también deberá serles comunicado.»

A primera vista causa cierta perplejidad que todos estos casos se incluyan bajo una fórmula que permite o faculta la suspensión del plazo para resolver («se podrá suspender», dice el art. 22.1 de la LPAC). En efecto, si el pronunciamiento de un órgano de la UE es «previo y preceptivo» para resolver;

184. También el artículo 120 de la LPAC prevé otra causa de suspensión relacionada con un pronunciamiento jurisdiccional previo, en este caso de la jurisdicción contencioso-administrativa. Sin embargo, no se trata de suspender el plazo para resolver el procedimiento, sino el plazo para resolver una pluralidad de recursos administrativos que traigan causa de un mismo acto y hubiera pendiente un recurso judicial sobre la cuestión. Ello con la vocación de extender los efectos del pronunciamiento judicial al resto de recursos administrativos pendientes.

o «condiciona directamente» el contenido de la resolución; o el pronunciamiento judicial es «indispensable» para la resolución del procedimiento, parecería lógico que la suspensión del plazo para resolver y notificar fuera impuesta *ope legis* —como sucede en los casos del artículo 22.2 de la LPAC— y no simplemente facultativa.

En todo caso, los términos de estas causales sobre prejudicialidad indican a las claras que es obligado esperar el resultado o el pronunciamiento *ad extra* para que la Administración pueda resolver el procedimiento. La Administración no tiene otra alternativa; no puede resolver «su» procedimiento sin esperar el resultado de ese pronunciamiento exógeno. En consecuencia, en algún momento tendrá necesariamente que paralizar el procedimiento, dejar de tramitarlo.

En resumidas cuentas: la Administración está inevitablemente obligada a esperar para resolver, pero no está obligada *ex lege* a suspender el plazo para resolver. Dictar o no ese acuerdo explícito de suspensión del plazo queda, en estos casos, enteramente en sus manos. Pero, si no lo hace, el plazo de caducidad continuará corriendo inexorablemente.

A) De los órganos de la Unión Europea

Son dos los casos de suspensión derivados de pronunciamientos o procedimientos de órganos de la Unión Europea:

1.º La suspensión puede tener lugar cuando la resolución del asunto requiera un pronunciamiento previo y preceptivo de cualquiera de los órganos de la Unión Europea [art. 22.1.*b)* de la LPAC][185]. La obligatoriedad del pronunciamiento previo podrá estar recogida en el ordenamiento comunitario o en el español.

El tiempo de suspensión será el que medie entre el requerimiento o petición al órgano de la Unión Europea y la notificación del pronunciamiento a la Administración requirente. Ambos momentos han de ser comunicados a los interesados.

2.º El segundo de los supuestos es novedoso en nuestro procedimiento administrativo común: la existencia de un pro-

185. Esta causal ya aparecía tipificada en el artículo 42.5.*b)* de la LRJPAC.

cedimiento no finalizado en el ámbito de la Unión Europea que condicione directamente el contenido de la resolución de que se trate [art. 22.1.*c)* de la LPAC]. Los términos «en el ámbito de la Unión Europea» no son afortunados[186] y deben entenderse restrictivamente a aquellos procedimientos de las instituciones comunitarias.

La expresión «que condicione directamente» puede tomarse como equivalente al carácter «indispensable» del pronunciamiento jurisdiccional, a que se refiere el literal *g)* del artículo 22.1 de la LPAC. De ahí que la motivación del acuerdo de suspensión habrá de referirse a la necesaria incidencia que el resultado del procedimiento iniciado en el ámbito de la Unión Europea tenga de cara a determinar el contenido de la resolución del procedimiento administrativo que se suspende.

El momento inicial de la suspensión queda en manos de la Administración actuante: el día en que tenga constancia de la existencia del procedimiento comunitario aún inacabado. El día final coincide con la resolución del procedimiento («hasta que se resuelva», dice la norma), de manera que la suspensión tendrá que alzarse el día en que se resuelva, con independencia de cuándo tenga conocimiento de ello la Administración actuante. La ley es clara en la determinación del momento final. No dice «hasta que tenga conocimiento de la resolución» o «hasta que le sea comunicada la resolución», sino «hasta que se resuelva»; esto es, «hasta la fecha de su resolución».

Abunda en esta conclusión el hecho diferencial del momento en que los otros dos supuestos —literales *b)* y *g)*— de prejudicialidad del artículo 22.1 de la LPAC fijan el final de la suspensión. En el literal *b)* ese momento es el de la «notificación» del pronunciamiento del órgano de la Unión Europea a la Administración instructora; y en el literal *g)* la

186. Lo advierte Humberto Gosálbez Pequeño, «El deber de resolver: términos y plazos», en ob. cit., pág. 1188, nota 67, puesto que procedimientos en el «ámbito» de la Unión Europea también son «los procedimientos administrativos nacionales de otros Estados miembros de la Unión al amparo, por ejemplo, de lo dispuesto en un convenio internacional bilateral celebrado entre España y otro Estado comunitario».

suspensión finaliza cuando la Administración «tenga constancia» del pronunciamiento judicial. Como se ve, en estos dos casos el legislador sí ha querido que la suspensión termine cuanto la correspondiente resolución llegue a conocimiento de la Administración actuante y así lo ha dicho expresamente. No hizo lo mismo en el supuesto de la letra *c)*. Y ya se sabe que *ubi lex voluit dixit, ubi noluit tacuit.*

Ambos momentos, de inicio y final de la suspensión, deberán comunicarse a los interesados para que aquella sea efectiva.

B) De cualquier orden jurisdiccional

La previsión general relativa a la prejudicialidad de cualquier orden jurisdiccional en el procedimiento administrativo es novedosa. En la legislación derogada solo se encontraban supuestos concretos de prejudicialidad penal en los procedimientos de responsabilidad patrimonial (art. 146.2 de la LRJPAC)[187] y sancionadores (art. 7 del RPS). Con todo, alguna sentencia consideró el artículo 42.5.*c)* de la LRJPAC (relativo a la suspensión por petición de informes preceptivos) como un asidero legal para aplicar la prejudicialidad. Ejemplo de ello es la STSJ de Aragón (sección 3.ª) núm. 911/2006, de 26 de diciembre[188]:

> *Segundo.* [...] En todo caso, debe indicarse que, aunque el artículo 42.5 de la LRJPAC no lo contemple específicamente como causa de suspensión, en la letra *c)* se menciona el supuesto de que deban solicitarse informes que sean preceptivos y determinantes del contenido de la resolución, a órgano de la misma o de distinta Administración, por lo que con mayor razón está justificada la suspensión cuando penda un proceso en el que la sentencia que haya de dictarse sea esencial para el sentido de la resolución administrativa.

La LPAC se refiere, de forma general, a la «indispensable» prejudicialidad de cualquier orden jurisdiccional para resolver el procedimiento administrativo. No establece cuáles son esos pronunciamientos «indispensables» que hayan de servir como causa de suspensión, de manera que el legis-

187. Hoy recogido en el artículo 37.2 de la LPAC.

188. Ponente: Ilma. Sra. Samanes Ara. Recurso 360/2004 (JUR 2007\221764).

lador ha incorporado aquí un concepto jurídico indeterminado que podría dar lugar a una amplísima discrecionalidad administrativa con la consiguiente inseguridad[189].

Por lo que acontece a los pronunciamientos de la jurisdicción penal, no cabe duda de su carácter «indispensable» en dos supuestos. El primero está constituido por la sentencia penal condenatoria, en cuanto resulta «indispensable» para declarar en el procedimiento administrativo la nulidad de pleno derecho de actos «que sean constitutivos de infracción penal o se dicten como consecuencia de ésta» [causal *d)*, del art. 47.1 de la LPAC].

El segundo caso es la subordinación de la potestad sancionadora a la jurisdicción penal en dos frentes: por una parte, la prevalencia de enjuiciamiento por los tribunales penales sobre la potestad sancionadora de la Administración[190]; y, por otra, la vinculación de los procedimientos de carácter sancionador a los hechos declarados probados en resoluciones judiciales penales firmes (art. 77.4 de la LPAC). Se trata, en cualquier caso, de garantizar el *ne bis in idem* en su dimensión procesal, en cuanto proscribe la duplicidad de procedimientos sancionadores cuando exista una triple identidad de sujeto, hecho y fundamento. Esta vertiente procesal tiene dos concreciones:

1.ª La regla de la preferencia o precedencia de la autoridad judicial penal sobre la Administración respecto de su actuación en materia sancionadora, cuando los hechos investigados puedan ser no sólo constitutivos de infracción administrativa, sino también de delito según el Código Penal (*cf.* SSTC 2/2003, 188/2005)[191]. Ello comporta, consecuentemente, el deber de la Administración de suspender la tramitación de un procedimiento sancionador cuando esté en marcha un proceso penal sobre los mismos hechos.

---

189. Así, Humberto Gosálbez Pequeño, «El deber de la Administración pública de resolver el procedimiento administrativo...», art. cit., pág. 85.

190. A la prioridad del enjuiciamiento penal sobre el procedimiento administrativo sancionador le dedicaremos específicamente el capítulo VIII de esta obra.

191. Pueden verse también los AATC 277/2003 y 197/2009.

2.ª La potestad sancionadora de la Administración, cuando actúe *a posteriori* de los tribunales de justicia, habrá de respetar el planteamiento fáctico que aquellos hayan realizado, pues «es claro que unos mismos hechos no pueden existir y dejar de existir para los órganos del Estado» (*cf.* STC 77/1983). En la realidad jurídica, esto es, en la realidad histórica relevante para el Derecho, no puede admitirse que algo es y no es, que unos mismos hechos ocurrieron y no ocurrieron (STC 24/1984, fj 3), o que una misma persona fue su autor y no lo fue (STC 109/2008, fj 3). A ello se oponen no solo principios elementales de la lógica jurídica y extrajurídica, sino el principio de seguridad jurídica constitucionalizado en el artículo 9.3 (SSTC 151/2001, fj 4; 231/2006, fj 3 y 16/2008, fj 2).

Con ello se garantiza la doble finalidad del *ne bis in idem*. Por un lado, la prioridad del enjuiciamiento penal, y la consiguiente paralización del procedimiento sancionador en tanto se sustancia y decide si existe ilícito penal, garantiza que no se sancione dos veces por la misma infracción. Y, por otro, una vez finalizado el proceso penal, el respeto de la Administración a su resultado fáctico asegura la inexistencia de pronunciamientos contradictorios respecto del procedimiento sancionador que posteriormente inicie o reanude.

Pero no solo los pronunciamientos penales tienen incidencia vinculante en la resolución de los procedimientos administrativos sancionadores. También podrían tenerla los pronunciamientos firmes del resto de órdenes jurisdiccionales, aunque quizás con menor intensidad. Téngase en cuenta que ni siquiera para la resolución de los procesos contencioso-administrativos están previstos como indispensables los pronunciamientos jurisdiccionales civiles o los laborales, sino únicamente los penales y los constitucionales (art. 4 de la LJCA).

Con todo, la idea, antes expuesta respecto de la jurisdicción penal, de que «unos mismos hechos no pueden existir y dejar de existir para los órganos del Estado»[192], es extrapolable a las

192. SSTC 77/1983 (fj 4), 24/1984 (fj 3), 158/1985 (fj 4), 151/2001 (fj 4), 179/2004 (fj 10), 160/2008 (fj 7), 21/2011 (fj 2) y 172/2016 (fj 9), entre otras muchas.

otras jurisdicciones por razones de lógica y de seguridad jurídica. Así pues, si, para resolver un procedimiento administrativo, se requiere ineludiblemente un previo pronunciamiento de la jurisdicción civil, social o administrativa, la Administración actuante debería suspender el curso del procedimiento —y el correspondiente plazo de caducidad— hasta que tenga constancia de que se ha producido ese previo pronunciamiento judicial «indispensable» para resolver.

3. SOLICITUD DE INFORMES PRECEPTIVOS PARA LA RESOLUCIÓN DEL PROCEDIMIENTO

Tanto el artículo 80.3 como el 22.1.*d)*, ambos de la LPAC, prevén la posibilidad de que el instructor acuerde la suspensión del procedimiento y, por ende, del plazo máximo para resolver y notificar la resolución, cuando deban solicitarse informes que sean preceptivos a un órgano de la misma o distinta Administración.

> Artículo 22. *Suspensión del plazo máximo para resolver.*
>
> 1. El transcurso del plazo máximo legal para resolver un procedimiento y notificar la resolución se podrá suspender en los siguientes casos: [...]
>
> *d)* Cuando se soliciten informes preceptivos a un órgano de la misma o distinta Administración, por el tiempo que medie entre la petición, que deberá comunicarse a los interesados, y la recepción del informe, que igualmente deberá ser comunicada a los mismos. Este plazo de suspensión no podrá exceder en ningún caso de tres meses. En caso de no recibirse el informe en el plazo indicado, proseguirá el procedimiento.

> Artículo 80. *Emisión de informes.*
>
> [...]
>
> 3. De no emitirse el informe en el plazo señalado, y sin perjuicio de la responsabilidad en que incurra el responsable de la demora, se podrán proseguir las actuaciones salvo cuando se trate de un informe preceptivo, en cuyo caso se podrá suspender el transcurso del plazo máximo legal para resolver el procedimiento en los términos establecidos en la letra *d)* del apartado 1 del artículo 22.

Vaya por delante lo anómalo que resulta prolongar la duración de un procedimiento al socaire de informes preceptivos; más aún si se solicitan a la misma Administración. En efecto, si son informes normativamente «preceptivos», es decir, ya previstos en el trámite correspondiente, el tiempo razonable para su emisión debería haberse tenido en cuenta a la hora de fijar la duración máxima de cada procedimiento, porque forman parte natural y obligada del mismo[193]. Por lo demás, si la emisión de esos informes preceptivos corresponde a la misma Administración actuante, ello supone, en la práctica, dejar en sus manos la ampliación del plazo hasta el máximo de los tres meses de suspensión, fijados indiscriminadamente en la ley.

A) Informes preceptivos

La nueva LPAC ha eliminado la exigencia establecida en el artículo 42.5.*c)* de la derogada LRJPAC de que los informes, además de preceptivos, fueran «determinantes del contenido de la resolución». Hoy por hoy, para acordar la suspensión, basta con que el informe sea preceptivo, evitando así los problemas de concreción que generaba el concepto indeterminado de informes «determinantes»[194]. De este modo, limitando la suspensión al carácter «preceptivo» del informe, sea o no vinculante, se ha avanzado en el marco de la seguridad jurídica[195].

---

193. *Cf.* Eduardo GAMERO CASADO, *Manual básico de derecho administrativo*, ob. cit., pág. 458.

194. Sobre los informes «determinantes» se pronunció, por ejemplo, la STS (Sala 3.ª, sección 7.ª) de 30 de diciembre de 2015 (rec. 2605/2014) (RJ 2015\5889) al indicar que «son determinantes aquellos informes que posean relevancia para la resolución del procedimiento administrativo». Y más adelante, al referirse al caso concreto de un informe no vinculante del Consejo de Policía en los expedientes disciplinarios, añade: «Si tenemos en cuenta que nada menos que tres leyes orgánicas específicas insisten en el mismo extremo, es decir en que este órgano debe informar preceptivamente en tales expedientes es porque su parecer, aun no vinculante, sí es importante. En otro caso, no se habría previsto o se habría configurado de otro modo». En particular, la STS (Sala 3.ª, sección 5.ª) de 8 de marzo de 2010 (rec. 771/2006) (RJ 2010\2460) tiene por informes determinantes aquellos «que sean necesarios para que el órgano que ha de resolver se forme criterio acerca de las cuestiones a dilucidar», o sea los que «revisten una singular relevancia en cuanto a la configuración del contenido de la decisión» y obligan a que el «órgano competente para resolver esmere la motivación en caso de que su decisión se aparte de lo indicado en aquellos informes». Y la STS (Sala 3.ª, sección 5.ª) de 24 de abril de 2012 (rec. 2263/2009) (RJ 2012\6224) abunda en esta idea señalando que «si el legislador atribuye a un informe el carácter de determinante, es porque le quiere atribuir un valor reforzado».

195. Así, Jesús JIMÉNEZ LÓPEZ, en el comentario al artículo 22 de la LPAC, en la obra colectiva *Régimen jurídico del sector público y procedimiento*

Por informe preceptivo hay que entender —indica el TSJ de Andalucía (sede en Granada, sección 1.ª)— aquel que sea «obligatorio, de manera que su ausencia vicie sustancialmente el procedimiento» (sentencia núm. 1988/2013, de 17 de junio)[196]. Además, se ha de tener presente que, como regla general común y como norma supletoria en otros sectores administrativos, «salvo disposición expresa en contrario, los informes serán facultativos» (art. 80.1 de la LPAC). Por lo tanto, el ordenamiento jurídico habrá de establecer expresamente, sin ningún género de duda, que el informe es preceptivo, pues tal carácter no puede simplemente inferirse o presumirse de lo dispuesto en la normativa reguladora del específico procedimiento de que se trate.

Cuando la legislación sectorial establezca alternativamente el carácter potestativo o preceptivo de un informe, como sucede en el orden social (art. 18.3 del Real Decreto 928/1998)[197], se ha sostenido una interpretación restrictiva de los que hayan de considerarse preceptivos y la exigencia de que, al pedir el informe, el órgano administrativo haga constar las circunstancias concretas que avalan esa condición de preceptivo. Así las cosas, cuando la Administración se limite a solicitar informe al funcionario público actuante sin mencionar si se trata del informe preceptivo o del facultativo (ambos contemplados en el art. 18.3 del RD 928/1998), hay que entender que dicho informe se solicitó con carácter potestativo —que es la regla general—, por lo que no interrumpe el plazo máximo de resolución del procedimiento.

---

administrativo común, Miguel Ángel Recuerda Girela (dir.), Thomson Reuters - Aranzadi, Cizur Menor (Navarra), 2016, pág. 220.

196. Ponente: Ilmo. Sr. De la Oliva Vázquez. Recurso 731/2009 (JUR 2013\297417).

197. Artículo 18.3 del Real Decreto 928/1998: «Si se formulasen alegaciones en plazo contra el acta de infracción, el órgano instructor podrá recabar informe ampliatorio, que se emitirá en quince días, del inspector o subinspector que practicó el acta. El citado informe será preceptivo si en las alegaciones se invocan hechos o circunstancias distintos a los consignados en el acta insuficiencia del relato fáctico de la misma, o indefensión por cualquier causa».

• Tribunal Superior de Justicia de Madrid (sección 3.ª) Sentencia núm. 702/2004, de 26 de mayo[198]:

Segundo. [...] el artículo 18.3 del Real Decreto 928/1998 [establece que] el informe ampliatorio del inspector o subinspector que practicó el acta con carácter potestativo a instancia del órgano que corresponda resolver [...] solo será preceptivo si en las alegaciones se invocan hechos o circunstancias distintas a las consignadas en el acta, insuficiencia del relato fáctico de la misma, o indefensión por cualquier causa, y dicho informe valorará expresamente las pruebas aportadas o que se hubieran practicado, las alegaciones producidas y contendrá propuesta definitiva de resolución. En consecuencia, para que el informe pueda ser considerado como preceptivo y no potestativo, con la importante consecuencia de poder suspender el plazo máximo de resolución del expediente, es ineludible que se den algunas o alguna de las circunstancias previstas en el artículo 18.3 del Real Decreto 928/98, y así se haga constar por el órgano que corresponda resolver al solicitarlo. Dado que la regla general es que el informe sea potestativo, siempre que el órgano administrativo encargado de resolver lo estime conveniente, habrá que entender restrictivamente las circunstancias o hechos que obligan a solicitar el informe de forma preceptiva, teniendo en cuenta los importantes efectos que produce sobre la interrupción del plazo máximo para dictar resolución.

En el caso debatido la Administración demandada se limita a solicitar informe al funcionario público actuante, de conformidad con lo previsto en el artículo 18.3 del Real Decreto 928/1998, y dicho apartado contempla tanto el informe potestativo como el obligatorio sin se mencione en el oficio remisorio ninguna de las circunstancias antes referidas que obligan al informe preceptivo. A la vista de lo expuesto, hay que entender que dicho informe se solicitó con carácter potestativo, por lo que no interrumpe el plazo máximo de resolución del procedimiento[199].

198. Ponente: Ilma. Sra. Maldonado Muñoz. Recurso 901/2001 (JUR 2004\300758).

199. Este posicionamiento se reproduce, entre otras muchas, en las SSTSJ de Madrid (sección 3.ª) núms. 938/2004, de 14 de junio (rec. 1237/2001) (JUR 2004\268532); 535/2005, de 20 de abril (rec. 1395/2002) (JUR 2005\114308); 640/2005, de 13 de mayo (rec. 2123/2003) (JUR 2005\159627); 1293/2005, de 4 de noviembre (rec. 1770/2003) (JUR 2006\10525); 259/2006, de 15 de marzo (rec. 17/2004) (RJCA 2006\331); 395/2006, de 26 de abril (rec. 1008/2005) (RJCA 2006\428); 557/2007, de 3 de julio (rec. 1458/2002) (JUR 2008\17093); 263/2008, de 7 de marzo (rec. 1865/2005) (JUR 2008\165058); 1048/2009, de 18 de noviembre (rec. 400/2008) (RJCA 2010\192); 369/2010, de 11 de mayo (rec. 154/2010) (JUR 2010\239806) y 165/2012, de 16 de mayo (rec. 48/2012) (JUR 2012\206834). Otros tribunales han adoptado la

Además, se trata de «informes administrativos», procedentes de un órgano de la propia Administración actuante o de otra Administración pública. De ahí que los atestados de los cuerpos de seguridad del Estado, la ratificación de los agentes denunciantes o la ampliación de sus denuncias no puedan servir de coartada para suspender el plazo de caducidad[200], aunque se solapen bajo el título de informes. Este tipo de actuaciones —como advierten las SSTSJ de La Rioja núms. 91/2002 y 93/2002, de 27 y 28 de febrero[201]— no son informes administrativos técnicos, sino más bien actos propios de una prueba testifical[202]. Dicho en palabras del TSJ de Andalucía (sede en Granada, sección 1.ª), la suspensión requiere «que haya de recabarse un informe, sin que, por consiguiente, abarque otras actuaciones diferentes como, por ejemplo, la práctica de actos de instrucción o de prueba» (sentencia núm. 1988/2013, de 17 de junio)[203].

misma tesis. Así puede verse en la STSJ de las Islas Canarias (sede en Las Palmas, sección 2.ª) núm. 12/2006, de 20 de enero (rec. 424/2005) (JUR 2006\100534); en la STSJ de la Comunidad Valenciana (sección 3.ª) núm. 540/2006, de 23 de marzo (rec. 262/2003) (JUR 2006\255033); o en la STSJ de Murcia (sección 1.ª) núm. 114/2008, de 8 de febrero (rec. 3020/2003) (JUR 2008\146101).

200. *Cf.* Josefa Cantero Martínez, «Obligación de resolver...», en ob. cit., pág. 1535.

201. Ponente: Ilmo. Sr. Díaz Roldán. Recursos 178/2001 y 175/2001 (JUR 2002\104066 y RJCA 2002\605).

202. Por eso me parece erróneo el criterio expresado por la STSJ de Madrid (sección 9.ª) núm. 424/2004, de 10 de mayo (rec. 18/2004) (JUR 2004\227861) que consideró «informe preceptivo», a efectos de validar la suspensión del procedimiento, la ratificación de la denuncia por el agente de la policía municipal denunciante. Y ello al amparo del artículo 11.2 del Decreto de la Comunidad de Madrid 245/2000 (Reglamento para el ejercicio de la potestad sancionadora por la Administración de la Comunidad de Madrid) que, al regular la práctica de la prueba, señala: «cuando la prueba acordada consista en la emisión de un informe de un órgano administrativo o de una entidad pública, se entenderá que tiene carácter preceptivo». Insisto en que la ratificación del denunciante, sea o no agente de la autoridad, y la posible ampliación o aclaración de su denuncia no tiene naturaleza de «informe», sino de prueba testifical.

203. Ponente: Ilmo. Sr. De la Oliva Vázquez. Recurso 731/2009 (JUR 2013\297417).

B) Plazo de suspensión y plazo de emisión del informe

El tiempo de suspensión no puede exceder de tres meses. Esta no es una duración estándar sino un límite máximo[204]. La Administración debe resolver si el estado de tramitación del procedimiento permite obtener el informe sin necesidad de suspensión, o bien la misma es necesaria en cuyo caso debe determinar el plazo de suspensión[205]. Una vez transcurrido el tiempo fijado para la suspensión, continúa corriendo el plazo máximo para notificar la resolución final del procedimiento.

En suma, quiere decirse que, si el informe preceptivo no se recibe en el plazo de suspensión, proseguirá automáticamente, sin necesidad de acuerdo alguno, el curso del procedimiento. Lo dice así, con claridad, el último inciso del artículo 22.1.*d)* de la LPAC. El problema para la Administración es que, como tal informe seguirá siendo «preceptivo», no podrá dictar la resolución final sancionadora sin recibirlo; y, además, no puede concatenar nuevas suspensiones del plazo para resolver por este motivo[206], salvo —a mi juicio— que no hubiera agotado en la primera suspensión el plazo máximo de tres meses.

En efecto, recuérdese que el plazo de suspensión por la solicitud de informes preceptivos «no podrá exceder en ningún caso de tres meses». Dentro de ese plazo global máximo

204. De hecho, la propia LPAC establece en el artículo 81 *(solicitud de informes y dictámenes en los procedimientos de responsabilidad patrimonial)* un supuesto especial en el numeral 3, cuyo plazo máximo de suspensión es de dos meses: «En el caso de reclamaciones en materia de responsabilidad patrimonial del Estado por el funcionamiento anormal de la Administración de Justicia, será preceptivo el informe del Consejo General del Poder Judicial que será evacuado en el plazo máximo de dos meses. El plazo para dictar resolución quedará suspendido por el tiempo que medie entre la solicitud del informe y su recepción, no pudiendo exceder dicho plazo de los citados dos meses».

205. STSJ de Cataluña (sección 5.ª) núm. 499/2013, de 12 de julio (rec. 378/2011) (JUR 2013\328383).

206. La STS (Sala 3.ª, sección 3.ª) de 18 de marzo de 2008 lo expresa claramente: no es posible que «se vuelva a suspender de nuevo el plazo para resolver el procedimiento por la misma causa, esto es, por la solicitud del mismo dictamen». Ponente: Excmo. Sr. Campos Sánchez-Bordona. Recurso 2699/2005 (RJ 2008\3726).

—o del que determine la concreta normativa sectorial— nada impide ni desautoriza la posibilidad de acordar una segunda suspensión, o sucesivas suspensiones hasta agotarlo; pero, agotados los tres meses sin el informe preceptivo, la Administración no podrá dictar resolución sancionadora.

Este plazo de suspensión no debe confundirse con los diez días en que normalmente deberá emitirse el informe (art. 80.2 de la LPAC). Si el informe preceptivo no se emite en ese plazo de diez días, nada impide que pueda incorporarse más tarde y surtir efectos, sin perjuicio de la responsabilidad en que hayan podido incurrir quienes se demoraron en realizarlo y remitirlo. El artículo 80.4, último inciso, deja en manos de la Administración la posibilidad de que los informes emitidos fuera de plazo no sean tenidos en cuenta a la hora de dictar la correspondiente resolución. Naturalmente solo puede referirse a los informes facultativos e inclusos preceptivos, siempre que no sean vinculantes. Pero una cosa es que, al resolver el procedimiento, la Administración decida no tener en cuenta un informe preceptivo (y no vinculante) recibido fuera de plazo y otra bien distinta que pueda resolver el procedimiento sin haber recibido ese informe preceptivo.

• Tribunal Supremo (Sala 3.ª, sección 7.ª)
Sentencia núm. 1605/2016, de 30 de junio[207]:

Segundo. [...] la recurrente confunde el procedimiento específico previsto para la resolución y notificación del recurso administrativo, con el plazo que tiene el Consejo de Estado para emitir su informe, sin que conste en norma alguna que el informe emitido tras el plazo de dos meses tenga efecto invalidante del mismo, sin perjuicio de que transcurrido el plazo de tres meses desde que se solicitó o el fijado en su caso por el procedimiento administrativo específico, se levante la suspensión del procedimiento principal, acordada para solicitar tal informe.

C) Tiempo durante el que se produce la suspensión: entre la petición y la recepción del informe

La norma del apartado *d)* del artículo 22.1 de la LPAC fija el plazo de suspensión por el tiempo que medie entre «la

207. Ponente: Excmo. Sr. Díaz Delgado. Recurso 1407/2015 (RJ 2016\3549).

petición» del informe y su «recepción». Por petición (acción de pedir) ha de entenderse el momento en que se traslada al destinatario la petición. Hasta ese momento, en la decisión acordando solicitar informes, solo hay voluntad de pedir.

Ambas fechas (petición y recepción del informe) han de ser preceptivamente comunicadas a los interesados. Ello quiere decir que, aunque inicialmente la Administración hubiera acordado la suspensión por el plazo máximo de tres meses, si el tiempo transcurrido entre la petición y la recepción del informe es menor, será este último el tiempo «añadido» al plazo máximo para resolver y notificar.

Una vez alzada la suspensión, el día final del plazo para que caduque el procedimiento se determinará añadiendo al término del plazo inicial, los días naturales durante los que ha estado suspendido el plazo.

• Tribunal Supremo (Sala 3.ª, sección 3.ª)
Sentencia de 21 de enero de 2016[208]:

Tercero. [...] En definitiva, los días que restaban del plazo después de alzarse la suspensión deben computarse por días naturales, pues la naturaleza de los plazos, como naturales o hábiles, a efectos de cómputo, no se modifica por la interrupción del mismo para solicitar un informe. Así lo han señalado, por otra parte, algunas previsiones normativas como la contenida en el artículo 12 del Real Decreto 261/2008, de 22 de febrero, por el que se aprueba el Reglamento de Defensa de la Competencia en el que se dispone «en los casos de suspensión del plazo, el día final del plazo se determinará añadiendo al término del plazo inicial, los días naturales durante los que ha quedado suspendido el plazo».

En este caso, el plazo fijado era por días naturales, pues así se computan los plazos de fecha a fecha.

---

208. Ponente: Excmo. Sr. Córdoba Castroverde. Recurso 2917/2013 (RJ 2016\318). En el caso enjuiciado, el procedimiento quedó suspendido por resolución de 6 de abril de 2010, para solicitar información adicional, cuando faltaban 11 días para que finalizase el plazo de dos meses de caducidad. El informe se presentó el 22 de junio de 2010, momento en que se alzó la suspensión. El 30 de junio de 2010 (8 días después de alzarse la suspensión) se dictó la resolución del procedimiento que no le fue notificada a los interesados hasta el 5 de julio de 2010, ya fuera de plazo previsto. De ahí que el Tribunal Supremo acordase la caducidad del procedimiento y el consiguiente archivo de las actuaciones, conforme al artículo 44.2 de la LRJPAC [hoy, art. 25.1.*b)* de la LPAC]

La carga de acreditar la fecha de recepción del informe corresponde a la Administración. Es ella quien tiene en sus manos, normalmente mediante el registro de entrada, la «disponibilidad» y «facilidad» probatoria de tal fecha (art. 217.7 de la LEC). Pero no siempre consta en el expediente esa diligencia de registro de entrada. Tal anomalía no puede redundar, en forma alguna, en perjuicio del interesado, sino en contra de la Administración negligente. Habrá que acudir entonces a la fecha del registro de salida del órgano emisor del informe, o a la firma del mismo; pero en ningún caso cabe presumir una fecha de recepción posterior a las indicadas, que favorecería la posición de la Administración en contra de la caducidad.

• Tribunal Superior de Justicia de Madrid (sección 9.ª)
Sentencia núm. 424/2004, de 10 de mayo[209]:

Tercero. [...] La Administración que solicitó el informe y que suspendió, con arreglo a la ley, el procedimiento sancionador por esta causa, con la consiguiente interrupción del plazo máximo para resolver y notificar la resolución finalizadora del procedimiento, tenía la carga de acreditar la fecha de su recepción, pues éste era el momento determinante de la finalización de la suspensión del procedimiento, sin que el incumplimiento de esta carga pueda redundar en contra del interesado, pues ello abriría a la absoluta indeterminación el momento final del período de suspensión, resultado este contrario a lo pretendido por la LRJPAC que es que los procedimientos administrativos tengan una duración máxima con causas tasadas de suspensión de dicha duración máxima; finalidad ésta que exige la consiguiente certeza de los días iniciales y finales del período suspendido. Y así, cuando el artículo 42.5 de la LRJPAC enumera las causas de suspensión del plazo máximo de duración de los procedimientos administrativos, en todos sus apartados se preocupa de fijar con precisión cuándo debe entenderse que comienza dicha suspensión y cuándo termina.

Así pues, en el presente caso, al no existir constancia en el expediente de la fecha de recepción en el procedimiento sancionador del informe solicitado sobre ratificación de la denuncia, no cabe sino acudir a la fecha del registro de salida de dicho informe de quien lo emitió.

209. Ponente: Ilma. Sra. Huet de Sande. Recurso 18/2004 (JUR 2004\227861).

4. INICIACIÓN DE NEGOCIACIONES ENCAMINADAS A LA TERMINACIÓN CONVENCIONAL DEL PROCEDIMIENTO

Conforme a lo dispuesto en el artículo 22.1 de la LPAC, el procedimiento puede también suspenderse:

> *f)* Cuando se inicien negociaciones con vistas a la conclusión de un pacto o convenio en los términos previstos en el artículo 86 de esta ley, desde la declaración formal al respecto y hasta la conclusión sin efecto, en su caso, de las referidas negociaciones, que se constatará mediante declaración formulada por la Administración o los interesados.

Así pues, si durante la tramitación del procedimiento administrativo se inician negociaciones entre el interesado y la Administración de cara a su terminación convencional (art. 86 de la LPAC), la Administración puede acordar la suspensión del plazo máximo de resolución durante el proceso negociador. La suspensión tendrá lugar «desde la declaración formal al respecto y hasta la conclusión sin efecto». Por consiguiente, será necesario que la Administración dicte una específica resolución de iniciación del proceso negociador y otra declarando su fracaso y, por tanto, la finalización de la suspensión; aunque también puede constatarse la conclusión del proceso negociador sin efecto mediante una declaración formulada por los interesados[210].

Difícilmente puede tener operatividad esta causa de suspensión en el procedimiento sancionador, pues el *ius*

210. Humberto GOSÁLBEZ PEQUEÑO, «El deber de resolver: términos y plazos», en ob. cit., pág. 1191, nota 72, se niega a aceptar que un acto del interesado declarando unilateralmente el fin de la negociación pueda determinar *per se* el fin del plazo suspensivo acordado por la Administración. Sin embargo, no debería sorprender a nadie que un proceso negociador finalice unilateralmente porque una de las partes prefiera proseguir el procedimiento administrativo y, en su caso, impugnar jurisdiccionalmente la resolución desfavorable. Y, si la suspensión del procedimiento se llevó a cabo para iniciar negociaciones, dictándose la correspondiente resolución de suspensión, es perfectamente aceptable que la finalización de tal suspensión pueda constatarse no solo por un acto de la Administración sino mediante la declaración de los interesados. Lo contrario sería dejar las manos libres a la Administración para retrasar el momento en que procede levantar la suspensión del plazo máximo para resolver, pese a que el proceso negociador hubiera concluido sin efecto.

puniendi no es disponible ni, por tanto, puede ser objeto de negociación o transacción. Precisamente, el artículo 86 de la LPAC, al que se remite el literal *f)* del artículo 22.1, antes transcrito, permite a las Administraciones públicas celebrar acuerdos, pactos, convenios o contratos, siempre que no versen sobre materias no susceptibles de transacción. Únicamente los daños y perjuicios ocasionados por las conductas sancionadas son susceptibles de terminación convencional (art. 90.4 de la LPAC).

Con todo, cabe preguntarse si no supone terminación convencional del procedimiento sancionador la aplicación del programa o cláusula de clemencia respecto de los delatores (art. 62.4 de la LPAC). Al fin y al cabo, no solo exime de sanción al partícipe en la comisión de una infracción cuando, existiendo otros infractores, sea el primero en aportar elementos de prueba relevantes que permitan iniciar el procedimiento o comprobar la infracción, sino que también está previsto que a los delatores más tardíos se les reduzca la sanción cuando faciliten elementos de prueba que aporten un valor añadido significativo respecto de los que ya disponga el instructor. Esa reducción de sanción no viene legalmente concretada, de manera que podría ser negociada, dando lugar a una terminación convencional del procedimiento sancionador respecto de estos delatores.

5. EL IMPRESCINDIBLE ACUERDO DE SUSPENSIÓN

A) Acuerdo expreso y específico

Las causas de suspensión del procedimiento relacionadas en el artículo 22.1 de la LPAC se configuran legalmente como una facultad administrativa («se podrá suspender», dice el precepto). No estamos ante suspensiones automáticas, *ope legis,* sino ante decisiones que deben adoptarse formalmente. En estos casos, es preciso dictar un acuerdo específico y expreso de suspensión por parte del instructor. Por consiguiente, el primer e ineludible requisito para que se produzca la suspensión facultativa es que esta se acuerde. Y, si tal acuerdo no se dicta, el plazo no se suspende.

A título de ejemplo, el TSJ de las Islas Canarias (sede en Las Palmas, sección 2.ª) ha venido repitiendo que la suspensión del procedimiento «debe ser acordada por el órgano instructor, sin que la simple solicitud de una determinada diligencia a otra Administración suponga la suspensión automática o interrupción del cómputo del plazo de caducidad»[211]. Y, en la misma línea, el TSJ de Castilla y León (sede en Burgos) ha entendido que, pese a la real paralización del procedimiento, al no constar en el expediente administrativo resolución alguna acordando su suspensión, se produjo la caducidad[212].

Con todo, no es esta una opinión pacífica entre los Tribunales Superiores de Justicia. En contra se pronuncia la STSJ de Navarra (sección única) núm. 984/2003, de 25 de septiembre[213]. Opina el tribunal navarro que no es necesario que la suspensión haya de acordarse expresamente para que surta efecto, «porque lo contingente no es, en rigor, el efecto suspensivo sino las actuaciones que lo motivan. Estas actuaciones podrán o no tener lugar; pero, si se producen, el efecto suspensivo es automático. Y del mismo modo que la caducidad es apreciable de oficio, quien la aprecie habrá de examinar si en el curso de la tramitación del expediente se han desarrollado actuaciones suspensivas». Para este tribunal es determinante, además, la voluntad de la propia Administración de tener por paralizado el plazo de caducidad durante el tiempo necesario para la práctica de los análisis dirimentes acordados, lo cual quedó de manifiesto en su misma solicitud, al interesar la comunicación de la fecha de entrada de la muestra en el laboratorio «al objeto de que pueda paralizarse el cómputo del plazo de caducidad del procedimiento».

---

211. Sentencias de 3 de septiembre de 2003 (rec. 1646/2001) (JUR 2004\25174); 15 de septiembre de 2003 (rec. 473/2002) (JUR 2004\25456); 7 de noviembre de 2003 (rec. 1578/2002) (JUR 2004\27060); y 17 de marzo de 2005 (rec. 2105/2003) (RJCA 2005\216).

212. Sentencia núm. 566/1999, de 14 de junio. Recurso 1904/1997 (RJCA 1999\1971).

213. Ponente: Ilmo. Sr. Fernández Urzainqui. Recurso 432/2002 (RJCA 2004\175). Lo reitera el mismo tribunal en la sentencia núm. 361/2009, de 15 de junio (rec. 382/2006) (JUR 2009\382926).

Salvando la realidad de opiniones contrarias, a mi juicio lo procedente es exigir la existencia del acuerdo expreso como requisito para que se produzca la suspensión. Así, por ejemplo, si se trata de incorporar al procedimiento informes preceptivos, la causal *c)* del artículo 22.1 de la LPAC permite la suspensión del plazo, aunque esa suspensión no sea imprescindible o consustancial a la citada eventualidad procedimental, de forma que la suspensión no puede considerarse producida *eo ipso* por la mera solicitud del informe[214]. En estos casos, la suspensión no se produce automáticamente, sino que exige una resolución *ad hoc* motivada, verificando que se trata efectivamente de un informe preceptivo y emitiendo un juicio al respecto.

- Tribunal Superior de Justicia de Castilla-La Mancha (sección 2.ª) Sentencia núm. 233/2004, de 6 de abril[215].

Segundo. [...] cuando la norma establece que se podrá suspender el plazo, desde luego es preciso que así se haga para que el efecto se produzca, cosa lógica dado que la caducidad es una institución directamente ligada a la seguridad jurídica que reclama que si se suspende el plazo de resolución se conozca tal hecho por quien está implicado en el expediente en el que se produce la suspensión.

- Tribunal Superior de Justicia de Cataluña (sección 5.ª) Sentencia núm. 499/2013, de 12 de julio[216]:

Primero. [...] hay que entender necesaria una decisión específica de suspensión. No es suficiente la mera petición del informe determinante en cuestión.

En efecto, de acuerdo con lo que dispone el artículo 83 de la Ley 30/1992, los informes se deben emitir en el plazo de diez días salvo disposición específica en contra o cuando el cumplimiento del plazo para resolver permite más tiempo. El apartado 3 de este precepto permite al instructor continuar el procedimiento en el supuesto de que no se haya emitido el informe en el plazo mencionado salvo que

214. *Cf.* la STSJ de Cataluña (sección 5.ª) núm. 499/2013, de 12 de julio (rec. 378/2011) (JUR 2013\328383).

215. Ponente: Ilmo. Sr. Lozano Ibáñez. Recurso 696/2000 (RJCA 2004\480). En el mismo sentido se pronuncia el tribunal castellanomanchego en la sentencia de 4 de octubre de 2004 (rec. 72/2004) (JUR 2004\292157).

216. Ponente: Ilmo. Sr. Paricio Rallo. Recurso 378/2011 (JUR 2013\32838).

se trate de un informe determinante, supuesto en el que se prevé la posibilidad de suspender el procedimiento. Una decisión, en consecuencia, que debe adoptarse formalmente. Cabe decir en este sentido que tanto el artículo 42.5, como el artículo 83.3 de la Ley 30/1992 habilitan la facultad administrativa de suspensión del plazo, planteamiento que indica que no estamos ante una suspensión automática.

Debemos señalar así mismo que el artículo 42.5.*c)* admite una suspensión hasta tres meses, pero ésta no es una duración estándar sino un límite máximo. La Administración debe resolver por lo tanto si en efecto el estado de tramitación permite obtener el informe sin necesidad de suspensión, o bien la misma es necesaria; situación ésta en la que debe determinar el tiempo de suspensión.

Finalmente hay que considerar que la suspensión es una excepción al plazo máximo para resolver; aspecto éste que tiene su sentido en tanto que garantía del interesado. Por lo tanto, considerando la cuestión desde la perspectiva subjetiva del interesado, el principio de seguridad jurídica impone una decisión específica sobre la suspensión del plazo y las circunstancias de la misma, así como la comunicación de esta situación al afectado a efectos de mantenerlo informado en lo que le afecta. Dicho en otras palabras, si la Administración está formalmente obligada a comunicar inicialmente al afectado el plazo máximo de duración del procedimiento —artículo 42.4 de la Ley 30/1992—, también lo está cuando modifique tal plazo.

En definitiva, la incorporación de informes preceptivos y determinantes al procedimiento permite la suspensión del plazo, aunque esa suspensión no es imprescindible o consustancial a la citada eventualidad procedimental, de forma que la suspensión no puede considerarse producida *eo ipso* por la mera solicitud del informe.

En el caso que nos ocupa la Administración podía haber suspendido el plazo hasta un máximo de tres meses a la espera del informe de la Dirección General de Turismo, pero no lo hizo. Consecuentemente, el plazo para resolver continuó su curso.

• Tribunal Supremo (Sala 3.ª, sección 3.ª)
Sentencia de 19 de febrero de 2016[217]:

Tercero. [...] a salvo de una normativa sectorial que imponga expresamente la suspensión automática del plazo para resolver a causa de la petición de informes que sean preceptivos ... del contenido de la resolución, resulta inexcusable que la Administración justifique motivadamente que concurren los presupuestos establecidos en dicho precepto para suspender el plazo legalmente establecido para resolver.

217. Ponente: Excmo. Sr. Bandrés Sánchez-Cruzat. Recurso 3371/2013 (RJ 2016\4123).

> [...]
> Por ello, no compartimos la tesis argumental que formula la abogada de la Generalidad de Cataluña, respecto de que, en el supuesto enjuiciado, la mera petición de un informe a la Dirección General de Turismo [...] tenga eficacia interruptiva del plazo para resolver.

Además, una interpretación teleológica de la suspensión del plazo de caducidad, aboga por sostener que solo opere cuando realmente la práctica de las diligencias necesarias impida la finalización del procedimiento dentro del plazo previsto legalmente, pero no cuando, pese a la práctica de dichas diligencias, el procedimiento puede concluir en plazo. Dicho de otro modo: si las diligencias se practican de manera que no impiden la finalización del procedimiento en plazo, no cabrá descontar tiempo de suspensión alguno del plazo de caducidad.

• Tribunal Superior de Justicia de las Islas Canarias (sede en Las Palmas, sección 2.ª)
Sentencia núm. 440/2003, de 15 de septiembre[218]:

> *Cuarto.* [...] solicitada la diligencia en fecha 24 de abril de 2001 fue cumplimentada el 15 de mayo del mismo año, esto es, en el transcurso de un plazo no superior al mes, por lo no existía razón alguna para entender que el expediente no podía seguir concluyendo, sin problema alguno, en el plazo máximo de seis meses desde su iniciación, pues la interpretación del precepto no significa que, en cualquier caso, debe interpretarse en el sentido de entender que la solicitud de diligencias necesarias en la investigación paralice el procedimiento, sino que ello sólo tendrá lugar cuando tales diligencias no sean cumplimentadas por la entidad obligada a ello, o cuando por causas ajenas al instructor no se hubieran llevado a cabo en un plazo que impida la terminación del expediente en seis meses. Dicho en otras palabras, es la imposibilidad, por causas ajenas a la instrucción, de traer las diligencias a practicar *[y]* de terminar en seis meses, lo que puede interrumpir el plazo.

B) Notificación del acuerdo de suspensión: problemática

El acuerdo de suspensión del procedimiento tiene que ser notificado a los interesados, como es obligado respecto de todas las «resoluciones» y «actos administrativos» (art. 40.1 de la LPAC).

---

218. Ponente: Ilmo. Sr. García Otero. Recurso 473/2002 (JUR 2004\25456).

a) Validez y eficacia

La primera pregunta que cabe hacerse es si la notificación en estos casos será requisito de eficacia de la suspensión frente al interesado, en cuanto determina el inicio de sus efectos.

No cabe duda de que la «validez» de la resolución suspendiendo el procedimiento no está subordinada a su notificación. Los actos de comunicación son distintos e independientes del acto comunicado[219]. De ahí que la validez de uno (el acuerdo de suspensión) no dependa de la existencia o validez del otro (notificación). Ahora bien, la notificación del acto o de la resolución sí puede afectar a su «eficacia»[220]. La regla general es que los actos administrativos desplegarán sus efectos desde el mismo momento en que se dicten (principio de ejecutividad, arts. 38 y 39.1 de la LPAC). Sin embargo, cuando afecten a derechos e intereses de los administrados, su eficacia queda demorada hasta el momento en que se notifiquen o publiquen (arts. 39.2 y 40.1 de la LPAC).

Aquí la resolución que suspende el procedimiento afecta a la seguridad jurídica del interesado, en cuanto que se está alterando el plazo máximo de resolución del procedimiento (art. 21.4 de la LPAC), y con ello, la caducidad; en suma, afecta a su derecho a evitar la «pena de taburete»[221] que supone tener abierto un procedimiento sancionador o de gravamen

---

219. No conviene olvidar —nos dice la STS de 21 de octubre de 1986 (RJ 1986\7668)— que cada notificación «es un acto individual e independiente». La STS (Sala 3.ª, sección 5.ª) de 7 de noviembre de 2006 (rec. 4006/2003) (RJ 2007\3076) sostiene que «el acto de notificación... presenta... una naturaleza independiente del acto que se notifica o publica». Y la STS (Sala 3.ª, sección 4.ª) de 11 de diciembre de 1992 (rec. 4290/1990) (RJ 1992\9854) afirma que «es evidente que *el acto administrativo*, al nacer a la vida del derecho, es independiente del que se haya notificado» y que «la notificación, se alza como nuevo acto».

220. Más ampliamente, sobre esta cuestión, puede verse L. Alfredo DE DIEGO DÍEZ, *Garantías en la práctica de las notificaciones administrativas*, Bosch, Barcelona, 2008, págs. 74-77.

221. Irónica e ingeniosa denominación —equivalente a la llamada «pena de banquillo» en el proceso penal— usada por José Ramón CHAVES GARCÍA, en «La pena de taburete: suspensión del procedimiento sancionador por actuaciones penales», *post* del 24 de noviembre de 2016, en el blog *delaJusticia.com*.

más allá del plazo legalmente establecido. Por consiguiente, podría defenderse que la suspensión comienza su cómputo a partir de la fecha en que se notifique al interesado la resolución en que se acuerda.

• Tribunal Superior de Justicia de Castilla-La Mancha (sección 2.ª) Sentencia núm. 233/2004, de 6 de abril[222].

Segundo. [...] En segundo lugar, la Ley 30/1992, inspirada en principios de seguridad jurídica, pretende que los interesados conozcan cuál es el plazo máximo de resolución del expediente (véase por ejemplo el artículo 42.4) y choca con esta intención legal evidente el hecho de que pueda considerarse suspendido el plazo de resolución sin que el interesado lo sepa claramente (en el caso de autos ni siquiera se sabía que se había pedido el informe, como veremos, pues se conoce una vez que ya han transcurrido los seis meses de caducidad).

Con todo, lo cierto es que el artículo 22.1 de la LPAC establece en cada una de sus causales, con mayor o menor precisión técnica, el momento inicial en que se ha de tener por suspendido el procedimiento. A cada uno de esos momentos habrá que estar por disposición legal y no al de notificación de la resolución que acuerde la suspensión. En pocas palabras: la notificación del acuerdo de suspensión, aun siendo preceptiva, no es determinante del inicio de la suspensión.

• Tribunal Superior de Justicia de Cataluña (sección 5.ª) Sentencia núm. 499/2013, de 12 de julio[223]:

Primero. [...] En cuanto a la comunicación de la solicitud de informe, hay que señalar que la misma es en efecto obligada según impone el mismo artículo 42.5.*c)*. Otra cosa es si la suspensión pospone su eficacia hasta que se produzca la comunicación al afectado. Ciertamente la notificación es condición de eficacia de los actos administrativos y opera asimismo como un requisito de eficacia en otros supuestos como por ejemplo la perención del procedimiento o el silencio administrativo. Ahora bien, no es éste el planteamiento en el caso de la suspensión del plazo para resolver, pues el artículo 42.5.*c)* prevé inequívocamente la suspensión entre la solicitud del informe y su recepción, no desde la

222. Ponente: Ilmo. Sr. Lozano Ibáñez. Recurso 696/2000 (RJCA 2004\480).

223. Ponente: Ilmo. Sr. Paricio Rallo. Recurso 378/2011 (JUR 2013\32838).

comunicación de aquélla —*in claris non fit interpretatio*—. En definitiva, la comunicación opera como una carga jurídica vinculada a la suspensión del procedimiento, pero no como una condición suspensiva de ésta.

b) Antes de que el procedimiento caduque

La notificación de la suspensión del procedimiento debe efectuarse a los interesados antes de que haya caducado el expediente según el cómputo normal; ningún valor puede tener tal notificación hecha tardíamente. En efecto, una vez vencido el plazo máximo para resolver «y notificar», ya no hay procedimiento alguno que suspender. La caducidad o perención ya se habrá producido.

• Tribunal Supremo (Sala 3.ª, sección 4.ª)
Sentencia de 4 de diciembre de 2015[224]:

> *Segundo.* [...] Si bien es cierto que el artículo 42.5 de la Ley 30/1992 prevé la posibilidad de suspender el plazo máximo legal para resolver cuando se deba requerir al interesado algún documento necesario, este requerimiento habrá de hacerse siempre dentro del plazo máximo para resolver. [...] La Administración dictó resolución por la que se suspendía el procedimiento [...] fuera del plazo máximo legal para resolver [...]. En consecuencia, esa suspensión ha de tenerse por no hecha.

Se aplica aquí el mismo criterio que la jurisprudencia utiliza a la hora de ampliar el plazo máximo para dictar resolución y notificarla (art. 23.1 de la LPAC y antes el art. 42.6 de la LRJPAC). Es decir, la «notificación» de la ampliación del plazo ha de hacerse necesariamente antes de que el procedimiento haya caducado.

• Tribunal Supremo (Sala 3.ª, sección 5.ª)
Sentencia de 15 de abril de 2015[225]:

> *Cuarto.* [...] El carácter excepcional que tiene la ampliación del plazo previsto en ese artículo 42.6 comporta, no solo que se dicte por el órgano competente y que se justifiquen adecuadamente las circunstancias que lo permiten, sino también, como expresamente dispone ese precepto, que se notifique —«deberá ser notificado»— el

224. Ponente Excmo. Sr. Arozamena Laso. Recurso 365/2014 (RJ 2015\6019).

225. Ponente: Excmo. Sr. Tolosa Tribiño. Recurso 2258/2013 (RJ 2015\2693).

acuerdo que resuelve sobre la ampliación del plazo, que, obviamente, ha de efectuarse antes de que transcurra el plazo para dictar la resolución del procedimiento.

La resolución dictada tras la caducidad es nula de pleno derecho, puesto que —en palabras de la STS (Sala 3.ª, sección 5.ª) de 3 de febrero de 2010[226]— «ha perdido su soporte procedimental, y, por tanto, también, su validez y eficacia». No es difícil de encajar en la causa de nulidad *e)* del artículo 47.1 de la LPCA: actos «dictados prescindiendo total y absolutamente del procedimiento legalmente establecido». Y es que la nulidad prevista en este precepto no se identifica únicamente con la ausencia de «todo» procedimiento (equivalente a una actuación por vía de hecho), sino también con la omisión de trámites esenciales, sin los cuales ese procedimiento no es identificable. Como bien enseña el Tribunal Supremo, las irregularidades de gravedad extrema causantes de nulidad vienen constituidas «por la ausencia absoluta y total de procedimiento, por haberse seguido uno totalmente diferente o por haberse omitido sus principales trámites»[227].

• Audiencia Nacional (sección 5.ª)
Sentencia de 14 de julio de 2005[228]:

Cuarto. [...] la caducidad es un modo de extinción de procedimiento administrativo, por ello el artículo 43.4 de la Ley 30/1992,

226. Ponente: Excmo. Sr. Fernández Valverde. Recurso 4709/2005 (RJ 2010\2802).

227. SSTS (Sala 3.ª) de 20 de julio de 2005 (rec. 8504/1999) (RJ 2005\9022), 4 de diciembre de 2012 (rec. 3557/2010) (RJ 2013\1014) y 29 de julio de 2014 (rec. 512/2013) (RJ 2014\4460).

228. Ponente: Ilma. Sra. Ramos Valverde. Recurso 278/2004 (JUR 2005\248994). El argumento ha sido reproducido, entre otras muchas, por las sentencias del mismo tribunal y sección de 15 de julio de 2005 (rec. 91/2005) (JUR 2005\244071), 4 de julio de 2007 (rec. 16/2006) (JUR 2007\210407), 21 de noviembre de 2007 (rec. 449/2007) (JUR 2007\352492), 5 de marzo de 2008 (rec. 74/2007) (JUR 2008\153141), 16 de julio de 2008 (rec. 319/2007) (JUR 2008\243096), 11 de septiembre de 2008 (recs. 144/2007 y 145/2007) (JUR 2008\307323 y JUR 2008\307331). Más recientemente, pueden verse también las SSTSJ de Madrid (sección 7.ª) núms. 412/2016, de 30 de junio (rec. 340/2015) (JUR 2016\201771); 25/2017, de 24 de enero (rec. 355/2015) (JUR 2017\62508) y 102/2017, de 23 de febrero (rec. 318/2015) (JUR 2017\100208).

de 26 de noviembre [en su redacción originaria], ordena que en tales casos se proceda al archivo de las actuaciones. Ello supone que si pese a haber caducado el procedimiento disciplinario, se dicta una resolución sancionadora, no es que tal acto administrativo haya sido realizado fuera del tiempo establecido para él, en los términos que dispone el artículo 63.3 de la misma Ley 30/1992, de 26 de noviembre, sino que se ha impuesto la sanción sin que exista procedimiento previo, pues el existente había ya finalizado de otra manera.

Luego la resolución sancionadora dictada después de que el procedimiento disciplinario haya caducado lo ha sido prescindiendo total y absolutamente del procedimiento legalmente establecido, siendo nula de pleno derecho a tenor de lo dispuesto en el artículo 62.1.*e)* de la Ley 30/1992, de 26 de noviembre.

• Tribunal Supremo (Sala 3.ª, sección 7.ª)
Sentencia de 24 de septiembre de 2008[229]:

Quinto. [...] no constando en el expediente administrativo que se haya dictado ninguna resolución acordando la suspensión o ampliación del plazo para resolver, existiendo solo dos ampliaciones del plazo para formular pliego de cargo por el plazo de un mes, y sin que el procedimiento haya estado paralizado por causa imputable al interesado, ha de llegarse a la conclusión, tal como se declaró por la sentencia recurrida, que cuando se dictó dicha resolución el procedimiento disciplinario había caducado, y debía considerarse extinguido, y nula la resolución administrativa inicialmente recurrida.

229. Ponente: Excmo. Sr. Cancer Lalanne. Recurso 4455/2004 (RJ 2008\7241).

CAPÍTULO VII

CAUSALES PARA UNA SUSPENSIÓN PRECEPTIVA

El artículo 22.2 de la LPAC recoge una serie de supuestos en los que la suspensión del plazo para resolver y notificar se producirá *ex lege*, sin necesidad de dictar resolución específica en que así se acuerde. Bastará que se produzca el supuesto de hecho —requerimiento de anulación en los procedimientos interadministrativos, acuerdo sobre actuaciones complementarias del artículo 87 o formulación de recusación—, sin más, para que opere la suspensión.

1. REQUERIMIENTO DE ANULACIÓN EN LOS PROCEDIMIENTOS INTERADMINISTRATIVOS

Es el primero de los casos previstos en el artículo 22.2 de la LPAC:

> *a)* Cuando una Administración pública requiera a otra para que anule o revise un acto que entienda que es ilegal y que constituya la base para el que la primera haya de dictar en el ámbito de sus competencias, en el supuesto al que se refiere el apartado 5 del artículo 39 de esta Ley, desde que se realiza el requerimiento hasta que se atienda o, en su caso, se resuelva el recurso interpuesto ante la jurisdicción contencioso administrativa. Deberá ser comunicado a los

interesados tanto la realización del requerimiento, como su cumplimiento o, en su caso, la resolución del correspondiente recurso contencioso-administrativo.

El supuesto de hecho está integrado por varios elementos concurrentes. Si falta cualquiera de ellos, la suspensión no tendrá lugar:

1. La Administración actuante debe tener la obligación de dictar un acto administrativo (ya sea final o de trámite) que «necesariamente tenga por base otro dictado por una Administración pública distinta y aquélla entienda que es ilegal» (art. 39.5 de la LPAC). Es decir, la Administración actuante debe apreciar la existencia de alguna causa de invalidez en el acto de otra Administración; acto supuestamente ilegal que, además, ha de servirle «necesariamente» de base para dictar su propio acto[230].
2. La Administración actuante deberá requerir a esa otra Administración para que anule o revise el acuerdo supuestamente ilegal.

La suspensión tiene efectos *ex lege* desde el momento en que se inicie formalmente el conflicto interadministrativo mediante el requerimiento impugnatorio previsto por el artículo 39.5 de la LPAC, que podrá tener su continuación en sede judicial (art. 44 de la LJCA).

La ley recoge otra exigencia más para dar efectividad a la suspensión: tanto la realización del requerimiento como su cumplimiento o, en su caso, la resolución del proceso judicial, deberán ser comunicadas a los interesados. En consecuencia, es preciso que el conflicto interadministrativo afecte a un tercero y no sea algo exclusivo entre las dos administraciones en litigio. Precisamente por eso, por la existencia de un interesado, se justifica la suspensión del plazo máximo de resolución y notificación.

---

230. No le falta razón a Jesús Jiménez López, cuando advierte que «la apreciación de esta última circunstancia requiere una valoración quizás incompatible con el efecto suspensivo *ex lege* previsto». Véase su comentario al artículo 22 de la LPAC, en ob. cit., pág. 224.

2. LA «INSTRUCCIÓN COMPLEMENTARIA»

El transcurso del plazo máximo legal para resolver un procedimiento y notificar la resolución también se suspenderá, según dispone el artículo 22.2.*b)* de la LPAC, de forma imperativa:

> *b)* Cuando el órgano competente para resolver decida realizar alguna actuación complementaria de las previstas en el artículo 87, desde el momento en que se notifique a los interesados el acuerdo motivado del inicio de las actuaciones hasta que se produzca su terminación.

El artículo 87 de la LPAC prevé la posibilidad de realizar actuaciones complementarias para la resolución del procedimiento, quedando entretanto suspendido el plazo para su resolución. Sus términos son los siguientes:

> Antes de dictar resolución, el órgano competente para resolver podrá decidir, mediante acuerdo motivado, la realización de las actuaciones complementarias indispensables para resolver el procedimiento. No tendrán la consideración de actuaciones complementarias los informes que preceden inmediatamente a la resolución final del procedimiento.
>
> El acuerdo de realización de actuaciones complementarias se notificará a los interesados, concediéndoseles un plazo de siete días para formular las alegaciones que tengan por pertinentes tras la finalización de las mismas. Las actuaciones complementarias deberán practicarse en un plazo no superior a quince días. El plazo para resolver el procedimiento quedará suspendido hasta la terminación de las actuaciones complementarias.

La normativa legal establece algunos condicionantes para que esta suspensión surta efectos. El primero de ellos es que se trate de actuaciones complementarias «indispensables» para resolver el procedimiento, excluyéndose expresamente las relativas a informes que precedan inmediatamente a la resolución. Si estas actuaciones son o no «indispensables» exige una valoración, una «motivación» [«acuerdo motivado», se dice en los arts. 22.2.*b)* y 87 de la LPAC] que, de no hacerse correctamente por la Administración actuante, podría dar lugar en el recurso administrativo o en sede judicial a la nulidad de este acuerdo y a la consiguiente ineficacia de la suspensión. Al ser una resolución de trámite, podría argumentarse que contra ella no cabe recurso autónomo, ni en sede administrativa (art. 112.1.I de la LPAC) ni en sede judicial (art. 25.1 de la LJCA). Pero nada impediría impugnar el acuerdo de suspensión al tiempo que la resolución final del procedimiento, alegando que se infringieron los artículos 22.2.*b)* y 87 de la LPAC, a fin de sumar al plazo de caducidad ese tiempo de suspensión «indebida».

Un segundo condicionante es temporal: las actuaciones complementarias no pueden demorarse en su práctica más allá de quince días. La pregunta inmediata es qué sucede si se supera ese plazo. A mi juicio, el único efecto sería que, transcurrido el plazo máximo de esos quince días, la suspensión quedaría levantada *ex lege* y proseguiría el cómputo del plazo de caducidad.

Por lo que acontece al día inicial y final de la suspensión, su determinación se infiere de la dicción literal de los artículos 22.2.*b)* y 87 de la LPAC. El día inicial de la suspensión será el momento en que se notifique a los interesados el acuerdo de la instrucción complementaria; y, el día final, el de «terminación de las actuaciones complementarias»; es decir, no se incluyen en la suspensión los siete días que tienen las partes para formular alegaciones tras la «finalización» (o «terminación») de las mismas[231].

3. EL INCIDENTE DE RECUSACIÓN

Promover la recusación del procedimiento implica su suspensión desde que se plantee hasta que sea resuelta por el superior jerárquico del recusado [art. 22.2.*c)* de la LPAC]. Hay quien cuestiona la justificación y utilidad de esta causa de suspensión por la escasa duración del trámite, que se reduce, como máximo, a un día (para que el recusado manifieste si se da o no la causa) más otros tres días (para resolver) de conformidad con lo previsto en el artículo 24.3 y 4 de la LRJSP[232]. Sin embargo, la experiencia demuestra que, en

231. Así, Jesús JIMÉNEZ LÓPEZ, comentario al artículo 22 de la LPAC, en ob. cit., pág. 224; en el mismo sentido, Humberto GOSÁLBEZ PEQUEÑO, «El deber de la Administración pública de resolver el procedimiento administrativo...», art. cit., pág. 89, nota 68.

232 Humberto GOSÁLBEZ PEQUEÑO, «El deber de resolver: términos y plazos», en ob. cit., pág. 1194.

muchas ocasiones, el debate sobre si se ha producido o no la caducidad depende del escaso margen de un día o de unos pocos días.

Esta causa de suspensión —novedosa en la ley— ya había sido acogida por la STS (Sala 3.ª, sección 4.ª) de 5 de mayo de 2004[233] como una paralización imputable al interesado (anterior art. 44.2.II de la LRJPAC y actual art. 25.2 de la LPAC); y, por tanto, no computable dentro del plazo de caducidad. También la STSJ de Cataluña (sección 4.ª) núm. 50/2016, de 21 de enero, incluyó entre las actitudes obstruccionistas imputables al expedientado la relativa a la recusación de la instructora, descontando por tanto del plazo de caducidad la duración del incidente[234].

El incidente de recusación podrá promoverse «en cualquier momento de la tramitación del procedimiento» (art. 24.1 de la LRJSP); es decir, antes de su terminación por cualquiera de las causas legalmente previstas (art. 84 de la LPAC). Y el período de suspensión comenzará desde la fecha en que se «plantee» o, para mayor claridad, desde que se «presente» el escrito de recusación en cualquiera de los registros admitidos por el artículo 16.4 de la LPAC, independientemente de la fecha en que se reciba por el instructor del procedimiento[235]. Finaliza la suspensión el día en que se resuelva el incidente, no aquel otro en que se notifique[236].

Por lo demás, es de ver que el tiempo que se minora del plazo de caducidad es el correspondiente al incidente de

233. Ponente: Excma. Sra. Pico Lorenzo. Recurso 556/2002 (RJ 2004\3216). En el fj 4 el Alto Tribunal considera «obvio que el sancionado tuvo una conducta —incidente de recusación, demora en comparecer ante el instructor del expediente— que retardó la tramitación del procedimiento, mas dicho factor ya fue tomado en consideración por la sentencia de instancia para restar el citado período».

234. Ponente: Ilma. Sra. Pérez Borrat. Recurso 186/2015 (JUR 2016\72796).

235. Así, Humberto Gosálbez Pequeño, «El deber de resolver: términos y plazos», en ob. cit., nota 75, págs. 1193-1194.

236. Prolongar la suspensión hasta la notificación hubiera supuesto dejar en manos de la Administración «la paralización imputable al interesado», lo cual no es aceptable.

«recusación» y no el de su envés, la «abstención». Si es el instructor quien de oficio se abstiene conforme a lo previsto en el artículo 23.1 de la LRJSP, no procederá la suspensión del plazo máximo resolutorio del procedimiento. Lo avala el artículo 74 de la LPAC en cuanto niega que «las cuestiones incidentales» puedan suspender la tramitación del procedimiento, «salvo la recusación».

4. LA CONDUCTA RETARDATORIA DEL INCULPADO

Al igual que sucede en los plazos de prescripción, donde no cuenta la paralización por causas imputables al presunto responsable (art. 30, apartados 2.II y 3.II de la LRJSP), tampoco es computable a efectos de caducidad del expediente la conducta retardatoria del interesado (art. 25.2 de la LPAC). El deber de resolver queda entonces en suspenso, *ex lege* y *sine die*, hasta que la situación de pendencia sea atajada por quien la genera. Se evita así que la conducta entorpecedora del inculpado o de su abogado en el procedimiento sancionador dé lugar a la caducidad y sirva para eludir sus consecuencias negativas[237].

A) Argucias dilatorias

Las argucias dilatorias del inculpado no computan a efectos de caducidad. Así, por ejemplo, la reiterada incomparecencia injustificada ante el instructor del expediente[238], o la dilación en la recepción de las notificaciones no atendiendo los avisos postales, son conductas que han sido tomadas en consideración por los tribunales para minorar, del plazo de caducidad, el tiempo invertido en ellas.

---

237. Véase Marcos GÓMEZ PUENTE, «Prescripción, caducidad y perención administrativas», en *Justicia Administrativa*, núm. 4, julio de 1999, pág. 31.

238. La STS (Sala 3.ª, sección 4.ª) de 5 de mayo de 2004 (rec. 556/2002) (RJ 2004\3216) excluyó del plazo de caducidad, entre otros períodos de paralización imputables al inculpado, «el retardo en la declaración practicada ante el instructor, dado que fue preciso realizar hasta tres intentos».

La STSJ de Cataluña (sección 4.ª) núm. 50/2016, de 21 de enero[239], tras valorar la actitud obstruccionista del inculpado y de su abogado, consideró que no eran computables a efectos de caducidad los siguientes tiempos:

1. La incomparecencia del inculpado en las tres ocasiones en que fue citado, sin que acreditara ninguna causa que justificase tal actuación.

2. La ampliación del plazo para presentar alegaciones a la propuesta de resolución pedida por el inculpado. Una vez acordada tal ampliación, el inculpado rechazó en diversas ocasiones las notificaciones de tal decisión. Dicha dificultad no solo se produjo en esta comunicación sino en otras anteriores, que retrasaron la práctica de las notificaciones y citaciones y, en consecuencia, la tramitación del expediente.

3. Por otra parte, el inculpado designó como domicilio a efectos de notificaciones el de su abogado, pero fue imposible llevarlas a cabo, hasta el punto de que la instructora tuvo que dictar resolución para que se practicara por un doble conducto, en el domicilio del despacho de abogados designado y en el domicilio particular del interesado. Pese a ello, tal prevención resultó infructuosa porque el interesado se negó a recibir las notificaciones y el domicilio del abogado no fue operativo, entorpeciéndose así la tramitación del expediente y provocando también la dilación.

• Tribunal Superior de Justicia de Extremadura
Sentencia núm. 196/1999, de 16 de febrero[240]:

Tercero. [...] en ese cómputo [el de caducidad del procedimiento] deberá descontarse el plazo en que se dilató la notificación de la orden de incoación del procedimiento, que no pudo practicarse hasta el día 18 de marzo, en base a no atender el recurrente

239. Ponente: Ilma. Sra. Pérez Borrat. Recurso 186/2015 (JUR 2016\72796).

240. Ponente: Ilmo. Sr. Olea Godoy. Recurso 804/1995 (RJCA 1999\5100).

el aviso de correo en que se contenía el acto que se pretendía notificar; haciendo precisa la notificación personal por agente notificador recurriendo a la colaboración (artículo 14 del Reglamento) del ayuntamiento donde tenía su domicilio; lo que obligó a dilatar aquella primera notificación y las ulteriores; y habida cuenta que esa notificación se demoró más de dos meses debe estimarse que a la fecha de la resolución, 16 de septiembre, no habían transcurrido los seis meses más treinta días hábiles que la caducidad exigía. Y a esas consideraciones no puede oponerse, como la asistencia jurídica del actor aduce, la posibilidad más o menos previsible de la no atención de las notificaciones; pues si en ello existe un derecho del interesado, no lo es menos que las notificaciones postales están habilitadas por el legislador como una garantía de celeridad del procedimiento y si las mismas no son atendidas en debida forma no por ello deberá dejarse de valorar la ausencia de colaboración de los interesados a la hora de apreciar una institución como la de caducidad del procedimiento que está vinculada al normal desarrollo de los trámites pertinentes y en garantía de los ciudadanos frente a la desidia de la Administración en la tramitación del procedimiento sancionador, que en modo alguno es conciliable con los obstáculos procesales que los interesados puedan oponer. Y esas mismas razones son las que hacen decaer la invocación de la caducidad de la notificación de la providencia de incoación en los dos meses que impone el artículo 6.2 del Reglamento, también invocado en la demanda, pues en el caso presente esa omisión fue ajena a la Administración que hubo de esperar a que caducará la notificación remitida por correo y proceder, una vez conocida la misma, a la notificación personal. Por todo ello procede rechazar la caducidad invocada.

B) Plazos para evacuar alegaciones y proponer pruebas

No todo alargamiento procedimental, aunque se deba a actuaciones u omisiones del inculpado, puede calificarse como conducta obstruccionista. En concreto, el agotamiento de los plazos o la inactividad del inculpado a la hora de evacuar trámites preclusivos para el ejercicio de su derecho de defensa no puede conceptuarse como paralización retardatoria y, por ende, no puede servir de coartada para suspender el plazo de caducidad.

Es decir, no cabe paralizar el cómputo de la caducidad por la mera inactividad en la evacuación de alegaciones, proposición de pruebas, etcétera. El inculpado es libre de utilizar o no las oportunidades que el procedimiento le proporciona para ejercitar su derecho de defensa, y la única consecuencia de su inactividad ha de ser la preclusión del trámite[241].

• Tribunal Superior de Justicia de Andalucía (sede en Sevilla, sección 2.ª)
Sentencia de 18 de enero de 2002[242]:

Quinto. [...] En modo alguno, los plazos para alegaciones o práctica de pruebas pueden entenderse como de interrupción del plazo de caducidad, pues interpretándose así se estaría negando el derecho de defensa y la obligación de trámites de audiencia, consagrados en los artículos 24.2 y 105.*c)* de la Constitución.

C) Tiempo empleado en practicar la prueba solicitada por el inculpado

Durante el tiempo en que el expediente esté paralizado a causa de la tardanza en practicar una prueba pertinente, solicitada en tiempo y forma por el inculpado, no debe entenderse interrumpido el plazo de caducidad.

• Tribunal Superior de Justicia de Madrid (sección 6.ª)
Sentencia de 25 de abril de 2006[243]:

Segundo. [...] La Sala considera que siendo cierto que se paralizó el expediente sancionador, ello no es imputable en ningún caso a la parte actora que se limitó a ejercitar su derecho a realizar alegaciones en su descargo y sugerir que se requiriese al ayuntamiento para que aportara cierta documentación que obraba en su poder y que corroboraba tales argumentos. En todo caso, es imputable a negligencia en la tramitación del procedimiento el no reiterar el requerimiento una vez transcurrido el mencionado plazo concedido en el primer oficio remitido y adoptar las medidas necesarias para que el mismo se cumplimentara debidamente en la forma solicitada. Por lo cual no es de aplicación lo dispuesto en el artículo 44.2 de la Ley 30/1992 respecto de la interrupción del cómputo del plazo para resolver durante el tiempo en que se ha producido la interrupción.

---

241. En la misma línea, Rafael CABALLERO SÁNCHEZ, *Prescripción y caducidad...*, ob. cit., pág. 448, nota 100, defiende que no cabe computar como dilaciones retardatorias del inculpado los plazos previstos en el ordenamiento para su defensa y alegaciones.

242. Ponente: Ilmo. Sr. Salas Gallego. Recurso 1049/1998 (JUR 2002\87127).

243. Ponente: Ilma. Sra. Gallardo Martín de Blas. Recurso 1041/2003 (JUR 2006\195980).

CAPÍTULO VIII

ESPECIAL REFERENCIA A LA PRIORIDAD DEL ENJUICIAMIENTO PENAL

Es un principio comúnmente reconocido el de prevalencia o prioridad del enjuiciamiento penal sobre el ejercicio de la potestad sancionadora por la Administración. La primacía del juez penal atiende al viejo principio *le criminel tient le civil en état* y al régimen general de la prejudicialidad (arts. 10.2 de la LOPJ y 4.1 de la LJCA)[244].

En palabras de la STC 77/1983, «la subordinación de los actos de la Administración de imposición de sanciones a la autoridad judicial exige que la colisión entre una actuación jurisdiccional y una actuación administrativa haya de resolverse en favor de la primera». Se trata aquí de la vertiente formal o procesal del *ne bis in idem* que, de conformidad con lo dispuesto en las SSTC 77/1983 y 2/2003, «se concreta en la regla de la preferencia o precedencia de la autoridad judicial penal sobre la Administración respecto de su actuación en materia sancionadora en aquellos casos en los que los hechos a sancionar puedan ser, no sólo constitutivos de infracción administrativa, sino también de delito o falta según el Código Penal».

Su finalidad es evitar, de una parte, la concurrencia de sanciones en supuestos de identidad de sujetos, hechos y funda-

244. *Cf.* Eduardo García de Enterría, *Curso de Derecho Administrativo*, vol. II (con Tomás-Ramón Fernández), 15.ª ed., Civitas/Thomson Reuters, Editorial Aranzadi SAU, Cizur Menor (Navarra), 2017, pág. 213.

mentos (art. 31.1 de la LRJSP)[245]; y, de otra, la contradicción entre los hechos fijados por la autoridad judicial y por la autoridad administrativa en el ejercicio del *ius puniendi* del Estado (art. 77.4 de la LPAC)[246]. De ahí que proceda la paralización del proceso sancionador durante la sustanciación del proceso penal y, por ende, la suspensión del plazo de caducidad.

• Tribunal Constitucional
Sentencia núm. 77/1983:

3.º [...] La subordinación de los actos de la Administración de imposición de sanciones a la autoridad judicial exige que la colisión entre una actuación jurisdiccional y una actuación administrativa haya de resolverse en favor de la primera. De esta premisa son necesarias consecuencias las siguientes: *a)* el necesario control *a posteriori* por la autoridad judicial de los actos administrativos mediante el oportuno recurso; *b)* la imposibilidad de que los órganos de la Administración lleven a cabo actuaciones o procedimientos sancionadores en aquellos casos en que los hechos puedan ser constitutivos de delito o falta según el Código Penal o las leyes penales especiales, mientras la autoridad judicial no se haya pronunciado sobre ellos; *c)* la necesidad de respetar la cosa juzgada.

La cosa juzgada despliega un efecto positivo, de manera que lo declarado por sentencia firme constituye la verdad jurídica y un efecto negativo, que determina la imposibilidad de que se produzca un nuevo pronunciamiento sobre el tema.

• Tribunal Supremo (Sala 3.ª, sección 4.ª)
Sentencia 2421/2016, de 11 de noviembre[247]:

Tercero. En definitiva, lo que se pretende en este recurso contencioso administrativo es que esta sala anule la remisión al ministerio fiscal del expediente sancionador en tramitación, y la consiguiente suspensión del procedimiento, lo que impediría que el ministerio fiscal y, en su caso, la jurisdicción penal valorasen y se pronunciasen sobre si los hechos, por los que se sigue dicho procedimiento sancionador, son constitutivos, o no, de delito.

245. Artículo 31.1 de la LRJSP: «No podrán sancionarse los hechos que lo hayan sido penal o administrativamente, en los casos en que se aprecie identidad del sujeto, hecho y fundamento».

246. Artículo 77.4 de la LPAC: «En los procedimientos de carácter sancionador, los hechos declarados probados por resoluciones judiciales penales firmes vincularán a las Administraciones Públicas respecto de los procedimientos sancionadores que substancien».

247. Ponente: Excma. Sra. Teso Gamella. Recurso 317/2015 (RJ 2016\5423).

La tesis que postula la recurrente supondría, en consecuencia, conferir una preferencia de la jurisdicción contencioso-administrativa por encima de la penal, porque serían los órganos de nuestra jurisdicción, la Sala Tercera en este caso, quien tendría la última palabra para valorar si los hechos son, o no, constitutivos de delito, a los efectos de valorar la corrección jurídica de la remisión de las actuaciones sancionadoras iniciadas. Esta pretensión, por tanto, haría quebrar el carácter preferente de la jurisdicción penal que establecen los artículos 10.2 de la LOPJ y 4 de nuestra ley jurisdiccional, cuando señalan, por lo que hace al caso, que la competencia del orden jurisdiccional contencioso administrativo no se extiende al conocimiento y decisión de las cuestiones prejudiciales e incidentales penales.

1. PARALIZACIÓN DEL PROCEDIMIENTO SANCIONADOR

La prevalencia de la jurisdicción penal sobre la potestad sancionadora de la Administración conlleva, como lógica consecuencia, que esta última paralice o suspenda sus actuaciones represoras hasta que en sede penal se dicte resolución firme (sentencia o auto de sobreseimiento)[248]. En este sentido se pronuncia la STS (Sala 3.ª, sección 7.ª) de 23 de julio de 1998[249] cuando declara que el principio *non bis in idem*, además de vedar la doble sanción penal y administrativa, «exige» también que, si los hechos son objeto de un proceso penal, el procedimiento administrativo sancionador se paralice hasta que la autoridad judicial resuelva lo procedente[250]. Y añade:

> *Tercero.* [...] No se trata de impedir la mera duplicidad de procedimientos, que es algo ajeno al ámbito de protección del principio *non bis in idem*, sino de evitar una actuación que, a tenor de la citada doctrina constitucional, traspasaría los límites del artículo 25 de la Constitución al no respetar la primacía sustancial del procedimiento penal en orden a la apreciación de los hechos, o dicho en formulación del Tribunal Constitucional, «la imposibilidad de que los órganos de

248. «Si existen cuestiones de hecho con relevancia penal, el instructor del procedimiento "debe" suspenderlo». José Ramón CHAVES GARCÍA, «La pena de taburete: suspensión del procedimiento sancionador por actuaciones penales», *post* del 24 de noviembre de 2016, en el blog *delaJusticia.com.*

249. Ponente: Excmo. Sr. Lescure Martín. Recurso núm. 5422/1995 (RJ 1998\6422).

250. El principio *non bis in idem* «exigía la paralización del procedimiento administrativo a las resultas del proceso penal», se dice en la citada sentencia (fj 3).

la Administración lleven a cabo actuaciones o procedimientos sancionadores en aquellos casos en que los hechos puedan ser constitutivos de delito o falta según el Código Penal o las leyes penales especiales, mientras la autoridad judicial no se haya pronunciado sobre ellos».

• Tribunal Constitucional
Sentencia núm. 70/2012:

3.º La siguiente queja objeto de nuestro enjuiciamiento es la referida a la posible conculcación de la regla de la preferencia o precedencia de la jurisdicción penal sobre la Administración en el conocimiento de aquellos hechos que puedan ser no sólo constitutivos de infracción administrativa sino también penal. Tal situación se habría dado al haber tramitado y resuelto la Administración el procedimiento sancionador pese a que por los mismos hechos se estaban siguiendo diligencias penales en el Juzgado de Instrucción núm. 1 de Leganés, en virtud de denuncia presentada por la propia Consejería de Sanidad de la Comunidad Autónoma de Madrid.

Ciertamente, es doctrina de este tribunal fijada, entre otras muchas, en la STC 2/2003, de 16 de enero, fj 9 (Pleno), que «la infracción por la Administración del deber de paralizar el procedimiento administrativo sancionador si los hechos pueden ser constitutivos de infracción penal tiene relevancia constitucional por cuanto estas reglas plasman la competencia exclusiva de la jurisdicción penal en el conocimiento de los hechos constitutivos de infracción penal y configuran un instrumento preventivo tendente a preservar los derechos a no ser sometido a un doble procedimiento sancionador —administrativo y penal— y a no ser sancionado en más de una ocasión por los mismos hechos». Por ello, «una vez que el legislador ha decidido que unos hechos merecen ser el presupuesto fáctico de una infracción penal y configura una infracción penal en torno a ellos, la norma contenida en la disposición administrativa deja de ser aplicable y sólo los órganos judiciales integrados en la jurisdicción penal son órganos constitucionalmente determinados para conocer de dicha infracción y ejercer la potestad punitiva estatal», de modo que «cuando el hecho reúne los elementos para ser calificado de infracción penal, la Administración no puede conocer, a efectos de su sanción, ni del hecho en su conjunto ni de fragmentos del mismo, y por ello ha de paralizar el procedimiento hasta que los órganos judiciales penales se pronuncien sobre la cuestión». En definitiva, de no hacerse así, la subsunción de los hechos en la disposición administrativa quebranta el principio de legalidad sancionadora (art. 25.1 de la CE) y la competencia exclusiva de la jurisdicción penal para ejercer la potestad punitiva (art. 25.1 de la CE en relación con el art. 117.3 de la CE).

Como se ve, la prioridad del enjuiciamiento penal casa mal con la suspensión «facultativa» (entendida como «opcional») del procedimiento sancionador en curso. Pese a que la prejudicialidad penal podría entenderse incluida de forma difusa en el artículo 22.1.*g)* de la LPAC (cuando «sea indispensable la obtención de un previo pronunciamiento por parte de un órgano jurisdiccional»), tiene difícil encaje entre las causas por las que facultativamente «se podrá suspender» el plazo para resolver.

En estos casos, la suspensión es preceptiva, obligatoria para la Administración. Necesariamente tiene que suspender la tramitación del procedimiento administrativo sancionador, pues, de lo contrario, se producirá la nulidad de pleno derecho de la actuación administrativa[251]. «Hablamos de deber —indica ALARCÓN SOTOMAYOR— porque nunca se trata de una facultad discrecional del órgano administrativo competente, sino de un mandato legal y constitucional de carácter indisponible»[252].

Multitud de normas sancionadoras, nacionales y autonómicas, lo han explicitado al ordenar imperativamente la suspensión del procedimiento sancionador si concurre con el proceso penal. Así, por ejemplo:

- ✓ El artículo 6.1 del Decreto extremeño 9/1994 («acordará la suspensión»).
- ✓ El artículo 3.1 del Decreto castellanoleonés 189/1994 («absteniéndose la Administración de seguir el procedimiento»).
- ✓ El artículo 25.2 de la Ley vasca 2/1998 («acordará la suspensión»).
- ✓ El artículo 2.2 del Decreto madrileño 245/2000 («acordará la suspensión»).
- ✓ El artículo 22.2 del Decreto aragonés 28/2011 («acordará la suspensión»).

---

251. Lucía ALARCÓN SOTOMAYOR, *La garantía* non bis in idem *y el procedimiento administrativo sancionador*, Iustel, Madrid, 2008, págs. 137-138.

252. Lucía ALARCÓN SOTOMAYOR, *ibidem*, pág. 109, habla claramente del «deber de no tramitar el procedimiento sancionador hasta que no termine la actuación judicial penal».

- ✓ El artículo 85.1 del RDLeg. 6/2015, texto refundido de la ley sobre tráfico («acordará la suspensión»).
- ✓ El artículo 3.2 del RDLeg. 5/2000, texto refundido de la LISOS («se abstendrá de seguir el procedimiento sancionador»).
- ✓ El artículo 110.2 del RDLeg. 1/2015, texto refundido de la ley de los medicamentos («suspenderá la tramitación»).
- ✓ El artículo 55.3 y 4 de la Ley castellanomanchega 7/2011 sobre espectáculos público («acordará su suspensión» y «suspenderá el procedimiento»).

Este carácter imperativo de la suspensión se desprende de la doctrina del Tribunal Constitucional cuando señala que «la infracción por la Administración del deber de paralizar el procedimiento administrativo sancionador si los hechos pueden ser constitutivos de infracción penal tiene relevancia constitucional» (SSTC 2/2003, fj 9 y 70/2012, fj 3); singularmente, porque vulnera el principio de legalidad sancionadora (art. 25.1 de la CE) y la competencia exclusiva de la jurisdicción penal para ejercer la potestad punitiva (art. 25.1 en relación con el art. 117.3, ambos de la CE).

• Tribunal Constitucional
Sentencia núm. 2/2003:

> 9.º [...] En conclusión, la cuestión atinente a cuál es el órgano sancionador que actúa en primer lugar tiene relevancia constitucional, a pesar de lo sostenido en la STC 177/1999, de 11 de octubre (fj 5), y en consonancia con la declaración efectuada por la STC 77/1983, de 3 de octubre (fj 3), acerca de la «imposibilidad de que los órganos de la Administración lleven a cabo actuaciones o procedimientos sancionadores, en aquellos casos en que los hechos puedan ser constitutivos de delito o falta según el Código Penal o las leyes penales especiales, mientras la autoridad judicial no se haya pronunciado sobre ellos».

Una vez deducido testimonio al fiscal o al órgano judicial e iniciadas las actuaciones penales, ya no cabe discutir en sede administrativa la infracción de derechos; tal debate se traslada ante los órganos de la jurisdicción penal que conozcan del asunto.

• Tribunal Supremo (Sala 3.ª, sección 7.ª)
Sentencia de 7 de febrero de 2007[253]:

Sexto. Tampoco está de más recordar la preferencia que corresponde al derecho penal frente al derecho administrativo sancionador y la principal consecuencia que ello comporta, consistente en la suspensión de las actuaciones administrativas que produce la tramitación de un proceso penal que haya sido iniciado por los mismos hechos.

Y lo derivado de todo lo que acaba de expresarse será lo siguiente: *a)* mientras esté suspendido un procedimiento administrativo, como consecuencia de la iniciación de un proceso penal, no cabe hablar de indefensión en ese ámbito administrativo; y *b)* las garantías de defensa que puedan asistir al afectado frente a los hechos que sean objeto de persecución penal deberá hacerlas valer en el correspondiente proceso penal y ante el órgano jurisdiccional que conozca del mismo.

• Tribunal Supremo (Sala 3.ª, sección 7.ª)
Sentencia de 2 de marzo de 2007[254]:

Segundo. [...] En efecto, con la deducción de testimonio al ministerio fiscal, e iniciadas las actuaciones penales, la jurisdicción competente para conocer, desde el punto de vista penal de las irregularidades posibles que puedan afectar al proceso son los jueces y tribunales del orden jurisdiccional penal (artículo 9.3 de la Ley Orgánica del Poder Judicial), siendo incompatible el conocimiento del mismo hecho por dos jurisdicciones distintas, y desde luego, la tramitación del procedimiento administrativo, una vez iniciado el penal.

• Tribunal Supremo (Sala 3.ª, sección 4.ª)
Sentencia 2421/2016, de 11 de noviembre[255]:

Quinto. La conclusión expuesta, que estamos ante un acto de trámite y que lo que se postula se opone a la preferencia de la jurisdicción penal, determina que no podamos analizar las infracciones normativas que se aducen en el escrito de demanda, tales como la confianza legítima, la seguridad jurídica, la desviación de poder o los actos propios.

253. Ponente: Excmo. Sr. Maurandi Guillén. Recurso 6456/2002 (RJ 2007\2651). En el mismo sentido la STS (Sala 3.ª, sección 7.ª) de 15 de septiembre de 2008 (rec. 4338/2006) (RJ 2008\6860).

254. Ponente: Excmo. Sr. Díaz Delgado. Recurso 791/2005 (RJ 2007\2603).

255. Ponente: Excma. Sra. Teso Gamella. Recurso 317/2015 (RJ 2016\5423).

2. INCOACIÓN DE DILIGENCIAS PREPROCESALES POR EL FISCAL

Cabe preguntarse si también ha de paralizarse el expediente sancionador cuando los hechos estén siendo investigados por la fiscalía. Recuérdese que el fiscal *motu proprio* puede practicar diligencias preprocesales de investigación (art. 5 del EOMF y 773.2 de la LECRIM). DEL MORAL GARCÍA[256] se lo ha planteado, llegando a las siguientes conclusiones:

a) Con carácter general, la incoación de unas diligencias de investigación del fiscal no exigen necesariamente la paralización del expediente administrativo sancionador.

b) En particular, la aplicación de alguna normativa sectorial sí puede implicar, cuando las diligencias de investigación del fiscal se incoan como consecuencia de una comunicación de la Administración, la necesidad de paralizar el procedimiento administrativo. Así debe entenderse cuando esa normativa concreta obliga a poner los hechos en conocimiento del fiscal si aparecen indicios de responsabilidad penal[257]. Parece que, en ese mismo momento, el del traslado al fiscal, procede suspender el procedimiento administrativo hasta que se pronuncie la autoridad judicial o el fiscal devuelva el expediente indicando que no iniciará diligencias preprocesales.

c) Fuera de esos casos, la investigación del fiscal no causa «prejudicialidad» en el procedimiento administrativo. Sin perjuicio, obviamente, de que será obligada la suspensión del expediente administrativo sancionador

---

256. Antonio del MORAL GARCÍA, «Protección penal del medio ambiente: algunos aspectos procesales», en *Derecho del medio ambiente*, Cursos del Centro de Estudios de la Administración de Justicia, núm. 16, Madrid, 1995, págs. 146-147.

257. Por ejemplo, el artículo 94.3 de la Ley de Costas (Ley 22/1988), el 92.4 de la Ley de Pesca Marítima del Estado (Ley 3/2001), el 20.5 de la Ley de medidas sanitarias frente al tabaquismo (Ley 28/2005), el 24.3 de la Ley sobre técnicas de reproducción humana asistida (Ley 14/2006), el 311.3 de la Ley de Puertos del Estado y de la Marina Mercante (RDLeg. 2/2011), el 56.3 de la Ley General de Salud Pública (Ley 33/2011) o el 57.2 de la Ley de Evaluación Ambiental (Ley 21/2013).

en el momento en que las diligencias preprocesales del fiscal se remitan a la autoridad judicial, para la incoación del correspondiente procedimiento penal.

3. MOMENTOS: CUÁNDO SE PARALIZA Y CUÁNDO SE REANUDA EL CÓMPUTO DE LA CADUCIDAD

A) El momento de la paralización

La existencia de un proceso penal en marcha es presupuesto bastante para exigir que se paralice el procedimiento sancionador y, como consecuencia, se suspenda el cómputo del plazo de caducidad. Pero, entre tanto se incoa o no un proceso penal, la Administración no puede mirar hacia otro lado y continuar sus actuaciones pese a los indicios de delito. Basta con que los hechos perseguidos tengan apariencia de infracción penal para que surja el deber de la Administración de comunicarlo al fiscal o al juez, a fin de que puedan valorarlos y, en su caso, proceder penalmente. La Administración tiene el deber de impulsar el eventual proceso penal denunciando los hechos.

En resumidas cuentas, la Administración que persigue hechos con apariencia de ilícito penal tiene un doble deber:

- ✓ Paralizar el procedimiento sancionador, si tiene conocimiento de que se ha iniciado un proceso penal por tales hechos.
- ✓ Comunicar al fiscal o al juez los hechos aparentemente delictivos, si aún no se ha iniciado el proceso penal.

Esta mera comunicación no siempre obliga a paralizar al mismo tiempo —de inmediato— el procedimiento sancionador. La regulación es variopinta y hay que acudir a la particularidad de las normas *ad casum*. Algunas de ellas claramente anudan el deber de paralizar el procedimiento al momento en que se incoe el proceso penal[258]; mientras que otras lo adelantan, con

258. Así sucede con el 5.1 del Decreto catalán 278/1993 (procedimiento sancionador de aplicación a los ámbitos de competencia de la Generalidad de Cataluña). Tras pasar el tanto de culpa al fiscal, la suspensión del procedimiento administrativo solo es obligada «una vez que la autoridad judicial haya incoado el proceso penal que corresponda». Por su parte, el artículo 110.2 de la ley de medicamentos y productos sanitarios (Real

igual claridad, al momento en que se trasladen los hechos al fiscal o a la autoridad judicial[259]. Un tercer género son aquellas que determinan la suspensión una vez recibida la comunicación de lo actuado por el fiscal o la autoridad judicial[260].

En cualquier caso, los anteriores momentos procedimentales indican a partir de cuándo la autoridad administrativa debe abstenerse de proseguir el procedimiento sancionador. Ahora bien, la suspensión del plazo de caducidad requiere inexcusablemente que se dicte un acuerdo formal al respecto, a pesar de que los indicios de delito son una causa de suspensión no facultativa —como ya hemos visto— por aplicación de los principios de legalidad y *ne bis in idem*.

Este acuerdo solo tendrá efectos a partir de su debida notificación al interesado. Lo dice con claridad meridiana la legislación de tráfico: «La interrupción [*sic; rectius:* suspensión] de la caducidad se computará desde que se notifique la resolución al interesado» (art. 16.II del Real Decreto 320/1994). Pero también es aplicable, con carácter general, lo dispuesto en los artículos 39.2 y 40.1 de la LPAC, de manera que cuando los actos administrativos afecten a derechos e intereses de los administrados —como sucede con la paralización del procedimiento y la consecuente suspensión del plazo de caducidad—, su eficacia quedará demorada hasta el momento en que se notifiquen o

Decreto Legislativo 1/2015) señala que es «la instrucción de causa penal ante los tribunales de justicia» el detonante que «suspenderá la tramitación del expediente administrativo sancionador que hubiera sido incoado por los mismos hechos».

259. Ejemplo de ello es el artículo 85.1 del Real Decreto Legislativo 6/2015 (ley de tráfico). Una vez que la autoridad administrativa ha puesto los hechos en conocimiento del fiscal por si procede la acción penal, «acordará la suspensión de las actuaciones». Lo mismo cabe decir del artículo 6 del Decreto 9/1994 (Extremadura) y del artículo 2 del Decreto 245/2000 (Madrid), relativos a los procedimientos sancionadores en dichas comunidades. También el artículo 5.1 del Real Decreto 928/1994 (procedimiento para la imposición de sanciones en el orden social) ordena que, comunicados los hechos al fiscal, el jefe de la inspección «se abstendrá de seguir el procedimiento sancionador».

260. Así sucede con el artículo 25.2 de la Ley 2/1998 (País Vasco) y el 22.2 del Decreto 28/2001 (Aragón); normas ambas relativas al ejercicio de la potestad sancionadora en una y otra comunidad autónoma.

publiquen[261]. Por tanto, la Administración deberá ser lo suficientemente diligente para acordar y notificar la suspensión antes de que se produzca la caducidad del procedimiento[262].

• Tribunal Superior de Justicia de Cataluña (sección 3.ª)
Sentencia núm. 164/1999, de 16 de febrero[263]:

Segundo. [...] si bien obra en el expediente la remisión de las actuaciones a la fiscalía, y aceptando a efectos meramente dialécticos que tal remisión tuviese ya encaje dentro del concepto aludido de incoación de proceso penal a efectos de suspensión del procedimiento sancionador, es lo cierto que este último nunca fue suspendido formalmente, mediante resolución expresa al efecto que permitiera atender a la suspensión del cómputo del plazo de caducidad que ahora se alega; antes al contrario, resulta del expediente que incluso después de remitido el tanto de culpa al fiscal continuaron las actuaciones sin interrupción, hasta el punto de que la actora presentó escrito de alegaciones a la propuesta de resolución, que le fue admitido sin objeción alguna.

Por lo demás, el acuerdo de suspensión es considerado por el Tribunal Supremo como un acto de trámite que no admite recurso.

• Tribunal Supremo (Sala 3.ª, sección 4.ª)
Sentencia 2421/2016, de 11 de noviembre[264]:

Segundo. Bastaría, para estimar la inadmisibilidad que aduce el abogado del Estado, con señalar que esta Sala Tercera viene declarando, por todas, sentencia de 2 de marzo de 2007 (recurso de casación n.º 791/2005), respecto de la naturaleza del acto de remisión de actuaciones al ministerio fiscal *«que, desde el punto de vista del procedimiento adminis-*

261. Esta exigencia —apunta Gamero— «abarca un volumen considerable de supuestos, y alcanza, prácticamente, a la totalidad de los actos no estrictamente organizativos, esto es, a cuantos tienen relevancia externa a la Administración, de tal manera que en la práctica el principio general de ejecutividad se convierte en una excepción: los actos administrativos con eficacia *ad extra* —sanciones, licencias, subvenciones, etc.— son efectivos desde que se notifican o desde que son publicados, no desde que se dictan». Eduardo Gamero Casado, *Manual básico de derecho administrativo* (con Severiano Fernández Ramos), 14.ª ed. Tecnos, Madrid, 2017, págs. 558-559.

262. Véase la STSJ de Castilla y León (sede en Valladolid, sección 1.ª) núm. 702/2004, de 30 de abril. Recurso 4103/1998 (JUR 2004\228230).

263. Ponente: Ilmo. Sr. López Vázquez. Recurso 961/1996 (RJCA 1999\435).

264. Ponente: Excma. Sra. Teso Gamella. Recurso 317/2015 (RJ 2016\5423).

trativo, el acto de deducir testimonio al ministerio fiscal es un acto de trámite, y el recurso debería haberse declarado inadmisible por esta causa».

Pero es que, además, su naturaleza como acto de trámite viene avalada porque efectivamente es una resolución dictada en el seno del procedimiento administrativo sancionador que no pone fin a la vía administrativa (artículo 25.1 de la LJCA), que ha quedado de momento suspendida. Tampoco se trata de un acto de trámite cualificado porque no decide el fondo del asunto ni impide su continuación, por más que su posterior continuación, hasta la resolución del fondo, quede aplazada en el tiempo, en función del resultado de las actuaciones penales, del ministerio fiscal primero y, en su caso, de la jurisdicción penal después.

CHAVES GARCÍA defiende que debería haberse abierto un portillo de emergencia con el fin de examinar, al menos indiciariamente, el fundamento de la remisión de las actuaciones a la fiscalía o a la vía penal y, consecuentemente, la razonabilidad del acuerdo de suspensión del procedimiento sancionador. De lo contrario, el instructor de cualquier procedimiento administrativo sancionador podría disponer sin fundamento la remisión de las actuaciones a la vía penal «para que se inadmita el recurso contencioso-administrativo y con ello, ni se olfatee el asunto por si encubre una tropelía administrativa»[265]. Sin embargo, esa hipotética «tropelía administrativa» podría alegarse en sede penal y solo quedaría encubierta si el juez la considerase irrelevante y acabase dictando sentencia condenatoria; por el contrario, si la sentencia fuese absolutoria o se archivase el proceso penal, proseguiría el procedimiento administrativo sancionador pudiendo entonces el interesado alegar en sede administrativa y después ante la jurisdicción de este orden cualquier irregularidad[266].

B) El momento de la reanudación

Ya hemos visto cómo la concurrencia de actuaciones penales lleva a la suspensión del procedimiento administrativo sancionador hasta que se ultime el proceso judicial penal. Utilizando el argot deportivo, CHAVES habla de un

265. José Ramón CHAVES GARCÍA, «La pena de taburete: suspensión del procedimiento sancionador por actuaciones penales», *post* de 24 de noviembre de 2016, en el blog *delaJusticia.com*.

266. En este sentido se pronuncia la STS (Sala 3.ª, sección 7.ª) de 2 de marzo de 2007 (fj 2). Recurso 791/2005 (RJ 2007\2603).

«tiempo muerto» durante el que no corre el plazo de caducidad, esto es, el plazo máximo disponible por la Administración para ultimar un procedimiento sancionador[267].

El quid de la cuestión radica en determinar cuándo se levanta la suspensión, reanudándose el procedimiento sancionador y, con ello, el plazo de caducidad. Tres son las opciones:

- ✓ La fecha de firmeza de la resolución penal.
- ✓ La fecha en que Administración tenga conocimiento de la resolución.
- ✓ La fecha en que se levante formalmente la suspensión.

a) La fecha de firmeza de la resolución penal

Algunas normas sectoriales fijan el día final de la suspensión en el momento de firmeza de la resolución penal, sin tener en cuenta la fecha en que tal resolución sea comunicada a la Administración.

Así sucede, por ejemplo, en materia de tráfico. El artículo 16 del Real Decreto 320/1994[268] señala que, cuando esté conociendo de los hechos la jurisdicción penal, el plazo de caducidad *«se reanudará... una vez haya adquirido firmeza la resolución judicial o administrativa correspondiente»*. Seguidamente vuelve a insistir en ello: la suspensión de la caducidad *«se reanudará cuando la resolución sea firme»* bien porque la consienta el interesado, bien porque se resuelva el recurso interpuesto por éste.

La lectura literal de este precepto es nítida, no ofrece ninguna duda: el plazo de caducidad se reanudará *ex lege* —por el tiempo que reste hasta un año— desde que se dicte resolución judicial firme, con independencia de cuándo le sea comunicada a la Administración. La singularidad normativa en esta materia lo permite por razones de seguridad jurídica. Puede decirse que la deficiente comunicación de la Administración con los

267. José Ramón CHAVES GARCÍA, «La Audiencia Nacional aborda la caducidad del procedimiento sancionador por suspensión prejudicial penal», *post* del 22 de diciembre de 2014, en el blog *delaJusticia.com*.

268. Reglamento de procedimiento sancionador en materia de tráfico, circulación de vehículos a motor y seguridad vial.

órganos judiciales, o su falta de coordinación, no puede perjudicar al ciudadano cuando este tiene a su favor una norma legal tan clara como la examinada. Este fue el criterio sostenido por la STS (Sala 3.ª, sección 4.ª) de 5 de junio de 2012, aunque con referencia al ámbito sancionador laboral, cuya normativa era en ese caso semejante a la estipulada en materia de tráfico[269].

En esta misma línea se decantan claramente algunas normas reguladoras de los procedimientos sancionadores autonómicos. Así, por ejemplo:

- ✓ El artículo 25.2 de la Ley vasca 2/1998 ordena al órgano competente acordar la suspensión «hasta que recaiga resolución judicial firme».
- ✓ Con términos prácticamente idénticos se expresa el artículo 2.2 del Decreto madrileño 245/2000: el procedimiento sancionador se suspenderá «hasta tanto recaiga resolución judicial firme».
- ✓ Sin aludir a la firmeza, pero con referencia inequívoca al momento de dictarse la resolución judicial (que, lógicamente, deberá ser firme para que se levante la suspensión), se expresa el Decreto castellanoleonés 189/1994, cuando ordena a la Administración abstenerse de proseguir el procedimiento sancionador «mientras la autoridad judicial no se haya pronunciado» (art. 3.1) y que el archivo o bien la continuación del procedimiento sancionador se acordará «recaída la resolución judicial penal».

---

269. Ponente: Excmo. Sr. Martí García. Recurso 195/2010 (RJ 2012\7248). Esta sentencia examinó el tenor del artículo 20.3 del Real Decreto 928/1998 (procedimiento sancionador por infracciones en el orden social) en la redacción dada por el Real Decreto 1125/2001. El precepto indicaba literalmente al instructor que se abstuviera de seguir el procedimiento administrativo sancionador hasta que fuese «firme la sentencia o auto de sobreseimiento que dicte la autoridad judicial», fecha a partir de la que quedaba alzada la suspensión y continuaba el cómputo del plazo máximo para resolver. La sentencia sostiene que «una vez dictada sentencia por la jurisdicción penal y firme la misma» debió de seguir tramitándose el expediente.

- ✓ También dispone que la suspensión se acordará «hasta que recaiga resolución judicial» el artículo 22.2 del Decreto aragonés 28/2001.
- ✓ Y el artículo 55.3 de la Ley castellanomanchega 7/2011, de espectáculos públicos y actividades recreativas, determina que la suspensión se acordará «hasta que recaiga resolución judicial».

b) La fecha en que la Administración tenga conocimiento de la resolución

La regla general, salvo que una norma expresa señale otra cosa —como acabamos de ver en materia de tráfico y seguridad vial y en algunas normas autonómicas—, es que el plazo de caducidad se reanude automáticamente en el momento en que la Administración sancionadora tenga conocimiento de que el proceso penal ha finalizado. Lo recoge así expresamente el artículo 6.1 del Decreto extremeño 9/1994 cuando indica que se acordará la suspensión del expediente «hasta conocer la decisión judicial definitiva adoptada».

• Audiencia Nacional (sección 3.ª)
Sentencia de 15 de diciembre de 2014[270]:

Séptimo. [...] si partimos de que la caducidad tiene su base en evitar la superación por parte de la Administración de los plazos máximos de tramitación y resolución en los procedimientos iniciados de oficio y de que se produce de forma automática, por el simple transcurso del tiempo, aunque en ocasiones se la haya vinculado a la inactividad o dejadez administrativa de la que pueda inferirse una renuncia a la potestad sancionadora y una perturbación al derecho de tramitación de los procedimientos sin dilaciones, es evidente que la caducidad solo puede establecerse sobre la premisa de la posibilidad de actuación administrativa y, en supuestos como el de autos en que la suspensión se produce por prejudicialidad penal y donde, en principio, dicha suspensión es *sine die* y por ello imprecisa en su duración, esta posibilidad de actuar administrativo no se produce por la mera existencia de una resolución judicial que ponga fin al procedimiento penal sino cuando la existencia de dicha resolución transciende al procedimiento administrativo suspendido lo

270. Ponente: Ilma. Sra. García García-Blanco. Recurso 87/2014 (RJCA 2015\46). En el mismo sentido, la SAN (sección 3.ª) núm. 575/2015, de 23 de junio (rec. 384/2014) (JUR 2015\182447).

que en este caso acontece cuando el Juzgado Central de Instrucción n.º 4, en contestación al oficio que le envían los instructores dadas las noticias aparecidas en la prensa, remite testimonio de la resolución firme dictada, contestación que tiene entrada en la CNMV el 12 de junio de 2012.

Es lógica esta solución. Solo a partir de que la Administración tenga conocimiento de la conclusión del proceso penal estará en condiciones de alzar la suspensión, reanudándose desde aquel momento el plazo de caducidad; conocimiento que normalmente se producirá cuando tenga entrada en el correspondiente órgano administrativo el testimonio de la jurisdicción penal sobre el archivo de las actuaciones o la sentencia firme. Difícilmente podrá reanudarse el procedimiento sancionador si la Administración desconoce que ya finalizó el proceso penal. Coincide, además, este planteamiento con lo expresado en el artículo 22.1.*g)* de la LPAC, relativo a la prejudicialidad de cualquier orden jurisdiccional, donde se fija como momento de alzar la suspensión aquel en que la Administración «tenga constancia» del pronunciamiento judicial.

El Tribunal Supremo (Sala 3.ª, sección 7.ª), en la sentencia de 6 de junio de 2014[271], coincide con este planteamiento, aunque introduciendo un importante matiz según haya sido diligente o no la Administración a la hora de informarse del estado de las actuaciones penales. Así, comienza afirmando que, «en la medida en que la Administración ha de partir de los hechos declarados probados en el proceso penal, parece claro que para reanudar el procedimiento suspendido ha de conocer esos hechos y eso solamente es posible si antes se le ha notificado la sentencia en la que se declare cuáles son».

Pero, seguidamente, para evitar que una Administración torpe e indolente se vea premiada, exige el Alto Tribunal que aquella «haya observado una actuación diligente encaminada a informarse de la marcha y del resultado del proceso penal». De no ser así, la reanudación del procedimiento, y del plazo de caducidad, se fijará en la fecha de la firmeza de la resolución penal. Lo contrario supondría otorgar a la Administración algo así como una «patente de corso» para eternizar los procedimientos sancionadores sin consecuencias.

271. Ponente: Excmo. Sr. Murillo de la Cueva. Recurso 573/2013 (RJ 2014\3186).

• Tribunal Supremo (Sala 3.ª, sección 7.ª)
Sentencia de 6 de junio de 2014[272]:

Quinto. [...] Sin embargo, no cabe afirmar sin más que, a los efectos de apreciar la caducidad del procedimiento disciplinario, se deba tomar como momento en que se reanuda el plazo suspendido, el de la notificación de la sentencia firme a la Administración.

No se puede sentar ese criterio porque su aplicación podría dar lugar a situaciones contrarias a las que quiere evitar el instituto de la caducidad. Es decir, que se mantengan pendientes procedimientos, en este caso disciplinarios, de manera indefinida en el tiempo en aquellos supuestos en los que, como aquí ha sucedido, la Administración no se haya personado en el proceso penal. En tales casos, el tribunal penal no tiene por qué notificarle su resolución y no se puede exigir al funcionario sujeto al expediente disciplinario que la aporte cuando le perjudique, ni tampoco cabe aceptar que, mediando sentencia firme, esa circunstancia no produzca ninguna consecuencia.

Es, pues, imprescindible añadir una ulterior exigencia: la de que la Administración haya observado una actuación diligente encaminada a informarse de la marcha y del resultado del proceso penal seguido contra sus funcionarios y por cuya virtud se ha suspendido ese expediente. Únicamente en tal hipótesis cabrá aceptar que sea la fecha en que reciba el testimonio de la sentencia penal firme la que determine la reanudación del cómputo del plazo de caducidad. De lo contrario, se deberá estar a la de la firmeza.

En este sentido, algunas normas sectoriales requieren de la autoridad administrativa una actitud decididamente activa y le ordenan emprender actuaciones como, por ejemplo, que reclamen del fiscal o de la autoridad judicial la resolución que ponga fin al procedimiento. Botón de muestra es el artículo 5.1, párrafo tercero, del Real Decreto 928/1998, de 14 de mayo (Reglamento general sobre procedimientos para la imposición de sanciones por infracciones de orden social y para los expedientes liquidatorios de cuotas de la Seguridad Social).

Artículo 5. *Concurrencia de sanciones con el orden jurisdiccional penal.*

1. [...] Con la remisión del expediente administrativo sancionador, se solicitará de la autoridad judicial, la notificación de la resolución que ponga fin al procedimiento, que se efectuará en los términos previstos en el artículo 270 de la Ley Orgánica 6/1985, de 1 de julio, del Poder Judicial.

---

272. Ponente: Excmo. Sr. Murillo de la Cueva. Recurso 573/2013 (RJ 2014\3186).

c) La fecha en que se levante formalmente la suspensión

El levantamiento de la suspensión del plazo de caducidad opera automáticamente, bien desde que se dicte la resolución firme que concluya el proceso penal o bien desde el momento en que la Administración tenga constancia de ese pronunciamiento penal firme. En ningún caso cabe esperar a que la Administración decida levantar formalmente la suspensión. Sería tanto como dejar en sus manos la posibilidad de demorar *sine die*, arbitraria y abusivamente, la reanudación del cómputo de la caducidad.

• Audiencia Nacional (sección 3.ª)
Sentencia de 15 de diciembre de 2014[273]:

Séptimo. [...] no puede utilizarse en contra de la caducidad el plazo que la Administración, una vez que ha tenido conocimiento pleno del pronunciamiento firme judicial penal, tarda en levantar la suspensión que es lo que subyace en el criterio de la resolución recurrida y del abogado del Estado cuando pretenden dilatar el *dies ad quem* de la suspensión a la fecha en que se dicta el acuerdo oportuno de levantamiento de la suspensión por el órgano competente para resolver. En el caso de autos, tomando como referencia la data en la que en el seno de la CNMV se tuvo conocimiento oficial de la conclusión en firme de la causa penal, vemos que se tardó casi un mes en hacerlo llegar al órgano que había acordado la suspensión y que como competente para resolver la misma lo era también para levantarla y en global se tardó mes y medio en levantar efectivamente la suspensión dictando el oportuno acuerdo, lo que parece a todas luces no solo injustificado sino excesivo dado el principio de unidad administrativa y dado que la suspensión, como excepción a la duración normalmente prevista, es una excepción que debe interpretarse y aplicarse de forma restrictiva y en todo caso eludiendo la posibilidad de que la Administración pueda modular a su antojo los plazos previstos normativamente al socaire de la mera realización de actos de comunicación interna.

273. Ponente: Ilma. Sra. García García-Blanco. Recurso 87/2014 (RJCA 2015\46).

CAPÍTULO IX

AMPLIACIÓN DEL PLAZO

La obligatoriedad de ajustarse a los términos y plazos previstos legalmente constituye un principio rector del procedimiento administrativo, que vincula tanto a los ciudadanos como a la Administración; a ambos se les impone la carga de actuar tempestivamente debiendo cumplir los plazos establecidos (art. 29 de la LPAC). Sin embargo, lejos de instaurar un sistema de carácter absoluto, el ordenamiento procedimental administrativo contempla la posibilidad de modificarlos. Así, frente al criterio general de improrrogabilidad de los plazos en sede procesal (arts. 134 y 136 de la LEC, 128.1 de la LJCA y 43.3 de la LRJS), las leyes administrativas permiten en determinados supuestos la ampliación de plazos.

Vaya por delante que una de las prácticas habituales seguidas por los órganos administrativos encargados de instruir los expedientes sancionadores, a fin de evitar las consecuencias del instituto de la caducidad, consiste en ampliar el plazo máximo para resolver y notificar. Se invocan dos normas —como excepción a la regla de la obligatoriedad de los plazos (art. 29 de la LPAC)— en amparo de esta ampliación:

1) El artículo 23 de la LPAC que, excepcionalmente y bajo ciertas condiciones, permite la ampliación de ese plazo máximo.

2) El artículo 32 de la misma ley, que permite a la Administración, de oficio o a petición de los interesados, una ampliación de los plazos establecidos bastando a tal efecto que las circunstancias lo aconsejen, que no se perjudiquen derechos de tercero y que el acuerdo de ampliación sea notificado a los interesados.

En realidad, son dos formas de operar la ampliación del plazo. Las principales diferencias y semejanzas que se observan entre una y otra son las siguientes:

1) El artículo 23 se refiere únicamente a la ampliación del plazo máximo para resolver el procedimiento, mientras que el artículo 32 faculta para llevar a cabo la ampliación de cualquiera de los distintos trámites procedimentales.

2) El plazo máximo para resolver puede ampliarse, a lo sumo, hasta un plazo igual al de tramitación del procedimiento; el de cada uno de los trámites solo puede ampliarse hasta la mitad de su plazo originario.

3) Los acuerdos que resuelven sobre la ampliación de plazos no son recurribles en sede administrativa (arts. 23.2 y 32.3, último inciso, de la LPAC). Pero nada impide que su desajuste a las exigencias legales pueda ser denunciado en sede judicial, al impugnar la resolución sancionadora, para hacer valer la caducidad del procedimiento. La conformidad a derecho de estos acuerdos, sometidos a determinadas condiciones y exigencias, no puede quedar al arbitrio de la Administración.

En todo caso, no debe perderse de vista que la ampliación del plazo para llevar a cabo cualquier trámite, si se ajusta a lo dispuesto normativamente en el artículo 32 de la LPAC, supondrá indirectamente la ampliación del plazo para resolver y notificar en una cantidad de tiempo equivalente[274].

---

274. En contra se muestra Enmanuel JIMÉNEZ FRANCO, «Términos y plazos», en *Instituciones de procedimiento administrativo común: novedades de la*

Por lo demás, no existe impedimento legal para aplicar los artículos 23 y 32 de la LPAC en el procedimiento sancionador. Son normas que introducen reglas generales del procedimiento administrativo común, sin que exista razón alguna para su exclusión en materia sancionadora[275].

1. UN POCO DE HISTORIA

Un poco de historia no viene mal, sobre todo para interpretar el actual marco normativo desde uno de los estándares establecidos en el artículo 3.1 del Código Civil: los antecedentes históricos y legislativos.

A) La LPA de 1958 ya contemplaba la posibilidad de ampliar los plazos establecidos legalmente para la tramitación de los procedimientos. En su artículo 61.1 permitía superar el plazo máximo de seis meses cuando concurriesen causas excepcionales, siempre que ello estuviera debidamente consignado en el expediente.

> Artículo 61.1. No podrá exceder de seis meses el tiempo que transcurra desde el día en que se inicie un procedimiento administrativo hasta aquel en que se dicte resolución a no mediar causas excepcionales, debidamente justificadas, que lo impidieren, las cuales se consignarán en el expediente por medio de diligencia firmada por el jefe de la sección correspondiente.

Como se ve, la previsión legal sobre la duración máxima del procedimiento era «papel mojado» ante la amplia discrecionalidad administrativa para alterarlo.

Ley 39/2015, Ricardo Rivero Ortega, M.ª Dolores Calvo Sánchez y Marcos Fernando Pablo (dirs.), Juruá, Lisboa, 2016, pág. 290; y también, Manuel Rivero González, «Términos y plazos», en *Régimen Jurídico de las Administraciones Públicas y Procedimiento Administrativo*, varios autores, 4.ª ed., Thomson-Aranzadi, Cizur Menor (Navarra), 2008, pág. 358.

275. Si el artículo 21.5 de la LPAC, al que se remite el artículo 23, solo afectase al «número de solicitudes formuladas» (como sucedía con la originaria redacción del art. 42.6 de la Ley 30/1992), podría defenderse que la ampliación quedaba limitada a los procedimientos iniciados a instancia de parte. Pero al añadir como causal de la ampliación las numerosas «personas afectadas» (ya recogida en la reforma del art. 42.6 efectuada por la Ley 4/1999), la facultad de ampliar el plazo máximo de resolución y notificación acoge también a los procedimientos iniciados de oficio, como el sancionador.

B) La LRJPAC de 1992, en su redacción originaria, limitó considerablemente aquella discrecionalidad. Únicamente se facultaba a la Administración para ampliar los plazos cuando el número de solicitudes pudiera razonablemente impedir el cumplimiento de los plazos previstos en el procedimiento aplicable o el plazo máximo de resolución.

> Artículo 42. *Obligación de resolver.*
>
> 2. [...] Cuando el número de solicitudes formuladas impidan razonablemente el cumplimiento de los plazos previstos en el procedimiento aplicable o el plazo máximo de resolución, el órgano competente para instruir o, en su caso, resolver las solicitudes, podrá proponer la ampliación de los plazos que posibilite la adopción de una resolución expresa al órgano competente para resolver o, en su caso, al órgano jerárquicamente superior.

Ya no se hacía referencia alguna a la posibilidad de ampliar el plazo atendiendo a ese sinuoso concepto indeterminado de «causas excepcionales» de cualquier índole, sino solo al «número de solicitudes formuladas». La ampliación quedó así constreñida exclusivamente a los procedimientos iniciados a instancia de parte, no a los incoados de oficio, como podía ser el procedimiento sancionador.

C) La reforma operada por la Ley 4/1999 incluyó una nueva causal para ampliar el plazo de duración del procedimiento: el número de las personas afectadas (art. 42.6 de la LRJPAC).

> Artículo 42. *Obligación de resolver.*
>
> [...]
>
> 6. Cuando el número de las solicitudes formuladas o las personas afectadas pudieran suponer un incumplimiento del plazo máximo de resolución, el órgano competente para resolver, a propuesta razonada del órgano instructor, o el superior jerárquico del órgano competente para resolver, a propuesta de éste, podrán habilitar los medios personales y materiales para cumplir con el despacho adecuado y en plazo.
>
> Excepcionalmente, podrá acordarse la ampliación del plazo máximo de resolución y notificación mediante motivación clara de las circunstancias concurrentes y sólo una vez agotados todos los medios a disposición posibles.
>
> De acordarse, finalmente, la ampliación del plazo máximo, éste no podrá ser superior al establecido para la tramitación del procedimiento.
>
> Contra el acuerdo que resuelva sobre la ampliación de plazos, que deberá ser notificado a los interesados, no cabrá recurso alguno.

Esta expresa referencia a «las personas afectadas» supuso extender a los procedimientos iniciados de oficio, como el sancionador, la facultad de ampliar el plazo máximo de resolución y notificación. Al fin y al cabo, se trataba de una regla general del procedimiento administrativo común, sin que existiera razón alguna para su exclusión en materia sancionadora[276].

2. LAS CIRCUNSTANCIAS EXCEPCIONALES DE LOS ARTÍCULOS 21.5 Y 23 DE LA LPAC

La ampliación del plazo máximo para resolver y notificar, esto es, la directa ampliación del plazo de caducidad, tiene su fundamento en el artículo 21.5 de la LPAC:

> Artículo 21. *Obligación de resolver.*
> [...]
> 5. Cuando el número de las solicitudes formuladas o las personas afectadas pudieran suponer un incumplimiento del plazo máximo de resolución, el órgano competente para resolver, a propuesta razonada del órgano instructor, o el superior jerárquico del órgano competente para resolver, a propuesta de éste, podrán habilitar los medios personales y materiales para cumplir con el despacho adecuado y en plazo.

Y su articulación es como sigue:

> Artículo 23. *Ampliación del plazo máximo para resolver y notificar.*
> 1. Excepcionalmente, cuando se hayan agotado los medios personales y materiales disponibles a los que se refiere el apartado 5 del artículo 21, el órgano competente para resolver, a propuesta, en su caso, del órgano instructor o el superior jerárquico del órgano competente para resolver, podrá acordar de manera motivada la ampliación del plazo máximo de resolución y notificación, no pudiendo ser este superior al establecido para la tramitación del procedimiento.
> 2. Contra el acuerdo que resuelva sobre la ampliación de plazos, que deberá ser notificado a los interesados, no cabrá recurso alguno.

276. *Cf.* las SSTSJ de La Rioja núms. 97/2002, de 1 de marzo (rec. 275/2001) (JUR 2002\126833); 179/2002, de 2 de mayo (rec. 315/2001) (JUR 2002\197772); 308/2002, de 2 de septiembre (rec. 314/2001) (JUR 2002\271593); 446/2002, de 21 de octubre (rec. 441/2002) (JUR 2003\29627) y 96/2004, de 24 de febrero (rec. 394/2002) (JUR 2004\201360).

Los pasos hasta llegar a la ampliación del plazo para resolver y notificar se reflejan en las siguientes etapas:

1.ª *Congestión.* En primer lugar, se tienen que dar las circunstancias excepcionales tipificadas en el artículo 21.5 de la LPAC; a saber: un elevado número de solicitudes formuladas o de personas afectadas que, además, puedan razonablemente suponer el incumplimiento del plazo máximo de resolución.

2.ª *Habilitación de medios.* Ante la eventual congestión del procedimiento, la Administración tiene el deber de habilitar los medios personales y materiales que sean necesarios (hasta su agotamiento) para hacer frente al despacho adecuado y en plazo.

3.ª *Fracaso de la habilitación: agotamiento de los medios disponibles.* Antes de «tirar la toalla» y ampliar el plazo máximo para resolver y notificar, es preciso constatar el fracaso de la habilitación, que tendrá lugar si, una vez agotados los medios disponibles, se mantiene la razonable suposición de que se incumplirá el plazo máximo de resolución.

4.ª *Ampliación del plazo de caducidad.* Finalmente, si se han consumido las anteriores etapas, la Administración puede ampliar el plazo de caducidad.

Cronograma
Congestión → Habilitación de medios → Fracaso de la habilitación (agotamiento de los medios disponibles) → Ampliación del plazo de caducidad

A) Peligro de congestión

a) Causales que justifican la habilitación de medios

Para que entre en juego el artículo 21.5 de la LPAC se precisa la concurrencia de una situación realmente inusual, que impida cumplir con el plazo máximo de resolución y notificación. Solo circunstancias que puedan producir la congestión de los procedimientos administrativos, de las que no sea responsable la propia Administración, justifican la habilitación de medios más allá de los habituales para cumplir con el despacho adecuado y en plazo. El artículo 21.5 de la LPAC se refiere exclusivamente al elevado «número de solicitudes formuladas o de las personas afectadas» como potenciales causas del incumplimiento del plazo máximo de resolución, que justificarían su ampliación. Naturalmente, cuando se trate de procedimientos incoados de oficio, como los sancionadores, la única causa que puede tomarse en consideración es el del número de las personas afectadas.

Una interpretación estricta del precepto aboga por no extender su aplicación (y, consecuentemente, la del art. 23 sobre ampliación del plazo) más allá de estas dos concretas causas o circunstancias previstas expresamente en el citado artículo 21.5 de la LPAC[277]. Se trata de «supuestos tasados que deben ser interpretados restrictivamente», sobre todo, en el ámbito del procedimiento sancionador, indica la Audiencia Nacional (sección 8.ª), en su sentencia de 1 de febrero de 2008[278]. El Tribunal Supremo lo viene repitiendo incesantemente[279]:

> La habilitación legal de referencia se fundamenta, exclusivamente, en la concurrencia de una situación procedimental: que antes del vencimiento del plazo para resolver y notificar se pueda «suponer un incumplimiento del plazo máximo de resolución». Y, es más, este incumplimiento tan solo puede derivarse de las dos concretas causas o circunstancias previstas en el precepto:
>
> 1. El número de «solicitudes formuladas».
> 2. El número de «personas afectadas» por el procedimiento.

---

277. Como un «singular y tasado presupuesto de hecho», habilitante de la ampliación de medios, lo ha calificado Humberto Gosálbez Pequeño, «El deber de resolver: términos y plazos», en ob. cit., pág. 1176.

278. Ponente: Ilma. Sra. Veiga Nicole. Recurso 110/2006 (JUR 2008\55268).

279. Pueden verse, entre otras muchas, las SSTS (Sala 3.ª, sección 5.ª) de 20 de septiembre de 2012 (rec. 5959/2010) (RJ 2012\11299), 29 de noviembre de 2012 (rec. 4512/2011) (RJ 2013\505), 30 de enero de 2013 (rec. 6753/2009) (RJ 2013\2607), 21 de abril de 2015 (rec. 1100/2013) (RJ 2015\2379), 15 de septiembre de 2015 (rec. 8/2014) (RJ 2015\4505), 16 de septiembre de 2015 (rec. 2552/2014) (RJ 2015\4706), 14 de octubre de 2015 (rec. 2566/2014) (RJ 2015\4760), 29 de octubre de 2015 (rec. 322/2012) (RJ 2016\101) y 27 de enero de 2016 (rec. 313/2012) (RJ 2016\429).

En consecuencia, la mera sobrecarga de trabajo sobrevenida, por sí misma, si no deriva de alguno de los supuestos de hecho tipificados expresamente en el artículo 21.5 de la LPAC, no podrá servir de cobertura para legitimar el acuerdo de ampliación de medios[280]. En esta línea, se ha negado que la «complejidad» del expediente sea causa que permita la ampliación, cuando el plazo de caducidad previsto por el legislador se estableció precisamente «por la peculiaridad y complejidad que tienen esos procedimientos»[281].

Sin embargo, no es esta una opinión pacífica en el seno del Tribunal Supremo. Hay resoluciones que solo ven en el artículo 21.5 de la LPAC (antes art. 42.6 de la LRJPAC) una enumeración ejemplificativa, no cerrada, que permite prolongar el plazo máximo para resolver siempre que exista una motivación «razonada y razonable». De manera que no solo esas concretas circunstancias recogidas en la ley pueden justificar la ampliación del plazo para resolver; también la complejidad del asunto podría ser una razón válida para tal ampliación y cualquier otra que hiciera imposible o extremadamente difícil resolver en plazo.

Lo asume así la STS (Sala 3.ª, sección 5.ª) de 15 de febrero de 2013[282] cuando excluye la ampliación del plazo, precisamente, porque el expediente «no revistió ninguna complejidad especial» que requiriese tal ampliación. Y añade que la dilación en la finalización del expediente «no se debió a

---

280. Cuando la escasez de medios personales no es ocasional de un órgano o servicio ante alguna de las circunstancias previstas en el artículo 21.5 de la LPAC, sino habitual, de manera que ha de establecer una estrategia de prioridades en las actuaciones a seguir, se incurre en una situación de dejación que no puede servir de cobertura para la ampliación del plazo de caducidad. Véanse, por ejemplo, las SSTS (Sala 3.ª, sección 5.ª) de 14 de octubre de 2014 (rec. 1121/2012) (RJ 2014\5800) y 28 de enero de 2015 (rec. 1387/2013) (RJ 2015\629).

281. Por ejemplo, entre otras, las SSTS (Sala 3.ª, sección 5.ª) de 30 de enero de 2013 (rec. 6753/2009) (RJ 2013\2607), 14 de octubre de 2014 (rec. 1121/2012) (RJ 2014\5800), 28 de enero de 2015 (rec. 1387/2013) (RJ 2015\629) o 14 de octubre de 2015 (rec. 2566/2014) (RJ 2015\4760).

282. Ponente: Excmo. Sr. De Oro-Pulido López. Recurso 3378/2008 (RJ 2013\3193).

características estructurales del sector de actividad contemplado, o a una práctica de medios de prueba compleja, o a incidencias en las notificaciones imputables a la empresa expedientada, o a la necesidad de evacuar informes por otros organismos o entidades, o a cualesquiera otras cuestiones justificativas de la prolongación del trámite». Como se ve, la sentencia da a entender que cualquiera de las causas que enumera podría haber justificado la ampliación del plazo.

Anteriormente, la STS (Sala 3.ª, sección 3.ª) de 18 de octubre de 2006[283] ya había considerado como un «factor de suyo relevante» para la ampliación del plazo el «volumen y complejidad del expediente, que resulta de la abundante documentación unida al mismo (XXI tomos)». Y la STS (Sala 3.ª, sección 3.ª) de 10 de julio de 2008[284] declaró que la «especial complejidad de la instrucción» era una «motivación objetiva y razonable» que justificaba el uso de la previsión excepcional del entonces vigente artículo 42.6 de la Ley 30/1992[285] (hoy desdoblado en los arts. 21.5 y 23.1 de la LPAC) para ampliar el plazo máximo de resolución y notificación del procedimiento. Esta misma sentencia redujo los requisitos («únicos requisitos», se dice en ella) para

283. Ponente: Excmo. Sr. Campos Sánchez-Bordona. Recurso 331/2004 (RJ 2006\6643). Recuerdan esta doctrina, asumiéndola como propia, las SSTS (Sala 3.ª, sección 4.ª) núm. 2704/2016, de 21 de diciembre (rec. 312/2015) (RJ 2016\6320) y núm. 825/2017, de 11 de mayo (rec. 1824/2015) (RJ 2017\2215).

284. Ponente: Excmo. Sr. Campos Sánchez-Bordona. Recurso 7144/2005 (RJ 2008\4566).

285. En su argumentación, la sentencia desconecta —a mi juicio erróneamente— lo previsto en los dos primeros párrafos del antiguo artículo 42.6 de la Ley 30/1992, como si la excepcional ampliación del plazo para resolver y notificar (segundo párrafo) no fuera únicamente la consecuencia del fracaso de una previa habilitación de medios por alguna de las dos causales tipificadas en el primer párrafo: numerosas solicitudes formuladas o numerosas personas afectadas, que pudieran suponer el incumplimiento del plazo máximo de resolución. Solo estas causas —no otras— justificaban antes y justifican hoy la ampliación del plazo para resolver una vez agotados los medios disponibles. Cuestión distinta es la posible suspensión del plazo máximo para resolver, por alguno de los motivos legalmente establecidos (art. 42.5 de la derogada LRJPAC y art. 22 de la vigente LPAC).

tal ampliación a que el acuerdo tuviese una «motivación clara de las circunstancias concurrentes» y que hubieran sido previamente «agotados todos los medios a disposición posibles».

Sin tapujos, se decanta inequívocamente por esta interpretación la STS (Sala 3.ª, sección 3.ª) de 13 de noviembre de 2013[286]:

> *Segundo.* [...] En contra de lo que cree la empresa recurrente, la complejidad de un asunto sí es una razón válida para ampliar el plazo para resolver, pues incluso dentro de un mismo tipo de asuntos para el que el legislador ha establecido un concreto plazo máximo de resolución puede haber notables diferencias en cuanto a su complejidad, lo que justifica que en determinados supuestos la Administración pueda necesitar acordar la ampliación del plazo. Y si bien es verdad que la redacción del artículo 42.6 [hoy art. 21.5 en relación con el 23.1 de la LPAC] pudiera hacer pensar que sólo es posible la ampliación del plazo en el supuesto expresamente contemplado en el mismo de que exista un gran número de personas afectadas, no puede interpretarse el precepto de una manera tan estricta, que supondría desconocer la posible existencia de otras muchas circunstancias que hagan imposible o extremadamente difícil resolver en plazo, empezando por la propia complejidad del expediente en cuestión.
>
> En consecuencia, la razonable justificación por parte de la Administración de la necesidad de ampliar el plazo máximo de resolución de un expediente ha de ser admitida y entendida en el sentido de que la Administración no dispone de otra vía para resolver en plazo, salvo que conste fehacientemente que dicha justificación no es cierta.

Resulta difícil compartir esta interpretación extensiva a la vista de la literalidad de la norma (arts. 21.5 y 23.1 de la LPAC) y de sus antecedentes históricos. Parece olvidarse que la Ley 30/1992 alteró sustancialmente lo previsto al respecto en la LPA de 1958. Así, mientras que esta última permitía discrecionalmente la ampliación del plazo cuando mediaren «causas excepcionales», sin más concreción (art. 61.1), la redacción originaria de la ley procedimental de 1992 redujo sensiblemente ese amplio campo de aplicación limitándolo al supuesto de que se produjeran numerosas solicitudes que razonablemente pudieran impedir el cumplimiento del plazo máximo de resolución (art. 42.2). Algo quiso transmitir el

286. Ponente: Excmo. Sr. Espín Templado. Recurso 4236/2010 (RJ 2013\7948).

legislador cuando, frente a la enorme discrecionalidad anterior, restringió a una sola causa la ampliación del plazo. Y, más tarde, la reforma de 1999 se limitó a añadir una nueva causal: las numerosas personas afectadas (art. 42.6)[287].

Esta es la situación actual en los artículos 21.5 y 23.1 de la LPAC. Se tipifican dos únicas causales tasadas, sin interpretaciones extensivas: las numerosas solicitudes formuladas (en los procedimientos iniciados a instancia de parte) o bien las numerosas personas afectadas (no solo en los procedimientos iniciados a instancia de parte, sino también en los iniciados de oficio).

b) Torpeza y desorganización administrativa

La ampliación del plazo para resolver no puede servir de coartada a una Administración indolente y descuidada para encubrir su propia torpeza. La desidia, el retraso que puntualmente se pueda acumular durante la tramitación de un procedimiento no son causas habilitantes para adoptar esta particular medida[288].

Una máxima de nuestro ordenamiento jurídico afirma que nadie puede beneficiarse de las irregularidades que él mismo ha cometido *(allegans turpitudinem non auditur)*. De ahí que la Administración no pueda aprovecharse en modo alguno de sus errores, deficiencias o incumplimientos. Aceptar lo contrario supondría premiar su torpeza y negligencia[289], dando pábulo a la antítesis de la *bona fides*. Esta idea se recoge en la STS (Sala 3.ª, sección 3.ª) de 24 de enero de 2011[290]:

> *Cuarto.* [...] Difícilmente podríamos admitir la razonabilidad de la ampliación del plazo máximo (un año) para resolver cuando su origen real fue la propia pasividad administrativa, esto es, la parálisis

---

287. Véase lo expuesto *ut supra*, en el apartado 1, titulado « Un poco de historia».

288. Véase Josefa Cantero Martínez, «Obligación de resolver y silencio administrativo», en ob. cit., tomo II, pág. 1530.

289. Más ampliamente, Nieves Buisán García, «La propia torpeza no puede ser alegada», en la obra colectiva *Los principios jurídicos del derecho administrativo*, Juan Alfonso Santamaría Pastor (dir.), La Ley, Las Rozas (Madrid), 2010, págs. 493-518.

290. Ponente: Excmo. Sr. Campos Sánchez-Bordona. Recurso 2542/2008 (RJ 2011\215).

durante casi nueve meses en la tramitación del procedimiento, sin que conste razón alguna que la explique de modo satisfactorio. Sólo cuando faltaban trece días para el final del plazo se adoptó el acuerdo ampliatorio con el fin de evitar la inminente declaración formal de caducidad.

• Tribunal Supremo (Sala 3.ª, sección 5.ª)
Sentencia de 15 de febrero de 2013[291]:

Sexto. [...] Realmente, la dilación de casi un año en la resolución del expediente [...] se debió simplemente a la existencia de «tiempos muertos» entre los trámites precitados que carecen de justificación y que sólo pueden imputarse a la falta de aplicación de la Administración, especialmente censurable si se tiene en cuenta que el expediente sancionador traía causa de otro anterior que ya se había declarado caducado.

Tampoco los «problemas de organización interna» sirven de excusa para la ampliación[292]. Como bien apunta Gosálbez, «la inadecuada o anquilosada organización de los servicios administrativos tramitadores o su inapropiado funcionamiento no podrá justificar esta medida administrativa excepcional»[293]. De ahí que resulte inaceptable ampliar el plazo de resolución de un expediente sancionador por las vacaciones de la instructora y secretaria del procedimiento[294] o sobre la base de que, dentro del período para resolver y notificar, se encuentre el mes de agosto que es una época vacacional[295]. Y, desde luego, los trámites propios del procedimiento no pueden servir de coartada para ampliar los plazos puesto que «no suponen

291. Ponente: Excmo. Sr. De Oro-Pulido López. Recurso 3378/2008 (RJ 2013\3193).

292. STSJ de La Rioja núm. 308/2002, de 2 de septiembre. Recurso 314/2001 (JUR 2002\271593).

293. Humberto Gosálbez Pequeño, «El deber de resolver: términos y plazos», en ob. cit., pág. 1176, nota 45.

294. TSJ de la Comunidad Valenciana (sección 5.ª). Sentencia núm. 111/2016, de 10 de febrero. Recurso 526/2014.

295. TSJ de Andalucía (sede en Sevilla, sección 1.ª). Sentencias de 3 de diciembre de 2014 (rec. 268/2013), 30 de enero de 2015 (rec. 61/2014) (JUR 2019\6480) y 21 de abril de 2015 (rec. 49/2014).

ninguna circunstancia excepcional en la tramitación de un procedimiento sancionador, sino exclusivamente la tramitación ordinaria del mismo»[296].

Vacaciones de la instructora y de la secretaria del procedimiento

• Tribunal Superior de Justicia de la Comunidad Valenciana (sección 5.ª)
Sentencia núm. 111/2016, de 10 de febrero[297]:

Tercero. [...] el motivo indicado resulta claramente insuficiente puesto que las vacaciones de la instructora y secretaria del procedimiento difícilmente podían justificar la necesidad de la prórroga, puesto que ese argumento obligaría a generalizar la prórroga del procedimiento en todos los casos en que la tramitación del mismo coincidiera con el periodo estival, lo que no se ajusta a lo contemplado por la legislación aplicable que, como después se razonará, contempla la ampliación como una medida excepcional.

Mes de agosto incluido dentro del periodo para resolver y notificar

• Tribunal Superior de Justicia de Andalucía (sede en Sevilla, sección 1.ª)
Sentencia de 3 de diciembre de 2014[298]:

Sexto. En cualquier caso, es preciso tomar en cuenta que la ampliación del procedimiento se efectuó por parte de la Administración, ya desde su acuerdo de inicio del expediente [...], sobre la base de coincidir el mes de agosto dentro del periodo establecido para resolver y notificar el procedimiento, al tratarse de una época vacacional que dificulta el cumplimiento de los trámites de notificación y vista del expediente por parte de los interesados.

Estas razones no ofrecen una motivación concreta por la que, en este supuesto, procedía la citada ampliación, sino consideraciones generales que podrían ser aplicables a cualquier procedimiento que se tramitare durante la misma época cada año y que llevaría, en definitiva, a desconocer las previsiones que respecto al cómputo de plazos se establecen en la propia Ley 30/1992. Es obligado concluir, por tanto, que esta ampliación de plazos ya acordada inicialmente no se hallaba motivada y por ello resultaba inadecuada y contraria a Derecho.

---

296. TSJ de Andalucía (sede en Sevilla, sección 1.ª). Sentencia núm. 1090/2008, de 30 de septiembre. Recurso 96/2007.

297. Ponente: Ilmo. Sr. Nieto Martín. Recurso 526/2014 (JUR 2016\149148).

298. Ponente: Ilmo. Sr. Roás Martín (rec. 268/2013). En los mismos términos se expresó el tribunal andaluz en las sentencias de 30 de enero de 2015 (rec. 61/2014) (JUR 2019\6480) y 21 de abril de 2015 (rec. 49/2014).

Esta sentencia fue casada por la STS (Sala 3.ª, sección 3.ª) núm. 1038/2017, de 13 de junio[299]. La resolución administrativa había justificado la ampliación del plazo *«por coincidir el mes de agosto dentro del período establecido para resolver y notificar el presente procedimiento, y tratarse de una época vacacional que dificulta el cumplimiento de los trámites de notificación y vista del expediente por parte de los interesados»*. Pues bien, el Alto Tribunal consideró —con criterio difícil de generalizar— que la motivación de la Administración, aunque pudiera haber sido más detallada o pormenorizada, en este caso, resultaba suficiente porque expresaba esas «circunstancias», a que se refiere el actual artículo 32.1 de la LPAC (antes, art. 49.1 de la LRJPAC), que «aconsejan» efectivamente tal ampliación.

Bien es verdad que el Tribunal Supremo tuvo en consideración otra «circunstancia» relevante, que decantó definitivamente su respuesta: se trataba de iniciar cientos de procedimientos de revisión de oficio, respecto de determinadas ayudas en el conocido «caso de los ERE». La Junta de Andalucía expuso en su recurso lo siguiente:

> El expediente enjuiciado forma parte de los más de trescientos expedientes de revisión de oficio a través de los cuales se ha acometido por la Administración de la Junta de Andalucía la revisión de las actuaciones administrativas realizadas por el que fue director general de Trabajo y Seguridad Social, principal imputado en la causa de los ERE fraudulentos y de quien obtuvo la recurrente la subvención de 1.202.000 euros.
>
> Este concreto expediente corresponde a una serie o grupo de los mismos en los que por coincidir su inicio con el periodo vacacional (13-VII-2012), y con el propósito de no perjudicar los derechos de los particulares afectados, se acordó por la Administración ampliar su plazo de duración por un mes y quince días al amparo del artículo 49 de la Ley 30/1992. De la realidad de las dificultades de notificación en el presente caso queda constancia además a través de los intentos de notificación efectuados por la Administración (folios núms. 2, 18, 19) en los diversos domicilios de la recurrente de los que tenía constancia. [...].

---

299. Ponente: Excmo. Sr. Arozamena Laso. Recurso 288/2015 (RJ 2017\2867). También la STSJ de Andalucía (sede en Sevilla, sección 1.ª) de 21 de abril de 2015 (rec. 49/2014) fue igualmente casada, con el mismo argumento, por la STS (Sala 3.ª, sección 4.ª) núm. 825/2017, de 11 de mayo (rec. 1824/2015) (RJ 2017\2215).

Para el Alto Tribunal, «quiere esto decir que la notoriedad, que comporta una evidencia sabida por todos, resulta de singular relevancia en este caso, pues además de la motivación expresada en el acto administrativo, las referencias señaladas que enmarcan este caso, llevan a la conclusión de que la ampliación del plazo está justificada y motivada».

Trámites ordinarios del procedimiento

• Tribunal Superior de Justicia de Andalucía (sede en Sevilla, sección 1.ª) Sentencia núm. 1090/2008, de 30 de septiembre[300]:

> *Cuarto.* [...] La resolución de ampliación justifica la decisión en haberse solicitado la apertura del periodo probatorio obligándose a realizar más trámites, y en la necesidad de elevar el procedimiento al consejero, por ser el órgano competente para el dictado de la resolución.
>
> Dichos motivos de ampliación no se encuentran amparados en el artículo 42.6. No suponen ninguna circunstancia excepcional en la tramitación de un procedimiento sancionador, sino exclusivamente la tramitación ordinaria del mismo. Siendo normal en todo procedimiento sancionador que se acuerde la apertura de un periodo probatorio, de conformidad con el Real Decreto 1398/1993. E igualmente, en ningún caso, puede entenderse como excepcional la remisión del procedimiento al órgano competente para que dicte la resolución.

B) El acuerdo sobre habilitación de medios

a) Reparto de papeles: órgano que propone y órgano que decide

La responsabilidad, en lo tocante a la habilitación de medios suficientes para resolver en plazo, se reparte entre dos órganos con diferentes funciones: un órgano propone y otro decide. La propuesta de habilitación de medios puede hacerse por el instructor, en cuyo caso la decisión la tomará el órgano competente para resolver el procedimiento. Pero también puede suceder que sea el órgano competente para resolver quien haga la propuesta a su superior jerárquico, siendo entonces este último quien decidirá (art. 21.5 de la LPAC). Esta misma solución es la prevista en el caso de que finalmente sea necesario ampliar el plazo máximo para resolver y notificar (art. 23.1 de la LPCA).

300. Ponente: Ilmo. Sr. Frías Martínez. Recurso 96/2007 (JUR 2009\53535).

Quien carece en cualquier caso de competencia para habilitar esos medios es el instructor del procedimiento. Y ello pese a que la LPAC le considera «responsable directo de la tramitación» (art. 20.1) y de su incidencia en el cumplimiento de la obligación de resolver en plazo (art. 21.6), conminándole a adoptar «las medidas oportunas para remover los obstáculos que [lo] impidan, dificulten o retrasen..., disponiendo lo necesario para evitar y eliminar toda anormalidad en la tramitación de procedimientos» (art. 20.1). No se incluye entre sus facultades, sin embargo, el acuerdo de habilitación de medios establecido en el artículo 21.5, ni el acuerdo de ampliación del plazo máximo para resolver previsto en el artículo 23, de manera que el instructor únicamente puede formular al respecto una mera propuesta razonada.

b) Justificación de las causales

La «propuesta» y el «acuerdo» en que se decida habilitar medios personales y materiales ante una posible situación de congestión deberá explicitar y justificar suficientemente la concurrencia de alguna de las causales que constituyen el presupuesto para tal habilitación. Es verdad que el artículo 21.5 de la LPAC no exige expresamente la motivación del «acuerdo» que habilite más medios, pero sí exige que la «propuesta» de tal habilitación sea «razonada», de manera que esta última bien puede servir de fundamento motivador del acuerdo, aunque sea por remisión *(per relationem)* o por aceptación de la propuesta (art. 88.6 de la LPAC).

Este acuerdo es el antecedente y presupuesto de una eventual ampliación posterior del plazo máximo para resolver y notificar, que también requiere una adecuada motivación (art. 23.1 de la LPAC). Pero es en este momento cuando procede motivar las circunstancias que justifican la necesaria ampliación de medios; y no después, cuando lo que haya que ampliar sea el plazo[301].

301. Sobre la justificación motivada de todos estos acuerdos, nos remitimos a lo expuesto más ampliamente *infra*, en el epígrafe E de este mismo capítulo, titulado «Justificación: prueba y argumentario a cargo de la Administración».

C) El fracaso en la habilitación de medios personales y materiales

Ya hemos visto que, cuando el número de personas afectadas en un procedimiento pudiera suponer el incumplimiento del plazo máximo de resolución, lo primero que debe hacer la Administración es «habilitar los medios personales y materiales [necesarios] para cumplir con el despacho adecuado y en plazo» (art. 21.5 de la LPAC). Solo tras haber fracasado en el ejercicio de esta potestad organizativa, la Administración podrá ampliar el plazo máximo para resolver y notificar (art. 23.1 de la LPAC), en el bien entendido de que la exigencia legal no va más allá de las posibilidades con que ya cuente la propia Administración; por ello, el artículo 23.1 de la LPAC se refiere al agotamiento de los medios «disponibles».

El «agotamiento» de los medios personales y materiales disponibles constituye el presupuesto que habilita la excepcional ampliación del plazo máximo resolutorio. Es preciso que se hayan «agotado» los medios «disponibles», dice el artículo 23.1 de la LPAC. Los términos utilizados son muy significativos. No basta con que la habilitación de medios acordada sea insuficiente para garantizar la resolución del procedimiento y su notificación en plazo. Se requiere también que la Administración no disponga de más medios —personales y materiales— para afectarlos a la tramitación y resolución de ese procedimiento. Solo así podrá entenderse que concurre el presupuesto habilitante («cuando se hayan agotado los medios personales y materiales disponibles»); sólo así se habrán «agotado» los medios[302].

Por lo tanto, si en el momento de apreciar la insuficiencia o fracaso de los medios habilitados la Administración dispone de más medios, tiene la obligación de llevar a cabo una mayor asignación de recursos al servicio antes de acordar la ampliación del plazo de caducidad. Lo exige así el carácter excepcional y subsidiario de este último acuerdo, establecido explícitamente en el artículo 23.1 de la LPAC.

302. *Cf.* Humberto Gosálbez Pequeño, «El deber de resolver: términos y plazos», ob. cit., pág. 1178.

D) La ampliación del plazo de caducidad

a) Competencia para acordar la ampliación del plazo

La facultad para acordar la ampliación del plazo se encuentra residenciada en el mismo órgano que puede llevar a cabo la habilitación de medios; esto es, exclusivamente en el órgano competente para resolver o bien en su superior jerárquico[303]. Nadie más tiene esta competencia; concretamente, el instructor carece de ella (su función se limita a «proponer» razonadamente la ampliación) y si adoptase un acuerdo en tal sentido sería nulo de pleno derecho [art. 47.1.*b)* de la LPAC].

A título de ejemplo, la STS (Sala 3.ª, sección 4.ª) de 17 de enero de 2014[304] declaró ilegal la ampliación acordada por el instructor del procedimiento y no admitió como cauce apto para subsanar esta deficiencia el de la convalidación por el órgano competente al decidir sobre el fondo. Dice así:

> *Segundo.* [...] la caducidad postulada por la entidad demandante solo sería improcedente si la prórroga acordada por la Administración hubiera sido ajustada a derecho, lo que no acontece en este caso, en el que la decisión de prorrogar el plazo legal para resolver se tomó por el instructor, no por el órgano competente para resolver su propuesta o el superior jerárquico de éste (artículo 42.6 de la Ley 30/92 [hoy art. 23.1 de la LPAC]), sin que sea adecuado considerar cauce apto para sanear esta deficiencia el de la convalidación por el órgano competente al decidir sobre el fondo, puesto que la razón del instituto de la caducidad es la de evitar la situación de pendencia indeterminada en el tiempo e incertidumbre de los administrados interesados en los procedimientos administrativos, lo que por su propia naturaleza implica que la eventual prórroga del plazo para resolver que se otorgue a sí misma la Administración se produzca en términos de corrección jurídica antes de la extinción de aquel y que por eso no sea convalidable *a posteriori*.

303. Véanse, por ejemplo, las SSTS (Sala 3.ª, sección 5.ª) de 20 de septiembre de 2012 (rec. 5959/2010) (RJ 2012\11299), 29 de noviembre de 2012 (rec. 4512/2011) (RJ 2013\505) y 30 de enero de 2013 (rec. 6753/2009) (RJ 2013\2607).

304. Ponente: Excmo. Sr. Trillo Torres. Recurso 7193/2010 (RJ 2014\619).

b) Excepcionalidad de la ampliación del plazo

Los plazos se fijan para ser cumplidos. Su inalterabilidad, cuyo fundamento último se encuentra en el principio de seguridad jurídica, resulta, además, de suma importancia cuando se trata del plazo de duración máxima del procedimiento administrativo. Y ello porque, como advierte GONZÁLEZ NAVARRO, «un procedimiento en marcha es un elemento potencialmente distorsionador de situaciones jurídicas consolidadas»[305].

Esto es lo que viene a decirse en el artículo 23.1 de la LPAC cuando autoriza la ampliación del plazo solo «excepcionalmente». La Administración tiene la potestad de modificar los plazos unilateralmente; tiene *ius variandi*. Pero con carácter excepcional; o sea, solo cuando haya agotado todos los medios, personales y materiales, a su disposición. De ahí que solamente pueda ampliarse la duración del procedimiento *«si no hay otro remedio»*[306].

• Tribunal Supremo (Sala 3.ª, sección 3.ª)
Sentencia de 24 de enero de 2011[307]:

Cuarto. [...] La jurisprudencia de esta Sala hace depender la validez de la ampliación extraordinaria —del plazo máximo para resolver— de la motivación razonable del acuerdo impugnado, en la que se pongan de manifiesto causas o circunstancias, asimismo excepcionales, justificativas del retraso. No entra en esta categoría, según en otras sentencias hemos afirmado, la «realización de las actividades ordinarias y previsibles del procedimiento sancionador» como las que en este caso adujo el instructor o apreció la propia Comisión del Mercado de las Telecomunicaciones. La «correcta valoración del elemento subjetivo de la culpa del imputado y la correspondiente cuantificación de la sanción a proponer», que fueron razones alegadas en este caso en la propuesta de ampliación, no son sino operaciones habituales en la resolución de los expedientes sancionadores.

---

305. Francisco GONZÁLEZ NAVARRO, *Comentarios a la Ley de Régimen Jurídico de las Administraciones Públicas y Procedimiento Administrativo Común: Ley 30/1992, de 26 de noviembre*, con Jesús González Pérez, 5.ª ed., Thomson-Civitas, Cizur Menor (Navarra) 2012, pág. 856.

306. Francisco GONZÁLEZ NAVARRO, *ibidem*, pág. 857.

307. Ponente: Excmo. Sr. Campos Sánchez-Bordona. Recurso 2542/2008 (RJ 2011\215).

• Tribunal Supremo (Sala 3.ª, sección 5.ª)
Sentencia de 15 de febrero de 2013[308]:

> *Sexto.* [...] La posibilidad de ampliación del plazo de tramitación de los procedimientos administrativos establecida en el artículo 42.6 de la Ley 30/1992 [hoy arts. 21.5 y 23 de la LPAC] no se caracteriza como una facultad discrecional e incondicionada, sino que está sometida a requisitos y límites bien precisos.
>
> El propio tenor de este apartado evidencia, sin necesidad de mayores disquisiciones, que la posibilidad de ampliar el plazo de tramitación se rige por las siguientes notas: 1.º es una facultad de carácter excepcional, y como tal ha de aplicarse de forma restrictiva; 2.º su utilización ha de ser expresamente motivada; 3.º dicha motivación no puede basarse en consideraciones genéricas sino por referencia singularizada a las circunstancias del caso; y 4.º no puede adoptarse de forma apriorística sino que procederá tan sólo después de haber agotado todos los medios pertinentes para resolver en el plazo establecido.

Pese a la claridad del precepto en lo tocante a la «excepcionalidad» de la ampliación (tanto en la dicción del art. 42.6 de la derogada LRJPAC como en el vigente art. 23.1 de la LPAC), la jurisprudencia del Tribunal Supremo recaída en esta materia no siempre ha sido unívoca. Así, en ocasiones, ha dado por suficiente la mera «dificultad para resolver en el plazo ordinario», con tal de que dicha dificultad se «justifique adecuadamente», como sucedió en la STS (Sala 3.ª, sección 3.ª) de 18 de septiembre de 2009[309]. En otras, relativiza el carácter subsidiario de la ampliación de plazos —que procede solo una vez *agotados todos los medios* disponibles— hasta hacerlo irreconocible, facilitando ciertas dosis de arbitrariedad administrativa. Y lo hace desde una doble perspectiva: por un lado, indica que solo es «conveniente» que la Administración justifique la imposibilidad de disponer de tales medios y que, en cualquier caso, si se acuerda motivadamente la ampliación del plazo, cabe entender «implícita» la no disponibilidad de medios adicionales, como puede verse en la STS (Sala 3.ª, sección 3.ª) de 8 de octubre de

308. Ponente: Excmo. Sr. De Oro-Pulido López. Recurso 3378/2008 (RJ 2013\3193).

309. Ponente: Excmo. Sr. Espín Templado. Recurso 834/2007 (RJ 2010\839).

2013[310]. Y, por otro lado, «de manera inexplicable»[311], llega a una auténtica inversión de la carga de la prueba toda vez que exige al particular que «sugiera» los medios extraordinarios que deben utilizarse para resolver en plazo, como expone la STS (Sala 3.ª, sección 3.ª) de 18 de septiembre de 2009[312].

Otra línea jurisprudencial, sin embargo, ha supuesto reafirmar el carácter excepcional de la ampliación de plazos. Botón de muestra es la STS (Sala 3.ª, sección 5.ª) de 15 de noviembre de 2012[313], que se aparta conscientemente de la anterior jurisprudencia en sus fundamentos sexto y séptimo, calificando de «loable y voluntarista análisis de las circunstancias concurrentes» el que llevó al tribunal de instancia a considerar que en este caso la ampliación del plazo para resolver estaba suficientemente justificada[314].

c) Notificación anterior al vencimiento del plazo de caducidad

Un plazo ya vencido no puede ser objeto de ampliación. Nada dice al respecto el artículo 23 de la LPAC, pero sí lo hace el artículo 32.3, relativo a la ampliación de los distintos plazos intraprocedimentales: «En ningún caso podrá ser objeto de ampliación un plazo ya vencido».

Por lo tanto, la ampliación —ya sea de plazos intraprocedimentales o del plazo máximo para resolver— deberá acordarse y también notificarse (*cf.* art. 23.2 de la LPAC) antes de que venza el plazo ordinario previsto para la resolución del procedimiento. De lo contrario, ya se habrá producido el

310. Ponente: Excmo. Sr. Espín Templado. Recurso 4662/2010 (RJ 2013\7931).

311. En palabras de Antonio Luis FAYA BARRIOS, «Artículo 23. Ampliación del plazo máximo para resolver y notificar», en la obra colectiva *Régimen jurídico del sector público y procedimiento administrativo común*, Miguel Ángel Recuerda Girela (dir.), Thomson Reuters - Aranzadi, Cizur Menor (Navarra), 2016, pág. 229.

312. Ponente: Excmo. Sr. Espín Templado. Recurso 834/2007 (RJ 2010\839).

313. Ponente: Excmo. Sr. Fernández Valverde. Recurso 4350/2011 (RJ 2013\251).

314. De todo ello trataremos más ampliamente en el apartado «E) Justificación: prueba y argumentario a cargo de la Administración».

efecto consistente en la caducidad y el consiguiente archivo del expediente sancionador [art. 25.1.*b)* de la LPAC]. Así ha de ser, puesto que, sin proyección exterior, sin puesta en conocimiento del interesado, la ampliación del plazo no puede tener efectos sobre la caducidad procedimental. Como indica la STSJ de Extremadura núm. 1225/2006, de 22 de diciembre[315]:

> 2.º [...] Se produce la caducidad del procedimiento al no haber llegado a producir efectos frente al interesado la decisión de ampliar el plazo para resolver que ha sido notificada fuera del plazo de seis meses de que disponía la Administración para dictar y notificar la decisión que pusiera fin al procedimiento o bien dictar y notificar el acuerdo de ampliación con plena eficacia frente al interesado, lo que sólo se produce en el momento en que se notifica.

También el Tribunal Supremo se ha pronunciado en este mismo sentido invocando razones de seguridad jurídica. La STS (Sala 3.ª, sección 5.ª) de 19 de marzo de 2013[316] señala sin ambages que la ampliación del plazo «no impide la caducidad del procedimiento toda vez que cuando tuvo conocimiento de ella [el recurrente] ya había transcurrido el plazo de dos años [de caducidad] desde la incoación del procedimiento».

• Tribunal Supremo (Sala 3.ª, sección 5.ª)
Sentencia de 15 de abril de 2015[317]:

> *Cuarto.* [...] El carácter excepcional que tiene la ampliación del plazo previsto en ese artículo 42.6 [hoy 23 de la LPAC] comporta, no solo que se dicte por el órgano competente y que se justifiquen adecuadamente las circunstancias que lo permiten, sino también, como expresamente dispone ese precepto, que se notifique —«deberá ser notificado»— el acuerdo que resuelve sobre la ampliación del plazo, que, obviamente, ha de efectuarse antes de que transcurra el plazo para dictar la resolución del procedimiento.
>
> Esa notificación que ha de efectuarse a los interesados sirve no solo para acreditar ante ellos la regularidad de la actuación administrativa,

315. Ponente: Ilmo. Sr. Prado Bernabeu. Recurso 210/2005 (JUR 2007\52517).
316. Ponente: Excmo. Sr. Fernández Valverde. Recurso 5307/2011 (RJ 2013\3748).
317. Ponente: Excmo. Sr. Tolosa Tribiño. Recurso 2258/2013 (RJ 2015\2693). Lo mismo puede leerse en las SSTS (Sala 3.ª, sección 5.ª) de 19 de marzo de 2013 (recs. 5307/2011 y 839/2012) (RJ 2013\3748 y RJ 2013\3422) y 21 de abril de 2015 (rec. 1100/2013) (RJ 2015\2379).

sino también, por lo que ahora importa, para que tengan conocimiento de que el transcurso del plazo, que estaba previsto para el dictado y notificación de la resolución, no comporta, en los procedimientos en los que se ejercen potestades de intervención susceptibles de producir efectos desfavorables o de gravamen, a los que se refiere el artículo 44.2 de la LRJPAC [hoy art. 25.1.*b)* de la LPAC], su caducidad.

[...]

Por ello, cuando la Administración considere que no puede cumplir el plazo máximo (...) establecido (...) para notificar la resolución de los procedimientos (...), y estime necesario hacer uso de la facultad excepcional de la ampliación de ese plazo, por concurrir las circunstancias previstas en el tantas veces citado artículo 42.6 de la LRJPAC [art. 23 de la LPAC], deberá —además de acreditar esas circunstancias— cumplir también el mandato que impone ese precepto de notificar ese acuerdo de ampliación de plazo a los interesados, lo que ha de efectuar antes del vencimiento del plazo previsto para la resolución del procedimiento, como antes se ha dicho.

El hecho de que el acuerdo de ampliación del plazo no sea susceptible de recurso no determina que no tenga consecuencias jurídicas el incumplimiento por parte de la Administración del deber de su notificación a los interesados. Esa notificación se impone por evidentes razones de seguridad jurídica (artículo 9.3 de la Constitución) y el incumpliendo por la Administración de ese deber determina —frente a lo que resulta de la sentencia de instancia— que esa ampliación carezca de eficacia para los interesados.

A título de curiosidad jurídica, la SAN (sección 6.ª) de 2 de noviembre de 2000[318] se desmarca del planteamiento anteriormente expuesto. En su particular opinión, la notificación del acuerdo de ampliación del plazo no es presupuesto de eficacia para que surta efecto:

[...] El acuerdo de ampliación del plazo es una cuestión de carácter interno de organización del expediente, y, por ello, si bien se exige la notificación como la de cualquier otro acto realizado en el expediente a los interesados, la misma no es presupuesto de eficacia del acto administrativo de ampliación del plazo, ya que no despliega sus efectos sobre la esfera jurídica de los interesados, sino sobre la ordenación y tramitación del expediente. Ello sin perjuicio de que es necesaria la notificación y en el menor tiempo posible —pero en este caso se produce y en fecha adecuada—, aunque no como presupuesto de eficacia, sino como mera comunicación de un acuerdo administrativo dictado en el expediente.

318. Ponente: Ilma. Sra. Montero Elena. Recurso 1303/1997 (RJCA 2001\1053).

Y que ello es así, lo demuestra que el acuerdo de ampliación no es recurrible –artículo 42.2 de la Ley 30/92–, lo que supone que queda fuera de la esfera jurídica del interesado, para incardinarse en el concepto de organización de la actividad administrativa.

E) Justificación: prueba y argumentario a cargo de la Administración

Desde que se detecta el peligro de congestión hasta llegar a la ampliación del plazo de caducidad, la Administración tiene que ir dictando acuerdos y resoluciones. Primero, el acuerdo de habilitación de medios, previa propuesta razonada (art. 21.5 de la LPAC) y más tarde, tras verificar el fracaso de tal habilitación una vez que se han agotado los medios disponibles, la ampliación del plazo de caducidad (art. 23 de la LPAC). Todas estas resoluciones tienen que estar debidamente justificadas, lo cual requiere una prueba y un argumentario suficientes a cargo de la Administración. De no ser así, la ampliación del plazo carecerá de efecto alguno por falta de motivación.

Tribunal Superior de Justicia de Cantabria (sección 1.ª)
Sentencia núm. 349/2015, de 24 de septiembre[319]:

Tercero. [...] el acto por el que la Administración de oficio amplía el plazo para resolver está carente de motivación, no se justifican las razones de la medida, lo que supone una nulidad de pleno derecho del mismo, que no puede salvarse con las alegaciones de la contestación a la demanda, relativas a que no se ha causado indefensión al demandante del artículo 63.2.º de la Ley 30/1992.

Pero efectivamente, la indefensión se produce cuando un acto inmotivado, contra el que no cabe recurso, tiene efectos en otro posterior. El interesado al impugnar el posterior, obviamente puede alegar contra el primero, el generador del perjuicio. Y en este caso, el recurrente no puede alegar nada en su contra, porque no está motivado; no puede criticar las razones de la Administración porque no las conoce, eso es, precisamente, la indefensión. Lo que conoce la parte son sus perjuicios y que, a consecuencia del acto no justificado se le ha aplicado un régimen legal distinto al que la parte pretendía y que es perjudicial para el mismo.

---

319. Ponente: Ilma. Sra. Castanedo García. Recurso 411/2014 (JUR 2016\34476).

a) De las circunstancias excepcionales (art. 21.5 de la LPAC)

La habilitación de medios exige el dictado de una resolución motivada, en la que se justifiquen las circunstancias concurrentes que, legalmente, se limitan a dos: numerosas solicitudes o numerosos afectados (art. 21.5 de la LPAC). Si no concurren esas circunstancias o no figuran convenientemente acreditadas en el expediente —cuya carga incumbe a la Administración—, la ampliación del plazo será anulada y, por tanto, ineficaz. En este caso, deberá estarse al plazo inicial legalmente establecido para resolver y notificar.

Especialmente ilustrativa en este sentido resulta la STSJ de La Rioja núm. 97/2002, de 1 de marzo[320], en cuanto rechaza «que esta posibilidad excepcional de ampliación de plazo sea utilizada como una prórroga rutinaria y generalizada, mediante el uso de fórmulas generales y estereotipadas, sin hacer mención al caso concreto planteado, supuesto este último para el que se introdujo exclusivamente el precepto analizado»[321]. Al respecto, el Tribunal Supremo entiende que las referencias a «un gran número de personas afectadas», al «gran número de expedientes» y a las «alegaciones presentadas», pero sin concretar ni unos ni otras, no es una motivación suficiente[322]. Tampoco puede justificarse la ampliación del plazo «en circunstancias que ya existían cuando se inició el procedimiento, pues en ese momento ya

320. Ponente: Ilmo. Sr. Díaz Roldán. Recurso 275/2001 (JUR 2002\126833). El tribunal riojano declaró extinguido un procedimiento por caducidad, al considerar ineficaz la ampliación de plazo acordada por el órgano instructor al socaire del entonces vigente artículo 42.6 de la LRJAP (hoy art. 23.1 de la LPAC), puesto que no constaban acreditados en el expediente los requisitos a que el precepto condiciona la excepcional posibilidad de ampliar el plazo máximo; singularmente no constaba que la Administración hubiera agotado todos los medios a su alcance.

321. Idéntico criterio reitera este mismo tribunal en las sentencias núms. 179/2002, de 2 de mayo (rec. 315/2001) (JUR 2002\197772); 308/2002, de 2 de septiembre (rec. 314/2001) (JUR 2002\271593); 446/2002, de 21 de octubre (rec. 441/2002) (JUR 2003\29627) y 96/2004, de 24 de febrero (rec. 394/2002) (JUR 2004\201360).

322. Por ejemplo, STS (Sala 3.ª, sección 5.ª) de 15 de noviembre de 2012 (rec. 4350/2011) (RJ 2013\251).

sabía la Administración que tenía un plazo impuesto por la ley para notificar la resolución del procedimiento»[323].

Genérica remisión al elevado número de procedimientos sancionadores y a su dificultad

- Tribunal Superior de Justicia de Andalucía (sede en Granada, sección 3.ª) Sentencia núm. 1814/2014, de 23 de junio[324]:

Segundo. Ampliación de la duración del procedimiento.

[...] *Motivación clara de las circunstancias concurrentes y sólo una vez agotados todos los medios a disposición posibles.* El artículo 42.6 de la LRJPAC exige a la Administración que instruye el procedimiento que motive claramente qué circunstancias concurren, y que acredite que se han agotado los medios disponibles posibles. Pues bien, en el folio 35 del expediente administrativo, el instructor solicita la ampliación acudiendo a las fórmulas genéricas de la ley: se tramita un número elevado de procedimientos sancionadores por infracciones a la Ley Forestal de Andalucía que entrañan dificultad; los medios puestos a su disposición por la Consejería de Medio Ambiente, tanto materiales como personales, no han sido suficientes. Para no ser una fácil y habitual válvula de ampliación de procedimientos sin fundamento real, no podemos acoger estas alegaciones, con las que se podría justificar cualquier ampliación de todo procedimiento que lo necesitase. Entendemos que para que esté suficientemente justificado es necesario aportar las cifras de procedimientos sancionadores por infracciones a la Ley Forestal de Andalucía que se siguen; así como los medios tanto materiales como personales puestos a disposición del instructor por la Consejería de Medio Ambiente.

En definitiva, la motivación para la ampliación del plazo se concreta en que, en fecha próxima a concluir el plazo de resolución, se indican qué circunstancias concurren y pueden comprobarse en el propio expediente administrativo; lo que en el supuesto enjuiciado se sortea mediante una genérica remisión al número elevado de procedimientos sancionadores por infracciones a la Ley Forestal de Andalucía y a su dificultad, que examinando el que ha dado lugar a la resolución impugnada, su dificultad se puede considerar mínima, atendiendo a las actuaciones practicadas.

---

323. *Cf.*, entre otras, las SSTS (Sala 3.ª, sección 5.ª) de 30 de enero de 2013 (rec. 6753/2009) (RJ 2013\2607), 14 de octubre de 2014 (rec. 1121/2012) (RJ 2014\5800), 28 de enero de 2015 (rec. 1387/2013) (RJ 2015\629), 15 de abril de 2015 (rec. 2258/2013) (RJ 2015\2693), 15 de septiembre de 2015 (rec. 8/2014) (RJ 2015\4505) y 16 de septiembre de 2015 (rec. 2552/2014) (RJ 2015\4706).

324. Ponente: Ilmo. Sr. Videras Noguera. Recurso 1573/2010 (JUR 2015\133204).

La STS (Sala 3.ª, sección 4.ª) núm. 178/2020, de 12 de febrero[325], resulta ilustrativa acerca de aquellas circunstancias que no deben entenderse como excepcionales a efectos de ampliación del plazo:

- ✓ La invocación formal de que concurren las circunstancias, sin expresar cuáles son concretamente.
- ✓ Las que pueden ser consideradas ordinarias y previsibles; y, desde luego, la constancia de la lentitud del procedimiento excluye la procedencia de la prórroga.
- ✓ Haber asignado a un solo instructor un elevado número de procedimientos que han de ser instruidos simultáneamente porque «tal circunstancia es ajena al procedimiento».
- ✓ El hecho de que la tramitación coincida con periodos de vacaciones estivales «pues los tiempos del expediente vienen determinados desde su fecha de incoación y su tramitación ordinaria es una garantía esencial para el derecho del expedientado».

b) Del agotamiento de los medios disponibles (art. 23.1 de la LPAC)

La constatación de que ha fracasado la ampliación de medios disponibles y la justificación de haberlos agotado requieren también una adecuada motivación en el acuerdo que amplíe el plazo máximo para resolver y notificar (art. 23.1 de la LPAC). Al fin y al cabo, constituyen el antecedente y presupuesto de dicho acuerdo. De lo contrario, la ampliación del plazo será ilegal por falta de justificación y procederá su anulación, sin que sea necesaria la «indefensión para los interesados, ni que a éstos se les causen otros perjuicios adicionales distintos del que en sí supone el alargamiento del tiempo de tramitación más allá del plazo legal», tal y como se desprende de la STS (Sala 3.ª, sección 3.ª) de 24 de enero de 2011[326].

---

325. Ponente: Excmo. Sr. Fonseca-Herrero Raimundo. Recurso 449/2018 (RJ 2020\362).

326. Ponente: Excmo. Sr. Campos Sánchez-Bordona. Recurso 2542/2008 (RJ 2011\215).

Naturalmente, la carga probatoria sobre el agotamiento de los medios disponibles recae sobre la Administración. Que «esa acreditación corresponde a la Administración» ha sido repetido numerosas veces por el Tribunal Supremo[327].

- Tribunal Superior de Justicia de la Comunidad Valenciana (sección 5.ª) Sentencia núm. 111/2016, de 10 de febrero[328]:

Tercero. [...] Parece indudable —dado el tenor en el que se encuentra redactado el enunciado legal que da solución al conflicto— que la justificación recae sobre el ente público que toma la decisión de alargar el tiempo máximo de tramitación de un expediente ante «[...] las circunstancias concurrentes y sólo una vez agotados todos los medios a disposición posible».

- Tribunal Superior de Justicia de la Comunidad Valenciana (sección 2.ª) Sentencia núm. 148/2017, de 13 de marzo[329]:

Quinto. [...] en la resolución de 29 de diciembre no se acredita que se hayan agotado todos los medios a disposición posibles que justifique la excepcionalidad de la ampliación del plazo que en la misma se contiene, como establece el artículo 42.6 de la LRJPAC, pues no basta la mera afirmación, sin mayores precisiones, que se contiene en esa resolución de que circunstancias organizativas imposibilitaban la resolución y notificación en plazo al interesado, siendo que la Administración es quien viene obligada a dicha acreditación.

No es de recibo, por tanto, reprochar a la parte demandante que no llegue «a identificar qué otros medios preferentes hubiera debido emplear la Administración, dentro de la medida de sus posibilidades y recursos humanos, antes de acudir al mecanismo ampliatorio del plazo»[330]. Afortunada-

---

327. Véanse, a título de ejemplo, las SSTS (Sala 3.ª, sección 5.ª) de 19 de marzo de 2013 (rec. 5942/2010) (RJ 2013\4423), 15 de abril de 2015 (rec. 2258/2013) (RJ 2015\2693) o 14 de octubre de 2015 (rec. 2566/2014) (RJ 2015\4760).

328. *Cf.*, por ejemplo, la STSJ de la Comunidad Valenciana (sección5ª) núm. 111/2016, de 10 de febrero (rec. 526/2014) (JUR 2016\149148).

329. Ponente: Ilma. Sra. Millán Herrándiz. Recurso 577/2014 (JUR 2017\205252).

330. Así se hizo, sin que pueda entenderse nada bien, por ejemplo, en las SSTS (Sala 3.ª, sección 3.ª) de 4 de marzo de 2009 (rec. 3943/2006) (RJ

mente, el Tribunal Supremo corrigió ese lamentable criterio, entre otras, en las SSTS (Sala 3.ª, sección 5.ª) de 15 y 29 de noviembre de 2012[331]:

> *Séptimo.* [...] En relación con tal circunstancia, no es el recurrente, como señala la sentencia de instancia, el que tenía que «identificar qué otros medios preferentes hubiera debido emplear la Administración, dentro de la medida de sus posibilidades y recursos humanos, antes de acudir al mecanismo ampliatorio del plazo».

Por lo demás, la jurisprudencia ha sido rigurosa y exigente en lo tocante a la motivación de este aspecto en el acuerdo ampliatorio del plazo. Una argumentación sin mayor concreción o recurriendo a fórmulas genéricas y estereotipadas resultará insuficiente para considerar motivada una medida tan excepcional como es la ampliación del plazo para resolver.

Las SSTS (Sala 3.ª, sección 5.ª) de 30 de enero de 2013[332], 15 de abril de 2015[333] y 14 de octubre de 2015[334], consideraron ilegal una ampliación del plazo atendiendo a que no se acreditó que se hubieran agotado todos los medios disponibles, ya que «no basta la mera afirmación, sin mayores precisiones», de que «no es posible habilitar medios personales para el servicio»[335]. En esta línea, alegar «la falta de recursos

2009\1574), 18 de septiembre de 2009 (rec. 834/2007) (RJ 2010\839) y 22 de septiembre de 2009 (rec. 989/2007) (RJ 2010\892). Y, más tarde, en las SSAN (sección 1.ª) de 15 de julio de 2010 (rec. 443/2009) (JUR 2011\33207), 14 de abril de 2011 (rec. 533/2009) (JUR 2011\154811) y 20 de abril de 2011 (rec. 686/2009) (JUR 2011\154770), que finalmente fueron casadas por el Tribunal Supremo.

331. Ponente: Excmo. Sr. Fernández Valverde. Recursos 4350/2011 y 4512/2011 (RJ 2013\251 y RJ 2013\505).

332. Ponente: Excmo. Sr. Fernández Valverde. Recurso 6753/2009 (RJ 2013\2607).

333. Ponente: Excmo. Sr. Tolosa Tribiño. Recurso 2258/2013 (RJ 2015\2693).

334. Ponente: Excmo. Sr. Fernández Valverde. Recurso 2566/2014 (RJ 2015\4760).

335. Lo mismo puede leerse, entre otras muchas, en las SSTS (Sala 3.ª, sección 5.ª) de 19 de marzo de 2013 (rec. 5307/2011) (RJ 2013\3748), 28 de enero de 2015 (rec. 1387/2013) (RJ 2015\629),16 de junio de 2015 (rec. 2605/2013) (RJ 2015\2951), 23 de junio de 2015 (rec. 3762/2013) (RJ 2015\2978), 21 de julio de 2015 (rec. 3958/2013) (RJ 2015\3504) o 16 de septiembre de 2015 (rec. 2552/2014) (RJ 2015\4706).

humanos, sin que, igualmente, se indiquen los recursos de que dispone, su carga de trabajo y por qué no se han destinado a la elaboración del procedimiento que nos ocupa», fue considerado insuficiente por la STSJ de Andalucía (sede en Granada, sección 1.ª) núm. 2481/2016, de 11 de octubre[336], concluyendo así:

> *Tercero.* [...] En definitiva, pese a tratarse de una facultad excepcional cuya utilización demanda la concurrencia de presupuestos igualmente excepcionales que expliquen el apartamiento de la norma general, y, en coherencia, un deber de motivación más intenso en relación con el uso de potestades no excepcionales, la resolución ampliatoria utiliza una fórmula genérica y estereotipada, sin ninguna referencia al caso concreto, que antes se corresponde con una prórroga rutinaria que con el uso de una potestad de uso restrictivo.

• Tribunal Supremo (Sala 3.ª, sección 5.ª)
Sentencia de 15 de febrero de 2013[337]:

> *Sexto.* [...] La posibilidad de ampliación del plazo de tramitación de los procedimientos administrativos establecida en el artículo 42.6 de la Ley 30/1992 [hoy arts. 21.5 y 23 de la LPAC] no se caracteriza como una facultad discrecional e incondicionada, sino que está sometida a requisitos y límites bien precisos.
>
> El propio tenor de este apartado evidencia, sin necesidad de mayores disquisiciones, que la posibilidad de ampliar el plazo de tramitación se rige por las siguientes notas: 1) es una facultad de carácter excepcional, y como tal ha de aplicarse de forma restrictiva; 2) su utilización ha de ser expresamente motivada; 3) dicha motivación no puede basarse en consideraciones genéricas sino por referencia singularizada a las circunstancias del caso; y 4) no puede adoptarse de forma apriorística sino que procederá tan sólo después de haber agotado todos los medios pertinentes para resolver en el plazo establecido.
>
> Pues bien, estos requisitos que acabamos de enumerar no concurren en el caso que nos ocupa. La decisión de ampliar el plazo no fue adoptada a la vista de las vicisitudes del expediente y las incidencias acaecidas en su tramitación, sino que se acordó en el propio acuerdo de iniciación, y sin ninguna motivación circunstanciada sobre las peculiaridades del caso, al contrario, tan solo con referencias puramente genéricas al sector de actividad contemplado. Tal forma de

336. Ponente: Ilmo. Sr. Pardo Castillo. Recurso 189/2012 (JUR 2017\2652).

337. Ponente: Excmo. Sr. De Oro-Pulido López. Recurso 3378/2008 (RJ 2013\3193).

proceder implica convertir en general una facultad procedimental que se configura legalmente como excepcional, más aún, de aceptarse supondría dejar sin vigor y derogar *de facto* el plazo establecido en la norma para la tramitación del expediente, convirtiendo en ordinario el plazo ampliado, pues, en efecto, si las características generales del sector justifican por sí solas la ampliación del plazo de seis a doce meses, una decisión semejante podría extenderse por principio a cualesquiera procedimientos de esta naturaleza, conclusión esta obviamente inaceptable, pues si la norma establece un plazo determinado de tramitación y resolución es porque parte de la base de que en ese plazo puede concluirse razonablemente el procedimiento, y justamente por eso, si en un caso puntual se estima insuficiente ese plazo, debe hacerse constar de forma motivada y circunstanciada.

Realmente, la dilación de casi un año en la resolución del expediente no se debió a características estructurales del sector de actividad contemplado, o a una práctica de medios de prueba compleja, o a incidencias en las notificaciones imputables a la empresa expedientada, o a la necesidad de evacuar informes por otros organismos o entidades, o a cualesquiera otras cuestiones justificativas de la prolongación del trámite; al contrario, se debió simplemente a la existencia de «tiempos muertos» entre los trámites precitados que carecen de justificación y que sólo pueden imputarse a la falta de aplicación de la Administración, especialmente censurable si se tiene en cuenta que el expediente sancionador traía causa de otro anterior que ya se había declarado caducado.

3. EL SUBTERFUGIO DEL ARTÍCULO 32 DE LA LPAC

No faltan ocasiones en que, con la finalidad de soslayar los rigurosos requisitos a que el artículo 23 de la LPAC somete la posibilidad de ampliar el plazo máximo para finalizar el procedimiento, tal ampliación se intenta justificar mediante la aplicación del artículo 32 de la propia LPAC. Recordemos su texto:

> Artículo 32. *Ampliación.*
>
> 1. La Administración, salvo precepto en contrario, podrá conceder de oficio o a petición de los interesados, una ampliación de los plazos establecidos, que no exceda de la mitad de los mismos, si las circunstancias lo aconsejan y con ello no se perjudican derechos de tercero. El acuerdo de ampliación deberá ser notificado a los interesados.
>
> 2. La ampliación de los plazos por el tiempo máximo permitido se aplicará en todo caso a los procedimientos tramitados por las misiones diplomáticas y oficinas consulares, así como a aquellos que, tramitándose en el interior, exijan cumplimentar algún trámite en el extranjero o en los que intervengan interesados residentes fuera de España.

3. Tanto la petición de los interesados como la decisión sobre la ampliación deberán producirse, en todo caso, antes del vencimiento del plazo de que se trate. En ningún caso podrá ser objeto de ampliación un plazo ya vencido. Los acuerdos sobre ampliación de plazos o sobre su denegación no serán susceptibles de recursos.

Este subterfugio casa mal con un razonable entendimiento de la norma; no obstante, la jurisprudencia del Tribunal Supremo ha dado carta de naturaleza a la utilización de dicho artículo como coartada para ampliar el plazo de caducidad.

A) La inteligencia de la norma desde la doctrina

Una lectura conjunta y sistemática de los artículos 23 y 32 de la LPAC conduce a concluir que la ampliación del plazo máximo de tramitación del procedimiento (plazo de caducidad) únicamente puede adoptarse al amparo del primero de los preceptos citados, pero no del segundo[338]. Así, la ampliación de los plazos prevista en el artículo 32 de la LPAC ha de entenderse exclusivamente referida a los plazos internos o intermedios del procedimiento; esto es, a los «plazos parciales», para realizar actuaciones «de trámite». No puede, sin embargo, alterarse mediante este precepto el plazo máximo para dictar y notificar la resolución que pone fin al procedimiento, es decir, el plazo «total» de duración del mismo, cuya ampliación solo puede adoptarse al socaire de lo dispuesto, con carácter excepcional, en el artículo 23 de la LPAC.

En definitiva, la LPAC ha establecido aquí (al igual que ya hiciera la LRJPAC en los arts. 42.6 y 49) dos regíme-

338. En relación con los artículos 42.6 y 49 de la derogada LRJPAC (antecedentes inmediatos de los actuales arts. 23 y 32 de la LPAC), se pronunciaron en este sentido, por ejemplo, Josefa Cantero Martínez, «Términos y plazos», en *El procedimiento administrativo común*, tomo I, varios autores, José Garberí Llobregat (coord.), Tirant lo Blanch, Valencia, 2007, págs. 821-822; Luciano Parejo Alfonso, *Lecciones de Derecho Administrativo*, 7.ª ed., Tirant lo Blanch, Valencia, 2014, pág. 384; Manuel Rivero González, «Términos y plazos», en *Régimen Jurídico de las Administraciones Públicas...*, ob. cit., pág. 358; Francisco González Navarro, *Comentarios a la Ley de Régimen Jurídico de las Administraciones Públicas...*, ob. cit., págs. 856 y 1052; y Humberto Gosálbez Pequeño, *Términos y plazos administrativos*, Bosch, Barcelona, 2012, págs. 25-26.

nes diferentes sobre ampliación de plazos, cada uno con su propio ámbito de aplicación[339]: uno especial, más restrictivo y exigente, para ampliar el plazo final o total del procedimiento (art. 23) y otro general, más permisivo, para ampliar el resto de los plazos procedimentales o de trámite (art. 32).

Con total convencimiento se expresa en este sentido GALLARDO CASTILLO[340]: «rotundamente ha de afirmarse que el artículo 32 de la LPAC se refiere únicamente a la posibilidad de ampliar los plazos desde el punto de vista intraprocesal, o sea, los fijados para evacuar los diversos trámites dentro del procedimiento en su conjunto o para cumplimentar un trámite determinado, pero no a la ampliación, rigurosamente excepcional, del procedimiento»[341].

No menos categórico se muestra SANTAMARÍA PASTOR[342] cuando afirma que «el régimen de ampliación regulado en el artículo 32 de la LPAC es aplicable únicamente a los plazos que han de cumplir los interesados en un proceso; no es legal, por tanto, la práctica irregular de muchas Administraciones de autoconcederse ampliaciones de los plazos que ellas mismas han de cumplir apelando a lo dispuesto en este artículo».

PAREJO ALFONSO advierte que la regla sobre ampliación de plazos del artículo 32 de la LPAC «no resulta aplicable, sin embargo, al plazo máximo para resolver las solicitudes, es

339. Véase Humberto GOSÁLBEZ PEQUEÑO, «El deber de resolver: términos y plazos», en ob. cit., págs. 1209-1210.

340. María Jesús GALLARDO CASTILLO, *Los procedimientos administrativos en la Ley 39/2015: análisis y valoración de la reforma*, Tecnos, Madrid, 2016, págs. 95-96.

341. Comparten este criterio las SSTSJ de Andalucía (sede en Sevilla, sección 1.ª) núms. 1023/2008, de 16 de septiembre (rec. 660/2006) (JUR 2009\54332); 1090/2008, de 30 de septiembre (rec. 96/2007) (JUR 2009\53535); y 200/2010, de 1 de febrero (rec. 95/200) (JUR 2010\246716); también la STSJ de Madrid (sección 3.ª) núm. 842/2012, de 20 de noviembre (rec. 1557/2009) (JUR 2013\5336).

342. Juan Alfonso SANTAMARÍA PASTOR, *Principios de Derecho Administrativo General II*, 4.ª ed., Iustel, Madrid, 2016, pág. 72.

decir, a la duración misma del procedimiento, cuya ampliación está sometida a una regulación específica contenida en el artículo 23.1 de la LPAC»[343].

JIMÉNEZ FRANCO sostiene que la ampliación del plazo contenida en el artículo 32 de la Ley 39/2015 «está referida únicamente a los actos de trámite dentro del procedimiento, pero no al plazo máximo de resolución y notificación del propio procedimiento, previsto en los artículos 21.5 y 23 de la Ley 39/2015»[344]. Y, sin ánimo exhaustivo, GOSÁLBEZ PEQUEÑO afirma que «la auténtica (y única) ampliación del plazo máximo para resolver y notificar se prevé en el artículo 23 de la LPAC»[345].

Algunos tribunales también siguieron este criterio.

- Tribunal Superior de Justicia de Andalucía (sede en Sevilla, sección 1.ª) Sentencia núm. 1023/2008, de 16 de septiembre[346]:

Cuarto. [...] Una interpretación conjunta y sistemática de ambos preceptos lleva a la conclusión de que el artículo 49 sólo habla de plazos y no de términos, de modo que la ampliación del plazo máximo de duración del procedimiento sólo puede adoptarse al amparo del artículo 42.6. El artículo 49 se refiere únicamente a la posibilidad de ampliar los plazos desde el punto de vista intraprocesal, o sea, los fijados para evacuar los diversos trámites dentro del procedimiento en su conjunto, pero no a la ampliación del procedimiento.

En definitiva, el artículo 49 regula la posibilidad de la ampliación del plazo para cumplimentar un trámite determinado; mientras que el artículo 42.6 regula la posibilidad excepcional de ampliación del plazo total de duración del procedimiento.

La ampliación del procedimiento que se efectuó por parte de la Administración aplicando el artículo 49 de la Ley 30/1992, sin ningún tipo de motivación de las razones por las que se procedía a dicha ampliación, era

343. Luciano PAREJO ALFONSO, *Lecciones de Derecho Administrativo*, 8.ª ed., Tirant lo Blanch, Valencia, 2016 [en línea], pág. 415.

344. Enmanuel JIMÉNEZ FRANCO, «Términos y plazos», en ob. cit., pág. 290.

345. Humberto GOSÁLBEZ PEQUEÑO, «El deber de resolver: términos y plazos», en ob. cit., pág. 1176.

346. Ponente: Ilmo. Sr. Frías Martínez. Recurso 660/2006 (JUR 2009\54332). También, del mismo tribunal, las sentencias núms. 1090/2008, de 30 de septiembre (rec. 96/2007) (JUR 2009\53535) y 200/2010, de 1 de febrero (rec. 95/2007) (JUR 2010\246716).

inadecuada y contraria a Derecho. Si se pretendía la ampliación del plazo del procedimiento se debía haber acudido a la posibilidad excepcional del artículo 42.6, pero se debían haber motivado las razones de la ampliación, con indicación de la imposibilidad de resolver en plazo pese haberse utilizado y agotado todos los medios a disposición de la Administración.

• Audiencia Nacional (sección 3.ª)
Sentencias de 19 y 23 de diciembre de 2011[347]:

Tercero. [...] El citado precepto [art. 49.1, hoy 32.1 de la LPAC] hace referencia únicamente a la posibilidad de ampliar los plazos fijados para evacuar los diversos trámites dentro del procedimiento en su conjunto, pero no a la ampliación del procedimiento, pues para que se acuerde una ampliación del plazo máximo para resolver en determinados supuestos, hay que acudir al artículo 42.6 de la citada Ley 30/1992 [hoy 23 de la LPAC].

• Audiencia Nacional (sección 3.ª)
Sentencia núm. 549/2015, de 24 de junio[348]:

Cuarto. Aunque la Administración se ampara en la dicción del artículo 49.1 de la Ley 30/1992, lo cierto es que el precepto que de forma especial regula la ampliación del plazo del procedimiento es el 42 de la Ley 30/1992. Una interpretación conjunta de lo dispuesto en los artículos 42.6 y 49.1 de la Ley 30/1992 conduce a concluir que la ampliación del plazo máximo de tramitación del procedimiento sólo puede adoptarse al amparo del primero de los preceptos citados, pero no del segundo. El artículo 49 de la Ley 30/1992 se refiere única y exclusivamente a la posible ampliación de los plazos fijados para evacuar los distintos trámites dentro del procedimiento (alegaciones, pruebas, etc.), pero no a la ampliación del plazo máximo de resolución y notificación del procedimiento en su conjunto, cuestión ésta regulada en el artículo 42.6 de la Ley.

La ubicación de ambos preceptos y la relación entre ambos confirman la conclusión apuntada. En efecto, el apartado 6 del artículo 42 de la Ley 30/1992 se encuentra en el capítulo relativo a las «Normas Generales» del procedimiento y en un precepto relativo a la «Obligación de resolver», en el que se regulan los distintos aspectos relativos al plazo máximo para resolver y notificar la resolución

347. Ponente: Ilmo. Sr. Díaz Fraile. Recursos 241/2010 y 224/2010 (RJCA 2011\950 y JUR 2012\14572). En el mismo sentido, las SSAN de 10 de marzo de 2011 (rec. 595/2009) (JUR 2011\94810), 21 de junio de 2011 (rec. 284/2010) (JUR 2011\256189) y 7 de febrero de 2012 (rec. 118/2010) (JUR 2012\84008).

348. Ponente: Ilma. Sra. Sangüesa Cabezudo. Recurso 1865/2013 (JUR 2015\181900).

del procedimiento. Todo ello indica que es ésa la norma especial en materia de ampliación del plazo máximo de resolución y notificación. Por otro lado, desde un punto de vista sistemático, si se considerara que la ampliación del plazo máximo para resolver y notificar puede adoptarse al amparo del artículo 49 de la Ley, el artículo 42.6 quedaría, en la práctica, vacío de contenido, pues nunca tendría sentido acudir a su regulación, que establece requisitos y condiciones más estrictos que los del artículo 49 de la Ley 30/1992.

El rechazo del artículo 32 de la LPAC como asidero legal para la ampliación del plazo de caducidad procedimental viene sustentado, al menos, por las siguientes razones[349]:

a) Una interpretación sistemática (argumento topográfico). El artículo 23 se encuentra ubicado en el capítulo relativo a las *«Normas generales de actuación»* del procedimiento y en un bloque de preceptos relativos a los plazos máximos para resolver y notificar (art. 21, 22 y 23 de la LPAC), refiriéndose específicamente el artículo 23 a la «ampliación» de ese plazo máximo. Todo ello indica que estamos ante una norma específica en materia de ampliación del plazo máximo de duración de todo el procedimiento. Parece lógico que tal norma específica se aplique prioritariamente frente al artículo 32, que está incardinado en el capítulo dedicado a los «términos y plazos» en general. La norma específica desplaza a la genérica.

b) Una interpretación literal. El artículo 32 utiliza la expresión «podrá conceder», locución que parece únicamente compatible con el otorgamiento de la ampliación a los interesados y en su favor —de ahí que no deba perjudicar derechos de terceros—. Difícilmente podría tener cabida en esta expresión que la Administración «se conceda» a sí misma, en su propio favor, una ampliación del plazo máximo para concluir el procedimiento[350]; además, habla de «plazos» (en plural), lo que descarta, otra vez, que se refiera al plazo de duración del procedimiento.

349. Expuestas, en esencia, en la STSJ de las Islas Canarias (sede en Las Palmas, sección 2.ª) núm. 17/2013, de 22 de febrero (rec. 188/2011) (RJCA 2013\424).

350. Juan Alfonso Santamaría Pastor, *Principios de Derecho Administrativo General II*, ob. cit., págs. 71-72, entiende que el artículo 32.1 de la LPAC se refiere únicamente a los plazos que «pesan sobre los interesados»

c) Una interpretación lógica. Ningún sentido tiene regular dos veces lo mismo y de forma diferente en la misma ley, dando lugar a que la Administración pueda ampliar el plazo para resolver al amparo de presupuestos de hecho bien diferentes contenidos en preceptos diversos. Dicho en otros términos: la aplicación del artículo 32 al plazo de duración del procedimiento administrativo supone la negación del artículo 23. En efecto, si se considera que la ampliación del plazo máximo para resolver y notificar puede adoptarse al amparo del artículo 32 de la LPAC, el artículo 23 queda, en la práctica, vacío de contenido, pues carecería de sentido acudir a su aplicación en cuanto establece requisitos y condiciones mucho más estrictos que los del artículo 32.

B) La jurisprudencia del Tribunal Supremo

A pesar de las sólidas razones apuntadas para rechazar la aplicación del artículo 32 a la hora de ampliar el plazo de caducidad, el Tribunal Supremo ha avalado la utilización de esta argucia administrativa para soslayar los plazos de caducidad. Así lo confirma un consolidado cuerpo de doctrina formado a partir de la STS (Sala 3.ª, sección 3.ª) de 20 de marzo de 2007[351]:

> *Segundo.* [...] No puede aceptarse la interpretación realizada por la actora respecto a que la posibilidad de ampliación de plazos contemplada en el artículo 49 de la Ley 30/1992 [*hoy 32 de la Ley 39/2015*] no pueda ser aplicada al plazo máximo de duración de un procedimiento. Ni tal exclusión se establece de manera directa y expresa en el precepto señalado (a diferencia de lo que ocurría con anterioridad a la reforma de la Ley operada en 1999), ni existen razones para deducirla en un análisis sistemático de la ley. En efecto, la regulación específica para ampliar el plazo máximo de resolución y notificación de un procedi-

o que «deben cumplir los interesados». Por esa razón considera que hace trampas la Administración que utiliza este precepto en su propio beneficio y se «autoconcede» ampliaciones de los plazos que ella misma viene obligada a cumplir.

351. Ponente: Excmo. Sr. Espín Templado. Recurso 348/2005 (RJ 2007\2324). Se reitera en la STS (Sala 3.ª, sección 3.ª) de 22 de febrero de 2013 (rec. 4934/2009) (RJ 2013\2630), seguida de las sentencias números 2704/2016, de 21 de diciembre (rec. 312/2015) (RJ 2016\6320); 825/2017, de 11 de mayo (rec. 1824/2015) (RJ 2017\2215); 1038/2017, de 13 de junio (rec. 288/2015) (RJ 2017\2867) y 168/2018, de 6 de febrero (rec. 3470/2015) (RJ 2018\615).

miento en el artículo 42.6 no obsta a la aplicación de la previsión genérica del artículo 49 al mismo supuesto, teniendo ambos preceptos un alcance diferente. Así, las condiciones para la aplicación del supuesto específico del artículo 42.6 son más estrictas y la ampliación puede alcanzar hasta un lapso de tiempo igual al del plazo máximo del procedimiento (artículo 42.6, párrafo tercero); por el contrario, la ampliación posible en aplicación de la previsión genérica del artículo 49 puede ser acordada por el propio órgano instructor y sólo puede llegar hasta la mitad del plazo ampliado (apartado 1).

C) Órgano competente

La derogada LRJPAC no determinaba en su artículo 49 qué órgano era el competente para acordar la ampliación del plazo de los distintos trámites administrativos. Se limitaba a atribuir dicha facultad a la Administración, sin concretar si debía ejercitarla el mismo órgano que tramitaba el procedimiento o el órgano competente para resolverlo. Doctrinalmente, se defendió que, al ser la ampliación del plazo para resolver un acto de trámite, el órgano más apropiado para ejercer tal potestad era el órgano instructor[352]. Otros, como GONZÁLEZ NAVARRO[353], ante la indefinición legal, se decantaron por el régimen bifásico o dual del artículo 42.6 de la LRJPAC que otorgaba la competencia para ampliar los plazos al mismo órgano que fuera competente para resolver el procedimiento, a propuesta del instructor.

Hoy sigue sin pronunciarse el legislador. El vigente artículo 32 de la LPAC nada dice al respecto. Así pues, cabe hacer las mismas cábalas que durante la vigencia de la LRJPAC.

---

352. *Cf.* Humberto GOSÁLBEZ PEQUEÑO, *Términos y plazos administrativos*, ob. cit., pág. 29. Lo mismo defendió Josefa CANTERO MARTÍNEZ, «Términos y plazos», en ob. cit., tomo I, págs. 823-824. En la STS (Sala 3.ª, sección 3.ª) de 20 de marzo de 2007 (rec. 348/2005) (RJ 2007\2324), puede leerse que «la ampliación posible en aplicación de la previsión genérica del artículo 49 puede ser acordada por el propio órgano instructor y sólo puede llegar hasta la mitad del plazo ampliado», afirmación que hay que tomar con cierta distancia puesto que la *ratio decidendi* de la sentencia no era la competencia para ampliar el plazo, sino la posibilidad de ampliar el plazo máximo para resolver al amparo del artículo 49 de la entonces vigente LRJPAC.

353. Francisco GONZÁLEZ NAVARRO, *Comentarios a la Ley de Régimen Jurídico de las Administraciones Públicas...*, ob. cit., págs. 1052-1053.

Algunos sostienen que debe ser el instructor quien acuerde la ampliación de los plazos de los distintos trámites. GOSÁLBEZ PEQUEÑO es uno de ellos[354]. Sus argumentos, sin embargo, no me parecen concluyentes:

a) Dice que el acuerdo de ampliación es «un acto administrativo de trámite (no recurrible autónomamente, además)»; pero, también es un acto de trámite irrecurrible en sede administrativa la ampliación del plazo máximo del procedimiento (art. 23.2 de la LPAC) y la competencia no se residencia en el instructor.

b) Añade, como argumento a favor de su tesis, la genérica atribución de amplias funciones instructoras que hace la propia LPAC (artículo 75.1, por ejemplo); sin embargo, estas funciones instructoras están referidas a las actuaciones necesarias «para la determinación, conocimiento y comprobación de los hechos», no a la ampliación de los plazos fijados legalmente.

c) Y, finalmente, como aval de la competencia del instructor, alude a los principios de ordenación del procedimiento administrativo (celeridad, eficacia: artículos 71 y siguientes); pero, en realidad, ninguno de tales principios se ve mermado en absoluto si la competencia para ampliar los plazos se residencia en el superior jerárquico del instructor. De lo contrario, tendríamos que admitir que la distribución competencial dual o bifásica de los artículos 21.5 y 23.1 de la LPAC atenta contra tales principios.

Por nuestra parte, nos alineamos con quienes consideran que —salvo expresa disposición en contra— la competencia debe residenciarse en los mismos términos previstos por el artículo 23.1 de la LPAC respecto de la ampliación del plazo máximo para resolver y notificar; esto es: la ampliación de los plazos podrá llevarse a cabo por el órgano competente

354. Humberto GOSÁLBEZ PEQUEÑO, «El deber de resolver: términos y plazos», en ob. cit., pág. 1213.

para resolver, a propuesta razonada del instructor, o bien, por el superior jerárquico del órgano competente para resolver, a propuesta de este último.

Se procede así a la autointegración de este vacío normativo por analogía. Abunda en ello la idea de que, si bien se mira, la diferencia de ampliar el plazo en uno y otro precepto (arts. 23.1 y 32 de la LPAC) es adjetiva y no sustancial, pues estamos ante la misma «cosa»: un tiempo «que se nos queda corto» y que es necesario alargar para alcanzar la finalidad que persigue el procedimiento o, en su caso, el trámite de que se trate[355]. Al fin y al cabo, el efecto práctico de la ampliación del plazo en cualquiera de sus dos modalidades es el mismo: se prolonga la duración del procedimiento y se retrasa el día final de la caducidad[356].

Lo que no parece razonable, aunque resulte más ágil, es dejar en manos del simple instructor del procedimiento una potestad que supone nada menos que alterar los plazos fijados en la ley —también el plazo máximo para resolver (de caducidad) si hemos de aceptar la doctrina del Tribunal Supremo al respecto—, con grave incidencia en el principio de seguridad jurídica que, al fin y al cabo, es el fundamento último de la inalterabilidad de los plazos.

Por lo demás, la ampliación de plazos acordada por una Administración no puede aplicarse «a un procedimiento seguido ante otra Administración, aunque sea en el mismo ámbito de intervención administrativa», tal y como afirma la STS (Sala 3.ª, sección 3.ª) de 3 de junio de 2014[357]:

> *Séptimo.* [...] Se trata de resoluciones y plazos conferidos para objetivos distintos por ambas Administraciones estatal y autonómica, cada una en ejercicio de sus respectivas competencias. No puede en efecto aplicarse al plazo fijado por la Administración del Estado para que las

---

355. *Cf.* estas reflexiones en Francisco GONZÁLEZ NAVARRO, *Comentarios a la Ley de Régimen Jurídico de las Administraciones Públicas...*, ob. cit., pág. 856.

356. *Cf.* esta idea en la STSJ de Galicia núm. 115/2015, de 25 de febrero. Recurso 352/2014 (RJCA 2015\497).

357. Ponente: Excmo. Sr. Espín Templado. Recurso 334/2012 (RJ 2014\3629).

instalaciones de un determinado grupo tengan derecho a prima una prórroga acordada por la Administración autonómica para completar una determinada instalación. El artículo 49 de la Ley 30/1992 se limita a regular la posibilidad de que una Administración proceda a ampliar los plazos, pero por sí mismo no determina lo que pretende la actora, que la ampliación de un plazo otorgado por una Administración se aplique a un procedimiento seguido ante otra Administración, aunque sea en el mismo ámbito de intervención administrativa.

D) Facultad discrecional y control judicial

La ampliación de los plazos que el artículo 32 de la LPAC pone en manos de la Administración es una facultad discrecional[358] o potestativa, en el sentido de que goza de una cierta libertad para otorgarla o denegarla según lo aconsejen las circunstancias[359]. No hay derecho subjetivo a dicha ampliación.

Los tribunales avalan estas consideraciones. Así, por ejemplo, se expresa la SAN (sección 6.ª) de 15 de abril de 2014[360], al decir que la ampliación del plazo «no es un derecho del administrado, sino una potestad discrecional»; o el TSJ de Madrid (sección 2.ª), en su sentencia núm. 507/2014, de 4 de junio[361], cuando afirma que «no existe un derecho a la ampliación de dicho plazo».

Sobre la discrecionalidad administrativa, el *Diccionario del español jurídico* de la RAE nos ofrece la siguiente definición: «Ámbito o margen de libertad de acción concedido por el legislador a quien ejerce la potestad ejecutiva, para que pueda adoptar la decisión más idónea *ad casum* para el cumplimiento de la ley».

---

358. Así, Humberto GOSÁLBEZ PEQUEÑO, «El deber de resolver: términos y plazos», en ob. cit., pág. 1210.

359. Flor ARIAS APARICIO, «A propósito de los plazos administrativos, su cómputo y las nuevas reglas fijadas en la Ley 39/2015, de 1 de octubre, de Procedimiento Administrativo Común de las Administraciones Públicas», en *Revista General de Derecho Administrativo* [en línea], Iustel, núm. 42, mayo de 2016, pág. 19.

360. Ponente: Ilma. Sra. Resa Gómez. Recurso 572/2010 (JUR 2014\125674).

361. Ponente: Ilmo. Sr. LÓPEZ de Hontanar Sánchez. Recurso 1245/2012 (JUR 2014\223385).

Lo anterior no significa que la Administración tenga una libertad de acción ilimitada. Por lo pronto, esos límites vienen genéricamente establecidos por el artículo 106.1 de la Constitución, en cuanto faculta a los tribunales para controlar «la legalidad de la actuación administrativa, así como el sometimiento de ésta a los fines que la justifica». La discrecionalidad nunca es absoluta; siempre deben observarse ciertos elementos reglados configurados en la ley que atribuye esa potestad[362]. En suma, la discrecionalidad de la Administración estará permitida siempre que no vulnere la legalidad que, en este caso, se proyecta sobre los elementos reglados que habrán de observarse en todo caso[363].

En particular, el artículo 32 de la LPAC impone ciertos condicionantes susceptibles de control judicial que seguidamente examinamos.

a) Ampliación prohibida o limitada por otra norma

El artículo 32 de la LPAC recoge el *ius variandi* o potestad administrativa de ampliar los plazos de los trámites, «salvo

---

362. El preámbulo de la ley jurisdiccional de lo contencioso administrativo de 1956 ya establecía que *«la discrecionalidad no puede referirse a la totalidad de los elementos de un acto, a un acto en bloque [...] ha de referirse a alguno de los elementos del acto»* para, a continuación, admitir la impugnación jurisdiccional de los demás elementos del acto, esto es, los elementos reglados. La vigente ley jurisdiccional de 1998 mantiene la misma tesis. Así, en su Exposición de Motivos (apartado VI), tras afirmar que los órganos jurisdiccionales no pueden determinar el contenido discrecional de los actos que anulen, añade que *«esta regla no pretende coartar en absoluto la potestad de los órganos judiciales para extender su control de los actos discrecionales [...] mediante el enjuiciamiento de los elementos reglados de dichos actos y la garantía de los límites jurídicos de la discrecionalidad»*.

363. Sobre el particular, Juan Alfonso SANTAMARÍA PASTOR, en *Principios de Derecho Administrativo General I*, 4.ª ed., Iustel, Madrid, 2016, pág. 369, afirma que «la discrecionalidad *no es una característica que pueda globalmente predicarse de una potestad, sino de alguno de sus elementos o condiciones de ejercicio*». Y, seguidamente, establece una serie de elementos que son siempre reglados: el hecho de la existencia de la potestad, el supuesto fáctico que legitima su empleo, la competencia y el fin de la potestad.

precepto en contrario». Admite así que otra norma legal limite o impida el ejercicio de esa potestad en determinadas circunstancias o supuestos; incluso vetándolo de forma general en cierta clase de procedimientos.

Por lo demás, el artículo 32.1 no exige que ese «precepto» en contrario se recoja necesariamente en una norma con rango de ley, bastando a tal efecto un mero reglamento. Se permite así que la ampliación de los plazos venga limitada por la normativa reglamentaria de cada procedimiento en concreto[364]. Lo que sí resulta exigible es que la prohibición o limitación se establezca, expresamente y con indicación de los procedimientos afectados, en una norma jurídica y no por un acto administrativo[365].

b) Limitaciones temporales

Son dos las limitaciones temporales impuestas por el artículo 32 de la LPAC a la ampliación de los plazos:

1.ª La decisión no puede tomarse si el plazo administrativo está vencido o ha finalizado (numeral 3), pero ningún inconveniente hay si el plazo todavía no se ha iniciado. Por lo tanto, la Administración podrá acordar la ampliación del plazo previsto para una actuación que aún no haya comenzado y también para la que esté transcurriendo, pero aún no haya vencido.

2.ª El segundo límite temporal consiste en que la duración máxima del «nuevo plazo» adicional no podrá superar la mitad del plazo ampliado (numeral 1).

Sobrepasar cualquiera de estas fronteras temporales supone la ilegalidad del acuerdo.

364. Enmanuel Jiménez Franco, «Términos y plazos», en ob. cit., pág. 291.

365. Así, Humberto Gosálbez Pequeño, «El deber de resolver: términos y plazos», en ob. cit., pág. 1210.

c) Limitaciones sustantivas

El artículo 32.1 de la LPAC condiciona la ampliación de los plazos a que no perjudique «derechos de tercero» y a que «las circunstancias lo aconsejen»,

En primer lugar, la ampliación del plazo no puede perjudicar «derechos de tercero»; tercero que, aunque no lo establezca expresamente la norma, es todo aquel que tiene la condición de interesado en ese procedimiento administrativo (*cf.* art. 4 de la LPAC). Así pues, si en el procedimiento hubiere en juego intereses diferenciados y divergentes de terceros, la ampliación no puede lesionar los derechos e intereses legítimos de ninguno de ellos.

La referencia a que «las circunstancias lo aconsejen» no exige que la ampliación sea necesaria o indispensable. Basta con que, al menos, sea conveniente o recomendable para satisfacer el interés público o los derechos subjetivos o intereses legítimos de los sujetos del procedimiento; precisamente por ello, el artículo 32.1 les atribuye el derecho de solicitar la ampliación. Con todo, el artículo 32.4 de la LPAC tipifica una genérica causa justificativa y habilitante de la ampliación de los plazos para el caso de que se produzcan incidencias técnicas en el procedimiento administrativo electrónico, que imposibiliten el funcionamiento ordinario del sistema o de la aplicación correspondiente.

Finalmente, la ampliación pretendida no puede tampoco lesionar el interés público. Pese a no constar explícitamente este límite en el precepto legal, está reflejado de modo implícito en el texto constitucional (art. 103.1) y en la LRJSP (art. 3.1) en cuanto toda actuación administrativa debe dirigirse al servicio de los intereses generales.

d) Motivación

La ampliación de plazos prevista en el citado artículo 32 ha de ser motivada. No solo lo impone el deber general de motivación de los actos administrativos, previsto en el artículo 35 de la LPAC, sino específicamente el propio artículo 32, cuya referencia a las circunstancias que aconsejen la ampliación del plazo evidencia esa obligada motivación.

• Tribunal Supremo (Sala 3.ª, sección 3.ª)
Sentencia núm. 1038/2017, de 13 de junio[366]:

Quinto. [...] En relación con la motivación de la ampliación, esta Sala no alberga duda alguna de que la ampliación de plazos prevista en el mentado artículo 49.1 ha de ser motivada, pues, además del deber general de motivación de los actos administrativos, previsto en el artículo 54 de la Ley 30/1992, la referencia a los hechos o circunstancias que determinan la ampliación del plazo, en el citado artículo 49.1, pretende evidenciar esa obligada motivación.

Repárese que la citada norma señala como presupuesto de la ampliación que «las circunstancias lo aconsejan y con ello no se perjudican derechos de tercero». De modo que son las circunstancias del caso las que han de inspirar o determinar la ampliación del plazo y de ellas, naturalmente, ha de dejarse constancia en el acto administrativo que acuerda tal ampliación.

e) Alegaciones y recursos

Es preceptiva la notificación del acuerdo de ampliación a todos los interesados (arts. 32.1 y 40.1 de la LPAC), quienes pueden hacer cuantas alegaciones estimen oportunas (art. 76.1 de la LPAC) para intentar revertir la ampliación acordada antes de la resolución del procedimiento (art. 76.2 de la LPAC); bien entendido que tales alegaciones no suspenden la tramitación del procedimiento (art. 74 de la LPAC) ni suponen el inicio de recurso alguno.

Hay que tener presente que el acuerdo de ampliación no es recurrible autónomamente y, por ende, la oposición al mismo no tiene carácter de recurso administrativo (arts. 32.3 y 112.1 de la LPAC). Ahora bien, una vez dictada y notificada la resolución del procedimiento, el recurso administrativo y judicial contra esta última puede fundarse, precisamente, en la ilegalidad del acuerdo de ampliación. Muy

366. Ponente: Excmo. Sr. Arozamena Laso. Recurso 288/2015 (RJ 2017\2867). Lo mismo se dice en la STS (Sala 3.ª, sección 4.ª) núm. 825/2017, de 11 de mayo (rec. 1824/2015) (RJ 2017\2215).

claro se dice en el artículo 32.3, *in fine*, de la LPAC que los acuerdos sobre ampliación de plazos no son susceptibles de recurso, «sin perjuicio del procedente contra la resolución que ponga fin al procedimiento».

f) ¿Es exigible la indefensión de los interesados para anular la ampliación del plazo?

La nulidad de la ampliación del plazo carente de apoyatura legal, y la consiguiente caducidad del expediente, no se condicionan a que, además, se haya producido la indefensión de los interesados. Lo deja claro la STS (Sala 3.ª, sección 3.ª) de 24 de enero de 2011[367], al dar respuesta a las alegaciones del abogado del Estado[368]:

> *Quinto.* [...] No es necesario que concurra a estos efectos la «indefensión para los interesados» ni que a estos se les causen otros perjuicios adicionales distintos del que en sí supone el alargamiento del tiempo de tramitación más allá del plazo legal.
>
> Aun reconociendo que el ejercicio de la potestad sancionadora por los órganos reguladores puede generar dificultades de tramitación en asuntos complejos, no hay tampoco razones bastantes para desvirtuar las previsiones legales específicas sobre los tiempos para resolverlos, previsiones que incluyen la utilización prudente y motivada tanto de los mecanismos de suspensión como los de ampliación, cuando existan las causas que legitimen unos u otros.

E) Silencio ante la petición de parte sobre ampliación del plazo

La Administración está obligada a responder a la petición de parte sobre la ampliación del plazo. Cierto es que la concesión o no de la ampliación del plazo es una facultad discrecional, pero eso no es excusa para obviar el deber de resolver y notificarlo a los interesados (art. 32.1 de la LPAC).

---

367. Ponente: Excmo. Sr. Campos Sánchez-Bordona. Recurso 2542/2008 (RJ 2011\215).

368. En los fundamentos de la sentencia puede leerse lo siguiente: «sostiene el abogado del Estado que la declaración de nulidad de estos acuerdos sólo debe hacerse "cuando se produce una clara indefensión para los interesados o un evidente perjuicio para los mismos", sin cuyos requisitos —inexistentes en este caso, afirma— no debe darse lugar a la caducidad del expediente».

El problema es cómo interpretar el silencio. No parece que la normativa propia del silencio positivo sea aquí aplicable, toda vez que está prevista para la falta de resolución del fondo del asunto en el procedimiento principal, no para un incidente como es la ampliación del plazo[369]. Además, la necesidad de ponderar «si las circunstancias lo aconsejan» y, sobre todo, la ausencia de perjuicios para tercero, como presupuestos para acordar la ampliación, suponen serios inconvenientes para aplicar las normas sobre el silencio positivo[370].

Las resoluciones de los tribunales no son pacíficas en este tema. Algunas sostienen que no puede acudirse al régimen del silencio, ni equiparar la falta de respuesta a una concesión implícita de la ampliación del plazo solicitada, y que la falta de respuesta genera indefensión; otras parecen dar por sentado que el silencio ha de tomarse como una negativa a la ampliación; y en otras ocasiones se ha decidido darle efectos de silencio positivo. Como se ve, hay para todos los gustos. Traemos seguidamente a colación algunos ejemplos.

a) Obligación de resolver la solicitud de ampliación. No es aplicable el régimen del silencio. Retroacción de actuaciones por indefensión. La STSJ del País Vasco (sección 1.ª) núm. 611/2013, de 22 de octubre[371] sostiene que, en estos casos, «no cabe acudir al régimen del silencio administrativo» porque está previsto exclusivamente para la resolución del

369. Así, Enmanuel JIMÉNEZ FRANCO, «Términos y plazos», en ob. cit., pág. 291; también Manuel RIVERO GONZÁLEZ, «Términos y plazos», en *Régimen Jurídico de las Administraciones Públicas...*, ob. cit., pág. 359.

370. *Cf.* Manuel RIVERO GONZÁLEZ, *ibidem*. El grupo parlamentario La Izquierda Plural propuso redactar el numeral 3 del artículo 32 de modo que la ampliación se entendiese concedida por silencio administrativo: «[...] La ampliación se entenderá automáticamente concedida por la mitad del plazo inicialmente fijado con la presentación en plazo de la solicitud, salvo que se notifique la denegación expresa antes de la finalización del plazo que se pretenda ampliar». Véase la enmienda número 91 en el *BOCG* (Congreso de los Diputados), 28 de julio de 2015, serie A, núm. 155-2, págs. 64-65. Coincide esta redacción con la del artículo 91.4 del Real Decreto 1065/2007, de 27 de julio (Reglamento de gestión e inspección tributaria).

371. Ponente: Ilmo. Sr. Villafáñez Gallego. Recurso 21/2011 (JUR 2013\379080).

procedimiento o, excepcionalmente, para cuestiones procedimentales específicas (como, por ejemplo, la del art. 111.3 de la Ley 30/1992, hoy recogida en el art. 117.3 de la Ley 30/2015). El tribunal vasco consideró que la «falta de respuesta expresa a la solicitud de ampliación le generó indefensión» al interesado y acordó «retrotraer el procedimiento administrativo al momento en que se presentó la solicitud de ampliación de plazos para que sea contestada de forma expresa y prosiga después aquél por sus trámites»[372].

b) Facultad discrecional. La falta de respuesta solo implica que el plazo no ha sido ampliado. La Audiencia Nacional parte también de que aquí no es aplicable el régimen del silencio positivo: se trata de una facultad «discrecional» que precisa un acuerdo formal debidamente notificado. Así lo dice claramente la SAN (sección 1.ª) de 7 de diciembre de 2009[373]:

> *Segundo.* [...] en ningún caso se puede entender que la no contestación a la petición de ampliación del plazo para interponer el recurso se pueda considerar, tal como hace el recurrente, como una estimación de la misma, pues lo impide el carácter discrecional de tal potestad, así como la exigencia formal de notificación en caso de acordar la ampliación.

La ampliación del plazo «requiere su concesión» —subraya la SAN (sección 2.ª) de 28 de enero de 2010[374]—, «no bastando la mera solicitud de la parte interesada»:

> *Cuarto.* [...] no basta con la presentación de un escrito solicitando una prórroga del plazo, para que ésta se entienda automáticamente concedida, sino que es necesario que se adopte un acuerdo concediendo la ampliación del plazo solicitada y que el «acuerdo de ampliación» se notifique a los interesados.

Pero la consecuencia que esta sentencia anuda al silencio no es la retroacción de actuaciones para que la Administra-

372. Lo mismo sostiene el TSJ de las Islas Canarias (sede en Las Palmas, sección 2.ª), en la sentencia núm. 82/2015, de 10 de marzo (rec. 156/2014).

373. Ponente: Ilmo. Sr. Lesmes Serrano. Recurso 61/2009 (JUR 2009\496243).

374. Ponente: Ilma. Sra. Córdoba Castroverde. Recurso 397/2006 (JUR 2010\49975).

ción conteste la solicitud de ampliación. Considera, sencillamente, que si no hay respuesta no hay ampliación de plazo, de manera que la actuación de parte realizada más allá del plazo legal (no ampliado) será extemporánea:

> *Cuarto.* [...] la ampliación del plazo para formular alegaciones al acta requiere su concesión por la Administración, al amparo del artículo 49 de la Ley 30/1992 [hoy art. 32 de la LPAC], por considerar que concurren circunstancias que así lo aconsejan, no bastando la mera solicitud de la parte interesada, lo que comporta, en el supuesto que se enjuicia, que al no haberse dictado el referido acuerdo de ampliación, las alegaciones presentadas por las sociedades interesadas en escrito conjunto de fecha 9 de julio de 2003 eran extemporáneas.

c) La falta de respuesta puede entenderse como estimación. El TSJ de Madrid (sección 8.ª), en la sentencia núm. 1254/2006, de 2 de noviembre[375], afirmó que la falta de respuesta sobre la solicitud de ampliación del plazo puede entenderse como concesión de tal prórroga (silencio positivo) y ordenó la retroacción del procedimiento; pero no para que resolviese expresamente la Administración sobre aquella solicitud, sino para que admitiese la documentación presentada durante esa tácita ampliación del plazo. El tribunal madrileño se pronunció del siguiente tenor:

> *Segundo.* [...] Debió resolverse por la Administración sobre la prórroga solicitada, pudiendo ser concedida o no, según se estimase pertinente, cosa que aquí no sucedió. Es más, podía haberse hecho referencia a la prórroga en la resolución final, cosa que tampoco se hizo. En consecuencia, al incumplir la Administración el deber que tenía de resolver sobre lo solicitado, se pudo entender, como hizo la parte y según consta en un informe de la Directora General de Empleo, que la ampliación había sido concedida.
>
> Por lo expuesto, al haberse presentado la documentación requerida dentro del plazo que correspondía a la prórroga, si ésta hubiera sido expresamente concedida, ante el indebido silencio de la Administración que incumplió sus obligaciones, ha de considerarse que la documentación se presentó correctamente.
>
> Debido a lo anterior procede retrotraer las actuaciones al momento en que se presentó la documentación por la parte actora, considerando que ésta se aportó en tiempo y forma, para que la Administración resuelva sobre el fondo, es decir, sobre si procede o no la subvención solicitada.

---

375. Ponente: Ilmo. Sr. Sánchez Sánchez. Recurso 2519/2003 (JUR 2007\165746).

La misma idea trasluce la STSJ de Extremadura (sección 1.ª) núm. 124/2013, de 26 de junio[376]: «al incumplir la Administración el deber que tenía de resolver sobre lo solicitado [la ampliación del plazo], se pudo entender que la ampliación había sido concedida»; y «al haberse presentado la documentación requerida dentro del plazo que correspondía a la prórroga, si ésta hubiera sido expresamente concedida, ante el indebido silencio de la Administración que incumplió sus obligaciones, ha de considerarse que la documentación se presentó correctamente». Los términos literales de esta sentencia fueron los siguientes:

> *Segundo.* [...] la ampliación de plazo [exige] la necesidad de que exista una resolución expresa sobre la petición de ampliación dictada antes del vencimiento del plazo y notificada al solicitante de ampliación.
>
> Pues bien, en el caso que nos ocupa, no consta que la Administración hubiese cumplido ninguna de las tres exigencias anteriores, por lo que la presentación del escrito de ampliación para aportar la documentación antes de que se dictase resolución nunca podía ser extemporáneo. Debió resolverse por la Administración sobre la prórroga solicitada, pudiendo ser concedida o no, según se estimase pertinente, cosa que aquí no sucedió. Es más, podía haberse hecho referencia a la prórroga en la resolución final, cosa que tampoco se hizo. En consecuencia, al incumplir la Administración el deber que tenía de resolver sobre lo solicitado, se pudo entender, como podemos entender que hizo la parte entendiendo que la ampliación había sido concedida y según consta en el expediente, aportó la documentación referida, en concreto el aval requerido, cinco días después, en concreto el día 22 de julio. Por lo expuesto, al haberse presentado la documentación requerida dentro del plazo que correspondía a la prórroga, si ésta hubiera sido expresamente concedida, ante el indebido silencio de la Administración que incumplió sus obligaciones, ha de considerarse que la documentación se presentó correctamente.

F) Supuestos específicos de ampliación *ex lege*

a) Trámites en el extranjero

«La ampliación de los plazos por el tiempo máximo permitido se aplicará en todo caso a los procedimientos tramitados por las misiones diplomáticas y oficinas consulares, así como a aquellos que, sustanciándose en el interior, exi-

376. Ponente: Ilma. Sra. Méndez Canseco. Recurso 49/2013 (JUR 2013\251551).

jan cumplimentar algún trámite en el extranjero o en los que intervengan interesados residentes fuera de España» (art. 32.2 de la LPAC).

Los términos «en todo caso», utilizados en la citada norma, llevan a pensar que en este tipo de procedimientos (los tramitados en el extranjero, total o parcialmente, y los que afecten a «interesados residentes fuera de España») han de ver ampliados sus plazos inexorablemente por el tiempo máximo permitido (la mitad, según el art. 32.1 de la LPAC)[377]. El Tribunal Superior de Justicia de Madrid (sección 5.ª) lo tiene claro en su sentencia núm. 863/2003, de 13 de junio[378]: dicho precepto establece «el carácter obligatorio de la ampliación del plazo en los supuestos que contempla» (la interesada residía en la ciudad alemana de Dortmund). El mismo TSJ madrileño (sección 10.ª), en la sentencia núm. 257/2017, de 27 de abril[379], consideró ajustada a derecho la ampliación del plazo simplemente «teniendo en cuenta que según el resultado del acta de inspección el domicilio del interesado no estaba en España».

En defensa de esta misma posición, Arias Aparicio afirma que «habrá de otorgarse obligatoriamente cuando

377. Así parecen entenderlo las SSAN (sección 4.ª) de 2 de junio y 17 de febrero de 2010. Ponente: Excma. Sra. Sangüesa Cabezudo. Recursos 123/2010 y 556/2009 (JUR 2010\214561 y JUR 2010\74825). Se trataba de peticiones de asilo. La Administración, de oficio, amplió el plazo para resolver sobre su admisibilidad a trámite, al objeto de realizar en el extranjero (Grecia e Italia) las diligencias necesarias para determinar el Estado responsable de examinar tales peticiones. La Audiencia Nacional declaró que el acuerdo se adoptó cumpliendo todos los requisitos legales, acogiéndose a un supuesto en el que «en todo caso» procedía la ampliación, al ser preciso solicitar una petición a las autoridades griegas (en el primer caso) e italianas (en el segundo), conforme al Reglamento (CE) 343/2003, de 18 de febrero, por el que se determinan los criterios y mecanismos de determinación del Estado miembro responsable del examen de una solicitud de asilo presentada en uno de los estados miembros por un nacional de un tercer país.

378. Ponente: Ilmo. Sr. Gallego Laguna. Recurso 1276/2000 (JUR 2004\223088). También la STSJ de Madrid (sección 2.ª) núm. 507/2014, de 4 de junio (rec. 1245/2012) enfatiza que la Administración está «obligada» en estos casos a conceder la ampliación.

379. Ponente: Ilma. Sra. Vázquez Castellanos. Recurso 554/2014 (JUR 2017\165565).

se trate de procedimientos que exijan cumplimentar algún trámite en el exterior o intervengan interesados que residan fuera de España»[380].

Gosálbez discrepa y niega que la norma imponga con carácter general una «prórroga forzosa» de trámites, sin conocer y valorar los concretos intereses públicos y privados afectados para poder determinar previamente la conveniencia o necesidad de su ampliación[381]. También algún tribunal sostiene la idea de que, si esta prórroga fuera imperativa, lo hubiera establecido así el legislador:

• Tribunal Superior de Justicia de Madrid (sección 7.ª)
Sentencia de 8 de enero de 2003[382]:

Tercero. [...] no parece, a nuestro entender, que deba admitirse la interpretación que también interesa la parte actora en el sentido que la expresión «en todo caso» que se emplea en el articulo 49, implique que por imperativo legal todos los plazos relativos a «procedimientos tramitados por las misiones diplomáticas y oficinas consulares, así como a aquellos que, tramitándose en el interior, exijan cumplimentar algún trámite en el extranjero o en los que intervengan interesados residentes fuera de España», deban de entenderse automáticamente ampliados, y antes de iniciarse el procedimiento, hasta la mitad del plazo previsto. Y, ello porque admitir tal postura iría en contra de una lógica jurídica pues la interpretación de las normas no debe tender a buscar los puntos de fricción entre las mismas o los aspectos en los que aparentemente parecen contradecirse, sino que debe buscar el sentido de compenetración y coherencia entre aquellas.

[...] mantener la postura que postula la actora nos llevaría a la ilógica consecuencia de entender, por una parte, que en todos aquellos casos en los que se den las circunstancias previstas en el articulo 49.2 de la Ley 30/1992, el plazo previsto por el legislador es la mitad superior al previsto, es decir, en el caso analizado el plazo no sería de tres meses sino de cuatro meses y medio, lo cual, de haberlo así querido, así lo hubiera establecido el legislador; y, por otra que, debiendo mediar decisión de ampliación, la Administración, antes incluso de conocer que va a iniciarse un procedimiento de validación, y antes de

380. Flor Arias Aparicio, «A propósito de los plazos administrativos...», *ibidem*, pág. 20.

381. Humberto Gosálbez Pequeño, «El deber de resolver: términos y plazos», en ob. cit., págs. 1210-1211.

382. Ponente: Ilma. Sra. Vázquez Castellanos. Recurso 1414/1999 (JUR 2003\145115).

conocer quién es el concreto interesado o cuál su lugar de residencia, debería ampliar cautelarmente el plazo establecido a los solos efectos de la posible intervención de interesados residentes fuera de España, incluso en el supuesto de que desconozca el interés del particular en iniciar el procedimiento.

b) Problemas técnicos

El numeral 4 del artículo 32 de la LPAC se anticipa a los problemas técnicos que impidan cumplir los plazos no vencidos. A tal fin, prevé la posibilidad de que la Administración acuerde la ampliación de los mismos de modo parecido a lo que sucede con el sistema *LexNet* de notificaciones electrónicas en la Administración de Justicia (*cf.* art. 135.2 de la LEC). Para acordar esta ampliación, deben de darse las siguientes circunstancias:

a) La incidencia técnica debe imposibilitar el funcionamiento ordinario del sistema o aplicación que corresponda.

b) La ampliación sólo podrá ser de plazos no vencidos y durará el tiempo necesario hasta que se solucione el problema técnico que impide acceder al sistema administrativo electrónico.

c) En la sede electrónica de la Administración deberán publicarse tanto la ampliación concreta del plazo no vencido como la incidencia técnica acontecida.

G) ¿La ampliación de plazos es aplicable a los recursos?

Es esta otra cuestión nada pacífica. Si entendemos que la ampliación del artículo 32 de la LPAC se aplica al procedimiento, la ubicación sistemática de los recursos (una vez finalizado el procedimiento) no permite la ampliación de los plazos; si, desde otra perspectiva, acudimos a la normativa sobre los plazos para recurrir, resulta que en ella no se contiene previsión alguna que impida esa prórroga. Los tribunales son reticentes a su admisión:

• Tribunal Superior de Justicia de Madrid (sección 8.ª)
Sentencia núm. 411/2015, de 24 de junio[383]:

Cuarto. [...] Se aduce en el primero de los motivos la aplicabilidad del artículo 49 de la Ley 30/1992 en relación con la solicitud de prórroga del plazo para recurrir en reposición [...].

Para la resolución del presente supuesto debemos tener en cuenta la Exposición de Motivos de la Ley 30/1992, concretamente en el apartado IX, referido al título IV, que bajo el epígrafe «De la actividad de las Administraciones Públicas», se refiere a la formulación de los derechos de los ciudadanos «en los procedimientos administrativos».

Lo anterior debe cohonestarse con el tenor literal del artículo 49 de dicha norma, en la que se configura un «derecho potestativo», que consiste en la ampliación de plazos por parte de la Administración, en el seno y dentro del cauce de la tramitación de un concreto procedimiento administrativo. Ello supone que, en la tramitación de un procedimiento, de oficio o a instancia de parte, se podrá ampliar el plazo, con los límites que en el procedimiento concreto se determinen, debidamente motivada la causa de tal ampliación de los plazos establecidos, sin que se contenga precepto alguno en la normativa aplicable en tal sentido «relativa a la ampliación de plazos en la formulación de recursos» que en el propio texto normativo se contienen en el apartado de los recursos administrativos, posterior a la terminación del procedimiento.

• Tribunal Superior de Justicia de Andalucía (sede en Granada, sección 2.ª)
Sentencia núm. 2329/2013, de 15 de julio[384]:

Cuarto. El artículo 115 de la citada Ley 30/1992, de 26 de noviembre, de Régimen Jurídico de las Administraciones Públicas y del Procedimiento Administrativo Común no contiene previsión que expresamente impida la prórroga del plazo pero tampoco encontramos en dicho artículo 115 ni en el 49 previsión que establezca que la mera presentación de la solicitud de ampliación del plazo dará lugar a la suspensión del mismo, siendo de obligado cumplimiento las normas relativas a los plazos y términos legales y es que no podría dejarse a la voluntad de una de las partes la posibilidad de suspender el cómputo del plazo de interposición de un recurso por el mero hecho de decidir unilateralmente presentar una solicitud de suspensión, pudiendo ello dar lugar a un posible uso abusivo de la norma.

383. Ponente: Ilma. Sra. Díaz Fernández. Recurso 1827/2013 (JUR 2015\200347).

384. Ponente: Ilma. Sra. Cañavate Galera. Recurso 1567/2009 (JUR 2013\304254).

Bibliografía

Aguado i Cudolà, Vicenç: *Prescripción y caducidad en el ejercicio de potestades administrativas,* Marcial Pons y Escola d'Administració Pública de Catalunya, Madrid, 1999.

Alarcón Sotomayor, Lucía: *La garantía non bis in idem y el procedimiento administrativo sancionador,* Iustel, Madrid, 2008.

Alonso Martínez, Rafael: «Especialidades de la caducidad en el procedimiento sancionador en materia de transportes terrestres», en *E-Derecho Administrativo* (e-DeA), núm. 5, 2002.

Alonso Mas, María José y Edilberto Narbón Laínez: *El silencio administrativo y su problemática procesal,* Tirant lo Blanch, Valencia, 2009.

Aníbarro Pérez, Susana, y Sesma Sánchez, Begoña: «La potestad sancionadora», en *Estudios de la Ley General Tributaria*, varios autores, Lex Nova, Valladolid, 2006, págs. 799 a 1020.

Arias Aparicio, Flor: «A propósito de los plazos administrativos, su cómputo y las nuevas reglas fijadas en la Ley 39/2015, de 1 de octubre, de Procedimiento Administrativo Común de las Administraciones Públicas», en *Revista General de Derecho Administrativo* [en línea], Iustel, núm. 42, mayo de 2016.

Bueno Armijo, Antonio: «La caducidad del procedimiento administrativo sancionador», en la obra colectiva *Derecho administrativo sancionador,* con Manuel Rebollo Puig y otros, Lex Nova, Valladolid, 2010, págs. 799 a 822.

BUISÁN GARCÍA, Nieves: «La propia torpeza no puede ser alegada», en la obra colectiva *Los principios jurídicos del derecho administrativo*, Juan Alfonso Santamaría Pastor (dir.), La Ley, Las Rozas (Madrid), 2010.

CABALLERO SÁNCHEZ, Rafael: *Prescripción y caducidad en el ordenamiento administrativo*, McGraw-Hill, Madrid, 1999.

CANTERO MARTÍNEZ, Josefa: «Términos y plazos», en *El procedimiento administrativo común*, tomo I, varios autores, José Garberí Llobregat (coord.), Tirant lo Blanch, Valencia, 2007, págs. 797 a 855.

— «Obligación de resolver y silencio administrativo», en *El procedimiento administrativo común*, tomo II, varios autores, José Garberí Llobregat (coord.), Tirant lo Blanch, Valencia, 2007, págs. 1501 a 1648.

CHAVES GARCÍA, José Ramón: «La caducidad del procedimiento sancionador: hablando claro y con apoyo en la jurisprudencia reciente», *post* del 13 de agosto de 2009, en el blog *delaJusticia.com.*

— «Doctrina legal: la caducidad se trunca el día del intento de notificación postal», *post* del 16 de enero de 2014, en el blog *delaJusticia.com.*

— «La Audiencia Nacional aborda la caducidad del procedimiento sancionador por suspensión prejudicial penal», *post* del 22 de diciembre de 2014, en el blog *delaJusticia.com.*

— «La pena de taburete: suspensión del procedimiento sancionador por actuaciones penales», *post* del 24 de noviembre de 2016, en el blog *delaJusticia.com.*

— «La administración no puede obtener beneficio de su torpeza o errores», *post* de 1 de octubre de 2018, en el blog *delaJusticia.com.*

DE DIEGO DÍEZ, L. Alfredo: «Plazos de caducidad en el ejercicio de la potestad sancionadora y disciplinaria», en *Revista del Poder Judicial*, núm. 81, 2006, págs. 139 a 179.

— *Garantías en la práctica de las notificaciones administrativas*, Bosch, Barcelona, 2008.

— *Prescripción y caducidad en el procedimiento administrativo sancionador*, 2.ª ed., Bosch, Barcelona, 2009.

— «La ampliación del plazo máximo para resolver (Ley 39/2015)», en *Cuadernos de Derecho Local (QDL)*, núm. 47, junio de 2018, págs. 12 a 44.

— «Inicio y fin de la caducidad en el procedimiento administrativo sancion0ador», en *Cuadernos de Derecho Local (QDL)*, núm. 49, febrero 2019, págs. 107 a 135.

— *Tratamiento y efectos de la caducidad en el procedimiento sancionador*, 2.ª ed., Colex, A Coruña, 2020.

Faya Barrios, Antonio Luis: «Artículo 23. Ampliación del plazo máximo para resolver y notificar», en la obra colectiva *Régimen jurídico del sector público y procedimiento administrativo común*, Miguel Ángel Recuerda Girela (dir.), Thomson Reuters - Aranzadi, Cizur Menor (Navarra), 2016, págs. 225 a 234.

Gallardo Castillo, María Jesús: *Los procedimientos administrativos en la Ley 39/2015: análisis y valoración de la reforma*, Tecnos, Madrid, 2016.

Gamero Casado, Eduardo: *Manual básico de derecho administrativo* (con Severiano Fernández Ramos), 14.ª ed. Tecnos, Madrid, 2017.

García de Enterría, Eduardo: *Curso de Derecho Administrativo*, vol. II (con Tomás-Ramón Fernández), 15.ª ed., Civitas/Thomson Reuters, Editorial Aranzadi SAU, Cizur Menor (Navarra), 2017.

García Gómez de Mercado, Francisco: *Sanciones administrativas*, 2.ª ed., Comares, Granada, 2004.

Gómez Fernández, Diego: «Más sobre la ampliación de los plazos del procedimiento administrativo», en el blog *Es de Justicia*, 23 de febrero de 2020.

Gómez Puente, Marcos: «Prescripción, caducidad y perención administrativas», en *Justicia Administrativa*, núm. 4, julio de 1999, págs. 17 a 40.

— *La inactividad de la Administración*, 4.ª ed., Aranzadi-Thomson Reuters, Cizur Menor (Navarra), 2011.

GONZÁLEZ BUSTOS, María Ángeles: «La actividad de información y documentación de la Administración pública», en *Instituciones de procedimiento administrativo común: novedades de la Ley 39/2015*, Ricardo Rivero Ortega, M.ª Dolores Calvo Sánchez y Marcos Fernando Pablo (dirs.), Juruá, Lisboa, 2016, págs. 67 a 96.

GONZÁLEZ NAVARRO, Francisco: «La llamada caducidad del procedimiento administrativo», en *Revista de Administración Pública*, núm. 45, 1964, págs. 191 a 230.

— *Derecho administrativo español*, tomo III, *El acto y el procedimiento administrativos*, Eunsa, Pamplona, 1997.

— *Comentarios a la Ley de Régimen Jurídico de las Administraciones Públicas y Procedimiento Administrativo Común: Ley 30/1992, de 26 de noviembre*, con Jesús González Pérez, 5.ª ed., Thomson-Civitas, Cizur Menor (Navarra) 2012.

GONZÁLEZ-VARAS IBÁÑEZ, Santiago: «La ampliación de plazos (artículo 42.6 en relación con los artículos 47 y 49 de la LRJAP-PAC)», en *Revista de Estudios de la Administración Local y Autonómica (REALA)*, núm. 317, septiembre-diciembre de 2011, págs. 29 a 44.

GORDILLO, Agustín: *Tratado de Derecho Administrativo*, tomo III, *El acto administrativo*, 10.ª ed., Fundación de Derecho Administrativo, Buenos Aires, 2011.

GOSÁLBEZ PEQUEÑO, Humberto: *Términos y plazos administrativos*, Bosch, Barcelona, 2012.

— «El deber de resolver: términos y plazos», en *Tratado de procedimiento administrativo común y régimen jurídico básico del sector público*, Eduardo Gamero Casado (dir.), Tirant lo Blanch, Valencia, 2017, págs. 1153 a 1215.

— «El deber de la Administración pública de resolver el procedimiento administrativo: ¿Nueva regulación española en la Ley 39/2015 del Procedimiento Administrativo Común de las Administraciones Públicas?», en *Revista de Derecho Público*, núm. 88, 2018, págs. 57 a 91.

HERNÁNDEZ GONZÁLEZ, Francisco L.: *La caducidad del procedimiento administrativo*, Montecorvo, Madrid, 1998.

HUTCHINSON, Tomás: *Régimen de procedimientos administrativos*, Buenos Aires, 5.ª ed., Astrea, 2000.

JIMÉNEZ FRANCO, Enmanuel: «Términos y plazos», en *Instituciones de procedimiento administrativo común: novedades de la Ley 39/2015*, Ricardo Rivero Ortega, M.ª Dolores Calvo Sánchez y Marcos Fernando Pablo (dirs.), Juruá, Lisboa, 2016, págs. 243 a 298.

JIMÉNEZ LÓPEZ, Jesús: «Artículo 22. Suspensión del plazo máximo para resolver», en la obra colectiva *Régimen jurídico del sector público y procedimiento administrativo común*, Miguel Ángel Recuerda Girela (dir.), Thomson Reuters - Aranzadi, Cizur Menor (Navarra), 2016, págs. 215 a 224.

LÓPEZ PELLICER, José Antonio: «La caducidad del procedimiento administrativo sancionador: ¿puede reabrirse y tramitarse otro si la infracción no ha prescrito?», en *Actualidad Administrativa*, núm. 42, 15 al 21 de noviembre de 1999, vol. 1999-3, págs. 1171 a 1199.

— «La actuación extemporánea de la Administración en el procedimiento sancionador», en *Revista Española de Derecho Administrativo*, núm. 105, 2002, págs. 105 a 117.

MACÍAS CASTAÑO, José María: «Prescripción y caducidad en los procedimientos administrativos sancionadores», en *Iuris*, núm. 144, diciembre 2009, págs. 49 a 55.

MAGIDE HERRERO, Mariano: «Procedimientos relativos al ejercicio de la potestad sancionadora», en la obra colectiva *Comentario al Reglamento de desarrollo de la Ley Orgánica 15/1999, de 13 de diciembre, de protección de datos de carácter personal (aprobado por RD 1720/2007, de 21 de diciembre)*, Alberto Palomar Olmeda y Pablo González-Espejo (dirs.), Thomson-Civitas, Cizur Menor (Navarra), 2008, págs. 755 a 794.

MARTÍN LÓPEZ, Jorge: «La sedicente caducidad del procedimiento sancionador tributario», en *Revista Española de Derecho Financiero*, Civitas, núm. 145, 2010, págs. 97 a 143.

MESEGUER YEBRA, Joaquín: *La caducidad en el procedimiento administrativo sancionador*, Bosch, Barcelona, 2002.

— «A vueltas con la caducidad en los procedimientos sancionadores», en *Revista Jurídica de Castilla y León*, núm. 1, septiembre de 2003, págs. 213 a 222.

PAREJO ALFONSO, Luciano: *Lecciones de Derecho Administrativo*, 2.ª ed., Tirant lo Blanch, Valencia, 2008; *idem*, 8.ª ed. [en línea], 2016.

RIVERO GONZÁLEZ, Manuel: «Términos y plazos», en *Régimen Jurídico de las Administraciones Públicas y Procedimiento Administrativo*, varios autores, 4.ª ed., Thomson-Aranzadi, Cizur Menor (Navarra), 2008, págs. 343 a 368.

ROMANO, Santi: *Fragmentos de un diccionario jurídico*, traducción de Santiago Sentís Melendo y Marino Ayerra Redín, Ediciones Jurídicas Europa-América, Buenos Aires, 1964.

SANTAMARÍA PASTOR, Juan Alfonso: «Caducidad del procedimiento (art. 44.2 LRJAP)», en *Revista de Administración Pública*, núm. 168, septiembre/diciembre de 2005, págs. 7 a 56.

— *Principios de Derecho Administrativo General*, vols. I y II, 4.ª ed., Iustel, Madrid, 2016.

SANZ CLAVIJO, Alfonso: *La caducidad del procedimiento. Su aplicación en el ámbito administrativo y tributario*, La Ley, Madrid, 2009.

TARDÍO PATO, José Antonio: «Consideraciones sobre la caducidad del procedimiento administrativo», en *Revista de Estudios de la Administración Local y Autonómica*, núms. 298-299, 2005, págs. 11 a 53.

— «Caducidad del procedimiento», en *Diccionario de Derecho Administrativo*, obra colectiva dirigida por Santiago Muñoz Machado, Iustel, Madrid, 2005, tomo I, págs. 358 a 366.

Made in the USA
Monee, IL
04 November 2026

67379471R00134